RESEARCH ON FISCAL AND TAXATION POLICIES
PROMOTING ENTERPRISE TECHNOLOGY INNOVATION

促进企业技术创新的财税政策研究

夏　晶◎著

中国经济出版社
CHINA ECONOMIC PUBLISHING HOUSE
·北京·

图书在版编目（CIP）数据

促进企业技术创新的财税政策研究 / 夏晶著 . --北京：中国经济出版社，2021.7
ISBN 978-7-5136-6497-4

Ⅰ.①促… Ⅱ.①夏… Ⅲ.① Ⅳ.①企业创新—财政政策—研究—中国②企业创新—税收政策—研究—中国 Ⅳ.①F273.1②F812.0③F812.422

中国版本图书馆 CIP 数据核字（2021）第 115483 号

责任编辑　郭国玺
责任印制　巢新强
封面设计　任燕飞工作室

出版发行　中国经济出版社
印 刷 者　北京九州迅驰传媒文化有限公司
经 销 者　各地新华书店
开　　本　710mm×1000mm　1/16
印　　张　18.25
字　　数　268 千字
版　　次　2021 年 7 月第 1 版
印　　次　2021 年 7 月第 1 次
定　　价　78.00 元
广告经营许可证　京西工商广字第 8179 号

中国经济出版社 **网址** www.economyph.com **社址** 北京市东城区安定门外大街 58 号 **邮编** 100011
本版图书如存在印装质量问题，请与本社销售中心联系调换（联系电话：010-57512564）

本书为
湖北省社科基金一般项目（后期资助项目）（2019109）
——促进企业技术创新的财税支持政策优化研究
湖北省技术创新专项软科学项目（2019ADC103）
——湖北省税收优惠政策激励企业技术创新的有效性评估
湖北省教育厅哲学社会科学项目（19Q116）
——湖北经济发展不平衡不充分及其财政对策研究
湖北省人文社科研究基地“资源枯竭城市转型与发展
研究中心”基金资助项目（KF2020Y05）
——促进企业技术创新的财税政策研究
湖北师范大学科研创新团队计划“资源型城市产业
创新生态系统治理”（2019CP01）
湖北师范大学应用经济学省级重点（培育）学科
湖北师范大学学术著作出版基金
资助项目

目　录

导　论

一、研究背景及意义

（一）研究背景

科学技术是第一生产力，是先进生产力的集中体现和主要标志。自 20 世纪 60 年代以来，新科技革命在世界范围内蓬勃兴起，表现为：信息科学和技术发展方兴未艾，生命科学和生物技术迅猛发展，新能源和新材料技术不断升温等。一系列新科学技术不断孕育，深刻地改变着社会经济面貌。在此背景下，世界各国与地区高度重视科技创新工作，把强化科技创新作为国家战略，把科技投资作为战略性投资，大幅度增加科技投入，并超前部署和发展前沿技术及战略产业，实施重大科技计划，着力增强国家创新能力和国际竞争力。如德国制定了《“工业 4.0”标准化路线图》，美国成立了工业互联网联盟，英国发布了《英国制造 2050》，科学技术已经成为各国社会经济发展的决定力量，成为国家综合国力的重要标志。

经济发展从根本上来源于生产力的发展，世界经济发展的历史，其本质是科技进步的历史。工业革命时期，蒸汽动力的使用使得机器代替了人工劳动，工厂代替了手工工场，不仅提高了生产效率，同时也促进了资本主义经济的发展，开启了近代历史。在当代，随着以数字化、网络化、智能化为标志的第四次工业革命①的来临，科技进步对于经济发展的影响更加毋庸置疑。

① 历史上有三次工业革命，分别为：18 世纪 60 年代到 19 世纪 60 年代的第一次工业革命，该次工业革命普及了蒸汽机的使用，蒸汽驱动的机械设备随后出现，机床制造业作为一个行业得以发展；19 世纪 70 年代到 20 世纪 40 年代为第二次工业革命，第二次工业革命使流水线生产得以大规模应用；20 世纪 70 年代至今为电子信息时代，旨在使电子和 IT 技术实现制造流程的进一步自动化。

一方面，信息技术尤其是移动互联网技术的快速发展使生产方式和交通方式变得更加快捷，世界经济逐渐走向一体化。经济发展趋向全球化，各国之间的经济贸易越来越多。另一方面，科技进步使人们对各种资源的利用效率提高，资源中蕴含的经济效益被全面开发，经济发展方式也由原来的粗放型转型到集约型，由高消耗、高污染、低产出转变到追求低能耗、高效益、绿色环保的可持续发展方式，进一步推动经济的快速发展。

面对新科技革命带来的机遇和挑战，大力发展科学技术，争夺科学技术的制高点，已成为我国经济转型时期的战略选择。近年来，以美国为首的西方国家对中国发起贸易战、技术战，并对华为等企业大肆打压。要破解西方国家的技术封锁，大力支持企业技术创新迫在眉睫。同时，2019 年底暴发的新冠肺炎疫情也对企业发展带来了巨大的影响，为应对这一局面，国家高度重视科技创新工作，出台了一系列促进创新发展的重大文件，明确了当前和今后较长时期科技发展的战略目标、任务举措和实施路径，形成了系统、全面的改革部署和工作布局。2006 年初，党中央、国务院发布了《国家中长期科学和技术发展规划纲要（2006—2020 年）》和《中共中央　国务院关于实施科技规划纲要增强自主创新能力的决定》，明确提出要把增强自主创新能力作为调整产业结构、转变经济增长方式的中心环节，建立以企业为主体、产学研相结合的技术创新体系，力争到 2020 年使我国进入创新型国家的行列。党的十八大以来，我国经济进入了提质增效的“新常态”，以习近平同志为核心的党中央更加重视科技创新工作，将“创新发展”置于国家五大发展理念（创新、协调、绿色、开放、共享）之首。《“十三五”国家科技创新规划》也明确提出，到 2020 年，国家科技实力和创新能力大幅跃升，国家综合创新能力世界排名进入前 15 位，迈进创新型国家行列；创新驱动发展成效显著，与 2015 年相比，科技进步贡献率从 55. 3%提高到 60%，知识密集型服务业增加值占国内生产总值的比例从 15. 6%提高到 20%；科技创新能力显著增强，通过《专利合作条约》（PCT）途径提交的专利申请量比 2015 年翻一番，研发投入强度达到 2. 5%。另外，党的十八大提出“实施创新驱动发展战略”，并制定了《国家创新驱动发展战略纲要》，明确了实施创新驱动发展战略的总体部署，强调要“坚持双轮驱动、构建一个体系、推动六大转变”①，并要求企业提高原始创新、集成创新和引进消化吸收再创新的能力，要更加注重协同创新，实现加快转型升级，提质增效。

历史经验表明，一个国家的创新能力很大程度上取决于企业这一主体的创新能力，落实创新驱动发展战略的关键在于激发企业的创新活力。国际上有6万多家跨国企业，世界技术研究开发投资的80%、技术创新的71%，均由世界500强企业投入和创造，62%的技术转让在世界500强企业之间进行。美国60%的研发、85%的应用研发在企业进行。美国政府投入的经费在全部研发经费中占29%，而企业占66%，日本则分别为19%和72%（中国企业联合会，2006）。近百年的世界产业发展的历史表明，真正起巨大推动作用的技术几乎都来自企业，在市场经济中，企业具有其他各类机构无法替代的地位和作用。只有千千万万企业的自主创新能力得到提升，才能使国家整体创新能力增强。在当今的市场经济环境下，尤其是随着信息技术的快速发展，无论是国内还是国际，市场中各类企业间的竞争更为激烈，企业更应着眼于充分利用“互联网+”新业态、新模式，做好新变革，加大技术创新力度，提高自身竞争力，以便在强手如云的市场中做大做强。

企业技术创新能力的提升离不开政府的支持。作为国家治理的基础和重要支柱，财政深刻影响着企业技术水平的提高，这种影响体现在企业技术创新的质量与数量方面。为营造激励企业技术创新的政策环境，推动企业成为

---

① 双轮驱动就是科技创新和体制机制创新两个轮子相互协调、持续发力。抓创新首先要抓科技创新，补短板首先要补科技创新的短板，要明确支撑发展的方向和重点，加强科学探索和技术攻关，形成持续创新的系统能力。体制机制创新要调整一切不适应创新驱动发展的生产关系，统筹推进科技、经济和政府治理等三方面体制机制改革，最大限度释放创新活力。一个体系就是建设国家创新体系。要建设各类创新主体协同互动，创新要素顺畅流动、高效配置的生态系统，形成创新驱动发展的实践载体、制度安排和环境保障。明确企业、院所、高校、社会组织等各类创新主体功能定位，构建开放高效的创新网络；改进创新治理，进一步明确政府和市场分工，构建统筹配置创新资源的机制；完善激励创新的政策体系、保护创新的法律制度，构建鼓励创新的社会环境，激发全社会创新活力。六个转变就是发展方式从以规模扩张为主导的粗放式增长向以质量效益为主导的可持续发展转变；发展要素从传统要素主导发展向创新要素主导发展转变；产业分工从价值链中低端向价值链中高端转变；创新能力从“跟踪、并行、领跑”并存、“跟踪”为主向“并行”“领跑”为主转变；资源配置从以研发环节为主向产业链、创新链、资金链统筹配置转变；创新群体从以科技人员的“小众”为主向“小众”与大众创新创业互动转变。

市场技术创新的主体，世界各国纷纷加大科学技术投入，制定了一系列激励政策来促进企业技术创新，我国亦然。近年来，我国陆续制定并完善了一系列促进企业技术创新的财税政策，这对调动企业技术创新积极性、提升技术创新水平产生了重要作用。如我国“新四大发明”（高铁、支付宝、共享单车和网购）、大飞机 C919 的研发、载人航天技术的发展，无不体现着企业科技进步的巨大成就。但是应清醒地认识到，由于我国技术发展基础相对落后，技术发展水平参差不齐，面对来自国外企业的严峻挑战，企业技术创新还存在一些薄弱环节和深层次问题，具体体现为：我国的技术在许多产业仍处于全球微笑曲线价值链（见图 0-1）中低端，① 企业研究与实验发展（R&D）投入②水平较低，企业自主创新能力整体较弱，对企业收益贡献率不大，企业对关键技术和设备的获取，仍侧重于国外技术引进、消化吸收和改造。对外技术高度依赖导致大量的企业经费支出，又丧失了参与国际市场的核心竞争力。

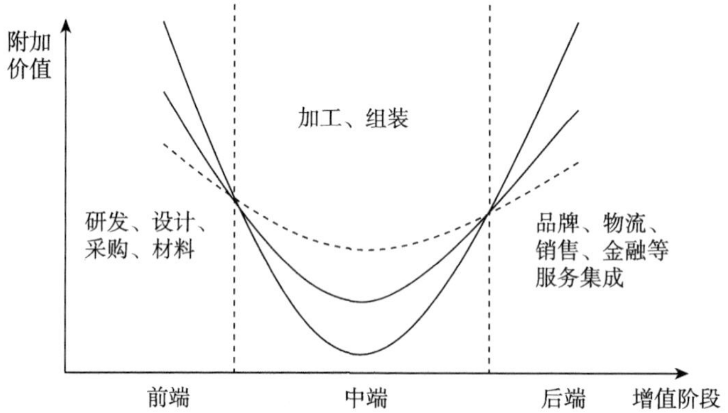

图 0-1　微笑曲线

① 以 iPod 生产的全球价值链分布为例，其有研发技术含量的日本配件、美国的苹果品牌分列价值链两端，而中国的组装以及韩国部分基础配件则在价值链中间，美国获取了产品利润的 56.44%，日本获取了产品利润的 32.87%，中国及韩国仅能获取 3.09%的利润。

② 是指统计年度内全社会实际用于基础研究、应用研究和试验发展的经费支出，包括实际用于研究与试验发展活动的人员劳务费、原材料费、固定资产购建费、管理费及其他费用支出。

企业技术创新能力低下的另一个体现是目前我国高新技术企业主要集中于传统制造业，表明中国第四次工业革命的迹象并不明显。当前较权威的《中国企业创新能力百千万排行榜（2017 年）》数据显示，中国高新技术企业前 1 000 强最集中的 5 个行业分别为：计算机、通信和其他电子设备制造业（15. 3%），电气机械和器材制造业（9. 2%），专用设备制造业（7. 2%），仪器仪表制造业（7. 1%），电信、广播电视和卫星传输服务（5. 8%）。全部 80 000多家高新技术企业最为集中的 5 个行业依次为：仪器仪表制造业（10. 8%），金属制品、机械和设备修理业（10. 5%），通用设备制造业（9. 3%），专用设备制造业（9. 0%），化学原料和化学制品制造业（7. 0%），这些行业大多为传统制造业。而第四次工业革命将重点分布在人工智能、清洁能源、量子信息以及虚拟现实等行业。

导致企业技术创新水平较低的原因是多方面的，从财税政策的角度来看，政府现有的财税政策体系在促进企业技术创新方面仍然存在很多问题和不足，形成了我国企业技术创新能力提高的制度障碍。主要体现为，财政对企业技术创新支持力度较弱，还存在风险投资发展整体滞后、企业技术创新活动融资难、技术中介服务发展滞后、政府采购制度存在缺陷、税收法制化进程缓慢、税收支持政策缺乏系统性和指导性、税收优惠政策落实不到位以及财政科技管理制度不健全等问题，抑制了财税效力的发挥。因此，重新梳理我国政府现行企业技术创新方面的财税支持政策，检视现行财税政策在促进企业技术创新发展方面的优劣得失，既关系到如何制定优化促进企业技术创新的财税政策体系，又关系到企业未来技术创新提升和实现可持续发展，以及创新型国家的实现。

（二）研究意义

习近平总书记深刻指出：“实现‘两个一百年’奋斗目标，实现中华民族伟大复兴的中国梦，必须坚持走中国特色自主创新道路，面向世界科技前沿、面向经济主战场、面向国家重大需求，加快各领域科技创新，掌握全球科技竞争先机。”① 对于企业而言，“创新是企业的动力之源，质量是企业的立身之本，管理是企业的生存之基，必须抓好创新、质量、管理，在激烈的市场竞争中始终掌握主动。”② 对于财政而言，“要从健全国家创新体系、提高全社会创新能力的高度，通过深化改革和制度创新，把财政投资形成的国家重大科研基础设施和大型科研仪器向社会开放，让它们更好地为科技创新服务、为社会服务。”③ 从习近平总书记关于科技创新、企业创新和财政创新在创新中的作用的系列重要论述中，可以窥见本书研究的意义所在。

1. 企业技术创新对促进社会创新和可持续发展的意义

（1）企业创新是社会创新的重要基石

从价值链的角度看，企业技术创新是一个从研发到产业化的系统工程，其中技术创新资源的投入、创新成果产权的形成和市场利润的获取及占有等是关键环节。企业是实现科技和经济紧密结合的重要力量，应该成为创新决策、研发投入、成果转化的主体，只有千千万万个企业的技术创新能力得到提升，才能使国家整体的创新能力得到增强。

改革开放以来，我国的社会经济建设取得了举世瞩目的成就。我国工业经济快速发展，实现了从工业化初期到工业化中后期的历史性跨越。今天，中国不仅能生产满足国内生产和生活所需要的绝大部分消费品，如钢铁、汽车、纺织品和各种家用电器，而且很多产品达到了世界一流的水平，如轨道交通、信息技术、国防技术和卫星通信等，这些都和我国企业技术创新的提高有莫大关系。

（2）技术创新是企业发展的动力之源

任何企业都是一个由多种技术支撑起来的有机组合体系，任何企业的发展都离不开技术创新。企业的发展，在某种意义上说是技术发展的产物，技术创新也是企业发展的动力之源。其作用可从产品竞争力、管理效率和营销

---

① 2016 年 5 月 30 日，习近平总书记在全国科技创新大会、中国科学院第十八次院士大会和中国工程院第十三次院士大会、中国科学技术协会第九次全国代表大会上的重要讲话。

② 2015 年 7 月 17 日，习近平总书记在吉林调研企业时的讲话。

③ 2014 年 10 月 27 日，习近平总书记主持召开中央深改组第六次会议的重要讲话。

能力方面予以体现。

一是技术创新提升企业成本优势和产品优势。技术上的发展在提高产品的工艺水平和降低产品成本方面起着举足轻重的作用。一方面，通过数字化技术、互联网技术和生产制造技术，可以减少能源、资源的使用，并提高生产要素产出效率，即从每一单位的投入中获得更多的产出，产品转移到价值链的更高端，提高产品附加值，树立良好的品牌形象；另一方面，通过引入先进设备和工艺降低成本。

二是信息技术促进企业组织形式的改善和管理效率的提高。通过信息技术进行企业管理可以提高企业的经济效益，协调各个生产要素，降低交易成本，有利于开拓市场，并形成企业独特的品牌优势。将信息技术应用于企业生产和经营、管理和决策、研究和开发、市场和销售等环节和领域，可充分开发企业内外部的信息和知识资源，应用信息系统，调整或重构企业的组织结构和业务流程，服务企业的战略发展目标，不断提高生产、经营、管理、决策等方面的效率和水平。

2. 财税政策支持企业技术创新的意义

实行支持企业技术创新的财税政策，完善技术创新的激励机制，对促进企业技术创新、提高企业竞争力具有重要的理论和现实意义。

一方面，有利于扩展深化财税政策支持企业技术创新的理论依据和理论体系。企业技术创新水平的提高需要财税政策的支持，本书运用规范的经济学工具和分析方法，阐述财税政策介入企业技术创新的必要性、可行性、有效性和适度性，揭示我国财税政策体系对创新主体行为的影响机理与现实政策效果，构建兼具“国际化”和“本土化”特点的支持企业技术创新的财税政策体系，有利于深化财税政策支持企业技术创新的理论基础。

另一方面，有利于企业提高自身的技术创新能力。企业是技术创新的主体①，对于企业来说，充分了解、掌握政府支持技术创新的相关政策，可以帮

① 发挥企业技术创新的主体作用，就是让企业成为国家技术创新的投资主体、决策主体和创新成果的应用主体。

助企业适时调整经营行为、模式以及发展方向，实现企业的发展目标。财税政策支持企业技术创新活动，进一步确立企业的技术创新主体地位，多项政策的出发点在于营造良好的企业技术创新环境，降低企业的技术创新成本与风险、拉动市场需求以及提高企业的盈利水平和可持续发展能力等，可以说财税支持政策体系能有力地激发企业技术创新活动。本书对技术创新支持政策特点、方式及效用的研究，有利于提高政策对企业的支持效率，更有利于企业调整技术创新活动争取政策支持，提高自身的技术创新能力。

二、文献综述

在推动企业技术创新的过程中，财税政策发挥着直接而关键的作用。财税政策是政府主要运用财政科技投入和税收优惠政策，通过直接调控和管理，从收入与支出两个方面来影响市场要素资源的分配。下文拟从企业技术创新的内涵与特点、政府支持企业技术创新的理论依据、财税政策支持企业技术创新的作用机理、财税政策激励效应的实证研究、我国财税支持政策存在的问题及绩效评估、优化我国企业创新财税支持政策建议等方面对国内外的文献进行综述和评价。

（一）企业技术创新的内涵与特点

1. 企业技术创新的内涵

以奥地利经济学家熊彼特（Joseph Alois Schumpeter，1883—1950）为代表的创新学派认为，创新是“企业家将原有的资金、厂房和人才等要素重新进行更为高效的统筹安排”，具体包括五个方面：一是重新发明新技术且推出新产品；二是采用新的生产方法；三是开拓新市场；四是开辟新的原材料供货渠道或半成品供货渠道；五是改变企业的构架方式。C. Freeman（1987）从工业的角度界定了创新，认为工业创新是首次引进新工艺或新产品中所包含的设计、技术、生产、管理、财政和市场等所有步骤。P. F. Drucker（1998）侧重从管理学的角度解释创新，即创新的行动就是赋予资源以创造财富的新能力，创新不单指技术方面，凡能改变已有资源的财富创造潜力的行为，都是创新。

国内学者对创新的定义主要是围绕技术方面展开的。王玺、姜朋（2010）认为，企业技术创新的内涵已经发生了改变，在转型升级的背景下，与技术创新等传统企业创新类型不同的商业模式创新已经在新经济中占据了重要的位置。这里所说的商业模式创新，是指企业基于对技术创新活动规律和对自身资源产业链的认识，在一定的产业价值链中整合企业资源并为顾客提供产品和服务、获取利润的一种独特创新方式。傅家骥（1998）的研究突出了企业在技术创新中的主体地位，并将企业与之相结合界定了技术创新，即技术创新是企业家抓住市场信息的潜在机会，以获取商业利益为目的，重新组织生产条件和要素，建立起效能更强、效率更高、费用更低的生产经营系统，从而推出新的产品、新的工艺，开辟新的市场，获得新的原材料来源或建立企业新的组织的过程。

2. 企业技术创新的特点

Nelson（1959）和 Arrow（1962）率先将市场失灵理论应用于技术创新领域的研究，指出技术创新收益的外部性，创新过程的不可分割性、非排他性、非竞争性，以及创新结果的不确定性，使技术创新私人市场中存在“搭便车”问题①和溢出效应，造成市场失灵，企业缺乏技术研发的动力。

（1）企业 R&D 产出具有公共产品性质

P. A. Samuelson（1954）② 认为公共产品具有两个本质特征：消费上的非排他性和效用上的非竞争性。依据这两个特征，企业技术创新产品不是纯粹的公共产品，但在一定程度上具有公共产品的特征。研究开发就是生产技术性知识或信息的活动，由于知识和信息都具有公共产品属性，其生产者就不能完全占有由研发所带来的收益，进而导致投入信息生产的研发费用减少。③ Stiglitz（1997）也认为 R&D 产出具有公共产品性质，指出知识具有一定程度

① 技术创新的“搭便车”问题源于其公共产品属性，其他主体不付成本而坐享新技术知识带来的收益，导致技术知识供应的不足。

② Samuelson P A. The pure theory of public expenditure [J]. The Review of Economics and Statistics, 1954, 26 (11): 387-389.

③ Arrow K. The economic implications of learning by doing [J]. Review of Economic Studies, 1962, 29 (2).

的非排他性，因而可视为公共物品，如果由私人提供知识与技术，就必须要有一定形式的保护，使其不能被轻易公开使用。诸多学者均认识到，研发与创新是生产技术性知识的活动，具有公共物品的属性，生产者不可能把研发和创新收益完全归为己有，导致私人研发与创新投入的减少，政府必须给予一定的支持和保护（Arrow，1962；Romer，1990；Stiglitz，1997）。

（2）企业技术创新活动具有外部性

由于企业 R&D 成果不能被研发企业独自占有，新技术成果（或知识）必然会扩散到其他企业，形成技术溢出（Spillovers）。Arrow（1962）提出“当由投资产生的知识被不情愿地扩散到竞争者那里时，一个企业从事 R&D 投入的激励将减少”。Spenee（1984）也发现，溢出增加将减少企业在 R&D 上的投资。

在实证分析上，许多学者都支持了 R&D 的溢出效应。Bernstein 等（1988）通过对美国 5 个高新技术产业的实证研究发现，产业 R&D 的社会边际收益大于企业 R&D 自身的边际收益，也大于资本利率。Jones 和 Williams（1998）认为，R&D 投入能产生三种溢出效应：研发人员流动会让竞争对手获益；创造性破坏活动导致原有产品过时；创新活动具有跨时溢出效应。Mansfield Edwin（1991，1998）的研究表明，工业 R&D 投入的社会收益远超过来自这些创新的私人收益。

（3）企业技术创新活动具有不确定性和高风险性

Arrow（1962）首先提出，R&D 的过程具有不确定性、不可分割性、利润的非独占性三个突出特征。不确定性贯穿于技术创新活动的每一环节，是技术创新活动的核心特征。Freeman 和 Soete（1997）指出，R&D 的不确定性主要包含技术上、市场上和一般商业三个方面的不确定性，而 R&D 的技术强度越大，不确定性就越高，尤其是企业研发活动在早期常会发生失败，企业研发会面临极高的市场风险。Mansfield Edwin（1998）对美国 3 家大公司技术创新的调查分析就得出，60%的创新项目通过企业 R&D 能获得技术上的成果，只有 30%的项目能取得商业上的成果，而最终能给企业带来经济效益的只有 12%。技术创新活动具有高风险性，削弱了企业 R&D 投入的积极性和主动性。特别在一些关键产业技术创新的投资上，高风险往往也是单个企业无法承受的。

Arrow（1962）认为不确定性存在于创新活动的每一个环节，是其最核心的特征。弗里曼进一步把创新活动的不确定性划分为技术的不确定性、市场的不确定性和商业的不确定性。在此基础上，Richard R. Nelson（1982）提出，为了降低研发与创新的不确定性，“政府应该支持在相反情况下就不可能达到社会最优水平的私人研究开发……分担大型和风险研究开发项目的风险。”

（4）企业技术创新的信息不对称性

Easley David（1987）认为，信息不对称导致企业缺乏创新投入的资金来源，政府应当采取直接支付或税收优惠等措施支持企业的研发行为。徐冠华（2006）认为，创新型企业的信息不对称和高风险特征使它们很难获得贷款支持。郭宏（2015）认为，技术创新的成功需要技术保密，但融资需要公开必要信息，信息不对称限制了创新项目的资金来源。

鉴于技术创新在经济增长中的重要性和技术创新领域存在着市场失灵，弗里曼提出，要想提高一国的创新能力，仅仅靠企业是不够的，需要从国家层面推行技术创新的制度与政策，发挥政府在企业技术创新中的支持与激励作用。

（二）政府支持企业技术创新的理论依据

对于政府为什么要采取包括财税政策在内的各种调控措施来支持企业技术创新，相关研究从技术创新在经济增长中的重要作用与技术创新存在市场失灵这一矛盾出发进行了论证。Adam Smith（1776）在《国富论》一书中就已认识到了技术进步对经济社会发展的推动作用，认为劳动分工能大大提高劳动生产力，一个很重要的原因就是“许多简化劳动和缩减劳动机械的发明，使一个人能够做许多人的工作”，还有某些机械的发明将减少生产中劳动的投入，提高劳动生产率。

1. 熊彼特创新理论

Schumpeter（1912）强调生产技术的革新和生产方法的变革在促进资本主

义经济发展过程中有着至关重要的作用，并重视人力资本的作用，认为“企业家”是“创新”和经济发展过程中的主要组织者和推动者。同时，创新可以为企业带来潜在利益，当其他企业进行低成本的创新模仿之后，市场中需要有新的创新来形成突破，接连不断的技术创新将促进经济持续发展。

在熊彼特提出创新理论之后，各国经济学家对技术创新与经济增长的关系进行了系统研究。围绕着技术创新多大程度上内生或外生于经济系统，理论界逐渐形成了新古典增长理论和内生经济增长理论两个学派。

2. 新古典增长理论

以美国经济学家罗伯特·索洛（Robert Merton Solow）为代表的新古典增长理论，将技术水平作为外生变量引入生产模型，认为当外生的技术以固定比率增长时，经济将在平衡增长路径上增长，技术进步是经济增长的主要动力。库兹涅茨也指出，科技与创新是一国经济增长的主导因素，创新是经济增长的源泉。

3. 内生经济增长理论

以保罗·罗默（Paul M. Romer）、罗伯特·卢卡斯（Robert Lucas）、肯尼斯·阿罗（Kenneth J. Arrow）等为代表的内生经济增长理论进一步强调了技术变化的重要性，认为经济能够不依赖外力推动实现持续均衡增长，内生的技术进步是保证经济持续增长的决定因素；而技术进步是企业为追求利润最大化从事技术创新活动的结果。肯尼斯·阿罗（Arrow）的经济增长模型将技术内生化，他提出干中学效应，将技术进步作为资本积累的副产品，同时，他认为知识的外溢（或投资的外部性）导致整个经济生产率的提高。

在内生增长文献中，Romer（1990）、Helpman（1991）、Aghion 和 Howitt（1992）等提出了一组以 R&D 为基础的内生技术创新模型。如 Yang 和 Maskus 等从熊彼特的“创造性的毁灭”思想出发，认为技术创新必然导致旧技术的过时。他们强调了三个共同的命题：第一，技术创新是经济增长的核心和源泉；第二，技术创新是内生的，是源于企业家利润最大化的 R&D 努力的结果；第三，创新产品内在地不同于其他经济产品，一旦被创造出来，可以无成本地不断复制。这组模型的提出，为全球经济增长的两个经验事实——多国长期人均收入的持续正的、非递减的增长和跨国人均收入的差异——提供了一个合理的解释，但这些模型无法为R&D投入和技术水平的巨大跨国差异提供一个合理的解释。

内生新增长理论将制度结构与制度变迁作为外部的前提条件予以确定。主张内生新增长理论的经济学家虽然肯定了制度创新在社会经济发展过程中的不可或缺，但他们同时也认为制度创新和经济增长没有关系。他们把制度与制度创新看作不依赖于经济增长过程的外生变量，需要通过一些政治行动包括法律的决定来改变。这一理论忽略了制度变迁对社会生产技术以及经济增长的影响，从而对该理论产生了较大的负面影响。

4. 新制度经济学

与内生新增长理论形成鲜明对比的是，以科斯和诺斯（Coase and North）为代表的新制度经济学将技术创新、制度创新全都看成一种内生变量，都是“创新过程”，所有经济制度的演变都被看作人们为了降低生产的交易成本而做出努力的过程，而技术创新则被认为是人们为降低生产的直接成本做出努力的过程。他们认为制度创新和技术创新的动力都来自对某些经济变量所诱导的潜在利润的追求，而潜在利润又来自外部世界的不确定性。诺斯表示，上述可以解释技术变迁的理论也可以用来分析制度安排的变迁。毕竟一项制度安排是资源以某一特定方式进行创新组合的一系列安排中的一个，因此，在某种意义上，制度变迁是技术流程的另一种形式。诺斯通过分析研究1600—1850年海洋运输生产率变化的原因后指出，制度变迁是比技术变迁更为重要的因素。他还得出了如下结论：即使在没有先进的设备或技术的条件下，一项效率较高的制度同样可以激励劳动者创造出更多的财富；相反，哪怕存在最先进的设备或技术，在低效的制度环境下，这些技术同样无法高效率地刺激经济增长。

新制度创新学派认为，那些技术进步、投资增加、专业化和分工的发展等以往被认为是经济增长原因的因素，实际上都不是经济增长的原因，而是经济增长的本身。对于技术创新和制度创新的相互关系，新制度经济学派认为，不是技术创新决定制度创新，而是制度创新决定技术创新，因此，不好的制度选择和安排会使技术创新偏离经济发展轨道，或阻碍技术创新，而好的制度选择和安排会促进技术创新。技术和知识存量已经决定了理论产量的上限，实际产量还受到制度约束。新制度经济学派认为制度创新对技术创新有决定性作用，同时技术创新对改变制度安排的收益和成本也会产生影响。这主要表现在技术创新对改变制度安排的利益有着广泛而普遍的影响。如技术创新能使产出在一定的范围内实现规模报酬递增，从而使构造更加复杂的经济组织形式（比如股份公司）变得更有利可图。技术创新不仅能增加因改变制度安排而带来的潜在利润，还能降低一些制度安排的操作成本。因此，技术创新所产生的新收入流是要求进行制度变迁的重要原因。新制度经济学派在研究组织诞生的原因时，往往抓住知识与技术背景。组织产生所包含的逻辑在于：技术创新推动了大批量生产，大批量生产降低了生产成本但又产生了高额的交易费用，若完全通过市场交换，则交易费用将高到使那些由技术创新所带来的好处全部丧失，因而组织就产生了，用以减轻交易费用。

虽然新古典增长理论、内生经济增长理论和新制度经济学关于技术进步内外生程度的认识不同，但都认为技术研发以及知识、人力资本在经济增长过程中起决定作用。之后，越来越多的经济理论分析、实证经验研究支持技术创新活动对于一国经济长期增长的重要意义。因此，企业作为技术创新的主体，其技术创新活动受到各国政府的重视就成了必然。

（三）财税政策支持企业技术创新的作用机理

对财税政策支持企业技术创新作用机理的研究，经历了从抽象的、不易把握的企业家行为角度，到具体的、可以量化的成本、收益和风险分析的角度，研究的领域得以不断深化和拓展。

1. 企业家行为角度

熊彼特（1912）认为，企业家在开展技术创新过程中发挥着重要作用，政府的政策主要是通过影响企业家行为来鼓励创新活动开展的。Gentry Hubbard 等（2000）的研究表明，累进的个人所得税率会削弱企业家承担风险的能力，不利于创新活动的开展。Gullen 和 Gordon（2002）也发现较低的公司所得税率会鼓励企业家承担风险的行为，促进企业创新活动的开展。

2. 成本、收益和风险等角度

霍尔·布雷斯韦特构建了霍尔—乔根森模型，解释了财税政策如何通过改变资本使用者的资金成本来影响预期资本存量，从而促进创新投入。Hall（1993）等的研究表明，税收优惠减少了技术创新活动的边际成本。

（四）财税政策激励效应的实证研究

近几十年，国外学者研究的重点主要集中在运用计量经济模型分析 R&D 财税激励政策是否有效以及有效程度如何等问题上，并形成两种截然不同的观点。

1. 财政政策效应

从肯定财政政策效应的观点来看，D. Guellec、B. V. Pottlesberghe（2000）对 1981—1996 年 17 个 OECD 国家的数据进行研究，发现研发相关政府补贴和其他政策优惠都能激励企业对研发创新活动进行投入，政府对企业研发创新活动每增加一个单位的投入，企业将会随之增加 0.7 个单位的投入，据此认为政府补贴在激励企业研发活动方面有杠杆效应。Bjorn Alecke（2012）对比享受政府补贴和未享受政府补贴的企业后发现，享受政府补贴的企业具有更高的研发强度和更强的研发积极性。David 等通过实证检验，认为税收优惠偏重于短期内刺激企业增加研发与创新投资，直接的财政支持可能是更好的选择。贾明琪等（2014）运用协整检验等计量分析方法，对中国的技术创新与政府采购规模的关系进行了实证检验。实证结果表明，政府采购规模对技术创新能力具有长期正外部效应。李颜（2015）实证分析了广西财政科技支出与科技创新能力之间的相关性，结果表明，财政科技支出与科技创新能力之间存在显著的正相关，即财政科技支出对科技创新能力有促进作用。孟贵珍（2015）以信息技术服务业为研究对象，发现税收返还对企业研发支出有激励效应。

从政府采购的效应来看，Rosen（1995）通过对政府采购促进企业技术创新的优势性分析得出，政府采购具有税收优惠政策、金融政策、行政政策等一些政策所不具有的优势，因为政府作为市场上较大且采购力强大的消费者，对市场上的产品和服务的消费是巨大的，因此政府采购对企业的技术创新产品的销售和结构起着极其重要的作用；Robert（1999）通过对政府采购促进企业技术创新的内源性进行分析得出，政府采购的重要性在于，其能够为技术企业进行技术创新提供一个稳定的、长期的市场，确保企业最终的技术创新产品有明确的市场需求，这就大大削减了企业技术创新过程中市场环境的复杂性造成的不确定性；Martin（2000）通过对政府采购促进企业技术创新专业化的联系性进行分析得出，政府采购应优先采购国内的技术创新产品，因此支持国内高新技术企业的发展，而且通过政府采购也能够促进普通企业向高科技企业转变。政府采购还能够促使国家整体技术水平的提升，加速知识扩散，并实现经济社会的持续稳定增长，进一步改善国家的经济效益和社会效益。

但也有些学者认为，财政政策实施成本相对较高，或者政策本身有缺陷，使其在促进企业 R&D 活动上无显著作用。Dominique Guellec（2004）的研究表明，政府对私人研发与创新的补贴过高会产生挤出效应，过低则难以产生激励作用，政府资助对私人 R&D 支出的影响呈现倒 U 形的关系。Kumbhakarand Lien（2008）以挪威 1991—2006 年的数据作为样本进行研究，结果显示，补贴收入给农业生产力带来负面的影响；Schmidt（2008）利用德国制造业数据，通过实证分析认为德国的政府补贴政策对企业研发活动有一定挤出效应。Tommy（2009）对挪威企业的生产活动进行了研究，根据研究开发活动的性质差别，将企业的科技创新活动分为两个部分："适应市场"部分和"偏离市场"部分，研究发现，随着政府对"偏离市场"部分投入越多，企业也将付出更多资金以支持该方面研究，与之相反，政府对"适应市场"部分的投入却会挤出企业本身投入。

孙维章、干胜道（2014）发现 IT 行业获取政府补贴当期的研发投入与政府补贴呈负相关关系，并且这个效应随着企业规模的增大更加明显。许玲玲（2014）利用湖北 40 家高新技术上市公司数据，研究发现政府补贴并不能促进国有高新技术上市公司 R&D 投入。张治河等（2014）使用 Vensim PLE 软件模拟了几个指标对国家创新能力的影响，得出了不同形式和来源的科技投入对国家的创新能力所产生的作用效果及其作用途径。研究发现了以下两个现象：第一，科研资金流向高校、科研人员流向高校或者是企业，对国家创新能力的提高更加有利；第二，从科技政策的角度来看，加大对教育的投入和对专利的保护强度，都能够促进国家创新能力的提升。肖锦生、陈少晖（2014）分析了政府的 R&D 资助与企业科技投入之间的关系，并且利用福建省 2009—2011 年的数据进行了实证分析，研究发现，政府的 R&D 投入能够促进企业加大对科技创新活动的支出。张兴龙、沈坤荣、李萌（2015）用医药制造业 2007—2013 年数据进行实证分析，发现不同补贴方式有不同的效果：补贴率补贴及事后奖励方式的政府补贴促进了企业研发支出，而事前补贴等其余补贴则对企业研发投入没有促进效用。

2. 税收政策效应

一种观点认为，税收优惠政策显著推动 R&D 投入，表现为税收优惠政策能够降低 R&D 活动的风险，避免 R&D 活动外溢性导致的企业研发意愿不足。Hall（1993）利用价格弹性估计方法，对美国 800 家公司全面估计发现，R&D 的价格弹性效果大于 1，且增加 R&D 带来的收益要大于税收减少带来的损失，税收优惠能够带来比支出量更多的研发资金。Bloom 等（2002）用 METC 法①分析了税收政策的有效性。1999 年 OECD 的一份研究报告表明，税收支持对创新活动有积极影响，政府给厂商提供 1 美元的资金支持，可带来 1.7 美元的创新收益。Reenen（2002）认为企业的 R&D 投入会受到税收减免十分显著的影响，短期内税收减免 10%，使得 R&D 额外投入上升 1%。如果为长期的话，将会有 10%的额外 R&D 投入产生。

另一种观点认为，税收优惠对 R&D 的激励作用不大，甚至产生扭曲影响。Mansfield（1986）在对美国 110 个企业调查问卷的基础上估计得出 R&D 的价格弹性仅为 0.35，税收优惠对公司技术创新活动只产生微小的影响。Boadway 等（1995）也利用边际有效税率模型，对马来西亚免税期税收优惠

① Marginal Effective Tax Credit，即边际有效税率分析法。

的激励效应进行研究，认为5年免税期的规定等对在期内不盈利的企业是一种惩罚，对弱小或幼稚投资者几乎没有意义，因为这类企业不能把研发活动投资中最初每年的折旧扣除向免税期结束以后的年度结转。Rajagopal Shah（1995）利用生产结构分析对墨西哥、巴基斯坦和土耳其的评估认为，税收激励政策只对部分行业的R&D投资有效。

李丽青（2007）通过对103家企业的数据进行统计分析和实证检验，发现现行税收政策与企业R&D投入具有相关性，但不显著。黄洁莉、汤佩、蒋占华（2014）研究发现，现阶段税收优惠政策导致的税负减免，对于农业企业研发投入的激励仍未达到预期效果。高培勇、夏杰长等（2015）通过模型转化和实证检验，发现我国的所得税政策对于企业技术创新活动存在着激励效应，但是并不显著；而增值税政策对于自主创新则存在比较明显的抑制效应。

（五）我国财税支持政策存在的问题及绩效评估

1. 财政政策

李婷（2013）认为我国目前存在财政科技投入规模偏小、结构不合理，税收优惠立法层次不高、制度不完善，风险投资税负过重，政府采购规模偏小等问题。聂颖（2014）认为影响我国科技创新财政政策执行效果的原因主要有：缺乏高效的制度保障、创新激励机制不健全、风险投资的运行机制不成熟、支出体系缺乏统筹规划。

2. 税收政策

从税收政策来看，许文丽（2010）认为我国各种科技税收优惠缺乏有机的结合与协调，在固定资产折旧、风险投资获利回收、产学研结合、专利受让等方面没有相应的优惠措施；优惠政策激励目的不明确，依企业而设定而非针对具体的科研活动设定。徐博（2010）认为，我国现行科技税收优惠侧重于R&D成功企业的终端环节，对企业R&D、设备更新、风险投资和孵化器等重点环节税收支持力度不够大，税收优惠格局不合理。张明喜、王周飞（2011）从科技型中小企业角度入手，分析了我国科技税收优惠存在的主要问题为：现行税收优惠未普及所有科技型中小企业，部分企业难以达到优惠条件及要求；税收优惠环节、方式和机制有待优化，优惠环节重技术成果，优惠方式重在对技术创新活动的事后补助，优惠政策缺乏绩效考核与评价机制；个人所得税方面的优惠范围偏窄；现行消费型增值税，无形资产、智力投入、引进和购买专有或专利技术支出等不能抵扣，仍然制约中小企业技术创新。周克清（2012）认为由于操作细节较为烦琐，力度不足，我国研发费用加计扣除政策效果不强。张信东等（2014）通过对国家级企业技术中心上市公司的分析，认为企业享受 R&D 税收优惠政策的情况并不理想，且存在地区和行业差异。

3. 财税政策绩效评估

梁淑美等（2012）运用因子分析法选择财政科技投入效率评估的指标，并通过 DEA-BCC 模型测算了我国三年内 31 个省份的财政科技投入效率。卢跃东（2013）在评估我国各地区财政科技投入力度和效果时，分别运用了主成分分析法和投入产出法。苗慧（2013）对 DEA 模型进行了改进，测算了辽宁省的财政科技支出效率水平，并从横向和纵向两个方面进行分析。

（六）优化我国企业创新财税支持政策建议

由于我国企业创新财税支持政策存在诸多缺陷，学者们结合我国实际，对提高财税政策的作用效果提出了优化建议。

1. 财政政策优化建议

邓毅（2007）围绕支持中小企业技术创新，对政府采购的实施过程包括采购目录和采购限额标准等多项内容设计了一个政府采购政策传导机制。陈文裕、张雅丹（2009）认为在企业技术创新资金筹集上可以引入技术准备金制度。董为民（2012）指出现行的财税优惠政策对企业原始创新、集成创新、引进技术消化吸收后再创新没有实行分类扶持，财政政策单一，不利于激励企业家进行创新，引导企业加强技术创新能力建设的财政政策有待完善。姚维保、王朝才（2014）通过分析广东科技服务财政支出对科技服务业发展的影响，提出科技服务财政支出未来应提高资金使用绩效，重点向服务质量好、技术含量高的科技服务企业倾斜，培育有市场竞争力的品牌科技服务企业。郑春瑛（2015）在指出了当前浙江软件产业发展中存在的问题的基础上，分析了大力发展软件产业所面临的机遇，提出要从做优做强特色软件、培育新业态、加强交流合作、促进区域差异化发展、完善产业发展政策、健全人才培养体系等六个方面着手推动浙江省软件产业新一轮发展的对策建议。蒋昕昊、张冠男（2016）通过对我国工业软件的市场现状、竞争格局、技术发展趋势等要素进行分析，对比总结我国工业软件在发展中面临的重点问题，并从政策机制、技术产品和产业升级等方面提出针对性建议。

2. 税收政策优化建议

毕秋丽（2004）提出完善我国科技税收优惠措施的建议：弱化直接优惠方式，强化加速折旧、提取开发准备金、投资抵免等间接优惠方式；改变税收优惠政策对企业与科研成果的侧重，转而针对具体的 R&D 项目和过程；改变只注重区域性的状况，同时要注重突出国家产业导向和优惠政策的时效性，适时调整；统一内外企业所得税制；税收优惠政策要加强对人力资源的开发。

夏杰长、尚铁力（2006）认为要扩大税收优惠的适用范围，统一内外企业所得税制，为企业 R&D 营造公平竞争的税收环境；改进研发费用抵扣方法，对现行 R&D 支出会计处理费用化的方法逐步过渡再予以转化；优惠环节上要注重对企业 R&D 的支持；税收优惠政策应与政府对科技的直接投资相结合。

方重、杨昌辉、梅玉华（2010）提出一个设想，即推行“创新所得税收抵免”来推进中小企业技术创新。

马海涛、姜爱华（2010）认为应通过找准支持重点、税收优惠方式从直接优惠为主转变为间接优惠为主、税收优惠环节从结果优惠转变为中间环节优惠以及利用税收政策引导风险投资等方式来促进企业尤其是中小企业的技术创新。

蒋柏乃（2010）提出优化我国激励企业技术创新的税收优惠体系，加快税收优惠的立法进程，尽快改变现行税收优惠多、散、乱的局面；取消关于

R&D 经费投入税收优惠的不合理限制条件；实现直接优惠向间接优惠转变，强化对中小企业的激励；加强对科技人才的税收激励。

宋文婷、赵华艳（2010）认为我国对高新技术企业实施税收优惠政策时存在问题，其中包括：激励高新技术企业技术创新的税收政策体系不健全；重视所得税优惠，流转税优惠效果不明显；缺乏激励人力资本累积的优惠政策；等等。并根据这些缺陷提出了相关建议：建立促进高新技术产业发展的法律、政策体系；重视流转税激励，拓展税收优惠的可选择性；加大对高新技术企业技术创新人才的税收优惠力度。

孙磊、唐滔（2011）指出近几年政府重视扶持高新技术企业发展，给予了许多税收优惠，但税收优惠政策对高新技术企业的帮助有多大，哪项政策更有助于企业的发展，并没有一个客观的评价方法，由此导致优惠政策重叠、脱节等问题的产生。因此提出着力建立一个科学、可行的税收优惠政策绩效评价方法，从税收优惠实施的目的出发，本着操作方法简单、考核指标选取的科学性和实用性原则，以可持续增长率指标来评价优惠政策的绩效水平。

李树林、郭存芝（2014）指出我国应将企业技术税收优惠环节前移至 R&D 阶段，并构建流转税和所得税优惠协调并存的优化体系。张信东等（2014）提出了企业应当积极申请 R&D 税收优惠政策，政府应当大力促进相关优惠政策“落地”。

冯海红等（2015）从 R&D 税收管理方面提出了建议，包括加快技术创新立法、重构税收支持体系、明确部门间协作分工，并强调要扩大优惠范围，引导低技术行业的转型升级与创新发展。

王小平（2016）从完善税制结构、扩大优惠范围、实施直接和间接并重的税收优惠方式等方面提出了政策建议。李邵萍（2017）从简化对 R&D 税收优惠申请程序、增加透明性、丰富税收优惠形式、加强科技和税务部门协作等方面提出优化措施。

（七）对国内外研究现状的评价

整体而言，国内外学者关于财政支持企业科技创新的影响研究比较深入。

从国外研究来看，一是从经济增长和市场失灵的角度探讨支持企业技术创新的必要性，以理论研究为主；二是研究财税政策支持企业技术创新的有效性，以实证分析为主。国外研究的不足之处在于，许多理论和模型是建立在完善的市场经济体制、成熟的资本市场和现代化的公司制度基础上的，对于发展中国家如何利用有限的资源、制定切实可行的政策、迅速提高企业技术创新能力等问题关注很少。同时，受各国经济、政治、文化以及历史传统的影响，国外许多研究成果并不适用于我国这样一个处于经济转轨时期的发展中大国。

在对中国财政支持企业技术创新的影响理论研究方面，大部分理论模型模仿西方发达国家的模型，在理论模型设置过程中没有很好地从我国实际企业技术创新水平和财政支持体系出发，构建符合中国实情的财政支持企业技术创新的影响理论模型，因此得出的结论可能与现实相违背。在对财政支持对企业技术创新的影响实证检验方面，大部分学者在衡量企业技术创新指标时往往采用单一指标来反映，没有综合考虑企业技术创新的运行过程，得出的影响结果不能真实地反映财政支持对企业技术创新的实际影响。因此，完善财政支持对企业技术创新的影响理论模型以及综合衡量企业技术创新水平，将成为财政支持对企业技术创新的影响的一个重要研究方向。

从国内外对财税政策影响企业研发投入的研究成果来看，也存在需改进之处：一是由于不同国家 R&D 财税政策的优惠力度和操作方法不同，加之学者研究视角和方法有差异，对于财税优惠政策激励 R&D 活动是否有效尚未达成共识，中国对 R&D 财税政策的研究也鲜见有说服力的经验证据。二是国内外学者大多是从宏观层面上探讨税收对 R&D 的作用，但在微观层面，即具体行业与企业上，研究成果不足。而且，作为市场转轨的新兴国家，我国还存在政府干预严重、政策落地较难等问题，也对财税政策支持 R&D 投入的效果产生制约。三是由于我国税收优惠统计工作的欠缺，具体税收优惠项目的实际数据无法获得，但如何准确衡量企业享受到的税收优惠水平是开展相关实证研究的前提，尽管学术界在这方面进行过许多有益的探索，但在具体衡量方法上还需要进一步梳理、规范和改进。

三、研究内容、思路与方法

（一）研究内容

本书围绕支持企业技术创新的财税政策，进行全面、深入、系统的研究。本书内容安排如下：

导论部分为本书的概括分析。首先介绍了技术创新财税政策的研究背景及意义。企业创新是社会创新的重要基石，技术创新是企业发展的动力之源，结合当前技术发展特点及我国科技创新战略，指出了财政政策的重要作用及在鼓励企业技术创新方面存在的问题。其次是文献综述。从企业技术创新的内涵与特点、政府支持企业技术创新的理论依据、财税政策支持企业技术创新的作用机理、财税政策激励效应的实证研究、我国财税支持政策存在的问题及绩效评估、优化我国企业创新财税支持政策建议等方面回顾了国内外相关问题研究的新进展、新思路和新方法，全面把握目前对该问题的研究现状和前沿理论。再次是研究内容、思路与方法。最后指出了本书的创新点与存在的不足。

第一章为技术创新和财税政策相关理论。首先，对技术创新、财税支持政策及绩效评价的相关概念进行界定。其次，明确了企业技术创新的理论基础与现实依据。技术进步促进经济增长的理论基础包括古典经济增长理论、技术创新理论、新古典经济增长理论、内生经济增长理论、制度创新学派等。财税政策介入技术创新领域的理论主要基于技术创新活动特点，包括创新成果的公共性、创新收益的外部性、创新活动的高风险性等。从财税政策支持企业技术创新的现实依据来看，财税政策是促进经济发展和产业转型的重要手段，有利于区域经济协调发展。再次，阐述了财税政策影响企业技术创新的作用机理，包括从企业创新活动的成本和收益、人力资本供求、创新风险、资金供给等方面施加影响。最后，对技术创新财税政策的适度性进行研究。通过财税政策的正负效应分析，构建坐标轴模型对财税政策的最优规模进行分析。

第二章为企业创新程度的衡量与影响因素。首先，从技术创新投入和产出方面对我国企业技术创新现状进行描述，并从企业研发经费及人员的投入强度、投入结构、技术成果转化体系等方面分析了存在的主要问题。其次，用投入能力、研发能力、管理能力等5个一级指标构建指标体系，并以此评价不同行业上市公司的技术创新能力，得出相应结论。最后，对企业技术创新的影响因素进行分析。内部因素包括企业技术资金投入、技术基础条件、技术创新人员、企业家创新精神等，外部因素包括市场环境、宏观政策、法律环境等。

第三章为我国支持企业技术创新的财税政策框架，包括财政支持政策、税收支持政策和财税管理政策。第一节是技术创新财政支持政策。财政支持政策工具包括财政科技拨款、科技创新基金、财政补贴、财政投融资、政府采购等。财政科技支出规模和科技人力资源素质在稳步提升，但支出强度不升反降。企业信用担保发展基础薄弱。政府采购规模和范围快速扩大，但制度不尽完善。另外，还存在财政科技支出结构（活动主体结构、活动类型结构、活动地区结构）不尽完善的问题。第二节是技术创新税收支持政策。税收支持政策工具包括税收减（抵）免、优惠税率、税收扣除、加速折旧、退税、延期纳税等，并对我国近些年的有关技术创新税收政策内容按照税收工具类型及税种进行了梳理。第三节是财税科技管理体制。首先明确了政府在科技管理中的职能定位，然后，在此基础上介绍了几种技术创新管理模式，并对我国应采取的模式进行分析。第四节是对我国企业技术创新财税支持政策的评价。从成效来看，体现在企业技术创新体制不断优化、区域创新体系初步形成、技术创新氛围日渐浓厚等方面。从存在的不足来看，财政政策上存在支持企业技术创新力度较弱、技术中介服务和风险投资发展滞后、政府采购制度存在缺陷等问题；税收政策存在法律层次较低、支持目标与对象不明确、优惠政策落实不到位、优惠结构和优化环节不合理、科技人才激励不足等问题；财政管理体制存在社会化服务机构行政色彩太浓、科技管理制度不健全、缺乏长效发展机制等问题。

第四章为企业技术创新基金绩效评价。从绩效评价的内涵入手，在深入分析技术创新基金运行情况、特点之后，对我国技术创新基金总体运行规模及项目效果进行分析。首先，介绍了绩效评价的发展与存在的问题，如绩效评价体系滞后、评价方法与研究内容不科学、评价结果缺乏约束力等。其次，在此基础上，选择创新投入指标、产出指标等构建绩效评价体系，确立选取指标的原则以及绩效评价方法，形成绩效评价系统，并以武汉东湖新技术开发区科技创新基金运行效果为实证分析对象，运用数据包络分析法（DEA）进行项目绩效评价，分析计算结果，得出绩效评价结论。最后，在进行企业技术创新基金绩效评价后，指出企业技术创新基金提升了企业技术创新能力，缓解了企业资金短缺问题，规范了企业内部的运营管理，但还存在投入力度不够、对社会资金的引导作用不强、基础研究投入不足等问题。

第五章为我国技术创新财税政策实施效果的实证分析，有宏观层面和微观层面两个部分。在宏观分析中，通过索洛残差法对我国省级区域 2009—2014 年的全要素生产率进行估算，并以此为被解释变量，对财政科技投入及其他控制变量的影响方向及力度进行实证分析，得出不同地区财政科技投入及企业 R&D 投入、外商直接投资和技术合同成交额对地区技术创新能力的影响；在微观分析中，对我国税收优惠政策影响企业技术创新水平进行实证分析。对税收优惠的程度进行界定，并利用制造业 227 家上市公司的相关数据，建立面板数据回归模型，分析 227 家上市公司 2009—2013 年税收优惠等自变量及公司规模、公司盈利能力等控制变量对企业技术创新指数变化的弹性关系，从而反映我国技术创新税收优惠政策的激励效果。

第六章为国外财税政策的措施及经验启示。本章以企业技术创新水平、财税政策效果较好的主要国家（美国、日本、英国、德国、韩国等）为研究对象，对主要国家支持企业技术创新的财政补贴、政策性贷款、风险投资、政府采购等财政政策，税收减免、费用扣除、加速折旧等税收政策，以及技术创新发展规划、创新精神和环境等创新环境服务类政策措施和成功经验进行重点介绍。然后，从中总结出了可以借鉴的经验，包括财税支持政策法制化和运行机制化、加大对技术创新的财政投入、重视风险投资的资金扶持作用、实现税收优惠政策工具多样化和规范化、支持措施贯穿产业发展各个阶段、注重技术创新人才的作用、加强技术创新项目的绩效评估与监督等。

第七章为完善企业技术创新的财税政策建议。在对该问题进行全面、深入研究的基础上，密切联系我国的实际情况和国外在这方面的发展趋势，给出建立、健全和完善我国支持企业技术创新的财税政策体系的整体思路和具体的政策措施，为政府提供决策参考。首先，要明确财税支持政策设计的基本原则与定位。科技财税政策设计基本原则包括应与国家科技发展战略相配合、应有助于解决企业技术创新现实困难、应做到法制化和稳定化、应符合国际普遍要求、应注重技术创新的全过程、应注意整体功能的发挥。在职能定位上，财税政策体系要做科技创新战略实施的引导推动者、科技创新体系的设计协调者、科技创新环境的缔造者。其次，对财税政策工具进行优化。财税政策工具包括扩大财政科技支出规模、优化结构、优化财政投融资体制、完善政府采购制度、提升技术创新基金效益等财政政策工具，以及提高税收政策的法律位阶、鼓励企业技术人才导向、优化和协调税收政策的作用方式、加强税收征管和纳税服务等税收政策工具，并对具体税种优化提出建议。在财税科技管理体制方面，需要建立有效的科技集中管理体系、优化科技活动宏观管理规划、明确政府科技管理职能范围、完善科技计划管理体制等。最后，在其他配套措施上，本书提出需进一步完善金融与贸易支持政策、社会服务支持政策，促进风险投资行业的发展，强化技术资金绩效评估等措施。

本书最后是结束语。主要是对本书主要观点的总结，归纳主要研究结论。

（二）研究思路

本书沿着理论→实际→实证→实践的思路，在深入的理论研究的前提下，对国内外长期以来特别是近年来利用财税政策支持企业技术创新的实际情况进行回顾与总结，在此基础上对我国支持企业技术创新财税政策的实施效果进行科学的实证研究，客观评价当前我国支持企业技术创新的财税政策，以指导我国利用财税政策支持企业技术创新的实践（见图 0-2）。

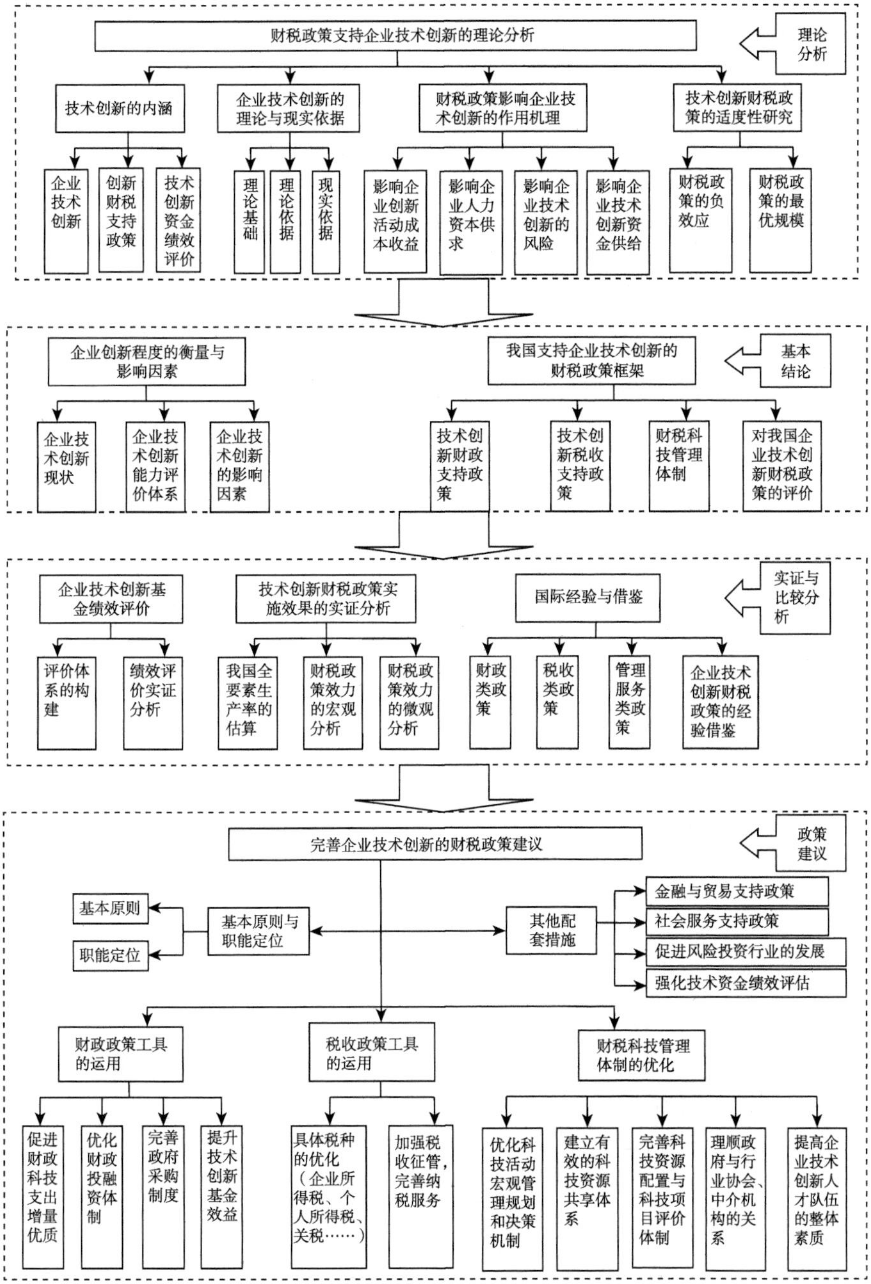

财税政策支持企业技术创新的理论分析
理论分析
技术创新的内涵
企业技术创新的理论与现实依据
财税政策影响企业技术创新的作用机理
技术创新财税政策的适度性研究
企业技术创新
创新财税支持政策
技术创新资金绩效评价
理论基础
理论依据
现实依据
影响企业创新活动成本收益
影响企业人力资本供求
影响企业技术创新的风险
影响企业技术创新资金供给
财税政策的负效应
财税政策的最优规模
企业创新程度的衡量与影响因素
我国支持企业技术创新的财税政策框架
基本结论
企业技术创新现状
企业技术创新能力评价体系
企业技术创新的影响因素
技术创新财政支持政策
技术创新税收支持政策
财税科技管理体制
对我国企业技术创新财税政策的评价
企业技术创新基金绩效评价
技术创新财税政策实施效果的实证分析
国际经验与借鉴
实证与比较分析
评价体系的构建
绩效评价实证分析
我国全要素生产率的估算
财税政策效力的宏观分析
财税政策效力的微观分析
财政类政策
税收类政策
管理服务类政策
企业技术创新财税政策的经验借鉴
完善企业技术创新的财税政策建议
政策建议
基本原则
职能定位
基本原则与职能定位
其他配套措施
金融与贸易支持政策
社会服务支持政策
促进风险投资行业的发展
强化技术资金绩效评估
财政政策工具的运用
税收政策工具的运用
财税科技管理体制的优化
促进财政科技支出增量优质
优化财政投融资体制
完善政府采购制度
提升技术创新基金效益
具体税种的优化（企业所得税、个人所得税、关税……）
加强税收征管，完善纳税服务
优化科技活动宏观管理规划和决策机制
建立有效的科技资源共享体系
完善科技资源配置与科技项目评价体制
理顺政府与行业协会、中介机构的关系
提高企业技术创新人才队伍的整体素质

图 0-2 本书研究思路

（三）研究方法

本书综合运用财政学、税收学、产业经济学、制度经济学等学科理论，采取文献研究、实证研究、案例分析、比较研究相结合的研究方法，既注重理论的深度，又强调视野的广度，贴近实际，服务实践，使整个研究建立在真实客观的基础之上。

1. 文献研究法

利用文献研究法系统梳理近年来国内外有关文献，总结已有对促进企业技术创新的财税政策的研究方法和内容，找出不足，确定本书所研究的内容和重点要解决的问题。

2. 比较研究法

利用比较研究法，比较国内外促进企业技术创新的财税政策体系，并结合我国具体国情，总结出可资借鉴的成功经验，为优化我国企业财税支持体系提供借鉴。

3. 案例分析法

以案例研究演示科技创新基金绩效评价方法的具体运用。本书在构建科技创新基金绩效评价体系后，以武汉东湖高新区为研究对象，通过对该评价体系的分析得出高新区内科技创新基金运行的总体绩效，总结经验与不足，为今后完善科技创新基金绩效评价体系的建设提供思路。

4. 实证研究法

利用我国上市公司的相关数据，建立面板数据回归模型，分析 227 家上市公司 2009—2013 年税收优惠等自变量及公司规模、公司盈利能力等控制变量对企业技术创新指数变化的弹性关系，从而反映我国技术创新税收优惠政策的激励效果，并为完善我国企业技术创新财税政策提供依据。

四、创新点与存在的不足

（一）创新点

本书的创新之处是努力实现一个“深”、一个“广”和三个“实”。其中

“深”是指研究尽可能深入，对于利用财税政策支持企业技术创新的必要性、可行性、有效性和负效应运用经济学工具进行深入的研究。

“广”就是研究范围和视角尽可能广泛。在财税政策工具中，综合考虑了财政科技拨款、科技创新基金、财政补贴、财政投融资、政府采购等财政工具以及减免税、退税、费用扣除、加速折旧、创业投资、投资抵免等不同的税收优惠方式，并政府职能定位、管理模式等财税科技管理体制进行系统的梳理和归纳，不同于以往研究单一角度的简单罗列。

第一个“实”是尽量从实际出发，努力把握国内外对于该问题研究的实际进展和情况，反映国外的实际做法，并对我国利用财税政策支持企业技术创新的实际情况进行系统的整理归纳和统计分析。

第二个“实”是多处运用实证研究方法提高结论可靠性。一是构建企业创新程度评价指标体系，对企业技术创新水平进行测度；二是进行科技创新基金绩效评价，运用数据包络分析法（DEA）对武汉高新区科技创新基金进行绩效评价；三是分析我国技术创新财税政策实施效果。利用制造业 227 家上市公司的相关数据，建立面板数据回归模型，分析 227 家上市公司 2009—2013 年税收优惠等自变量及公司规模、公司盈利能力等控制变量与企业技术创新指数变化的弹性关系，从而反映我国技术创新税收优惠政策的激励效果。

第三个“实”是力求建议切实可行，在进行深入的理论分析，并借鉴主要国家在支持企业技术创新的财税政策以及创新环境服务类政策措施和成功经验的基础上，结合我国的国情，提出切实可行的政策建议，为我国利用财税政策支持企业技术创新的实践提供科学可行的对策建议。

（二）存在的不足

我国企业分布广泛，类型、规模及行业特征各不相同，而且分布在不同地区。各地具有不同的资源禀赋特征，政策设计既应具有广泛实施的基础，也应为地方因地制宜地发展留有空间。目前，我国企业地区发展差距较大，行业特点和企业状况各不相同，设计出具有普遍实施基础又不失发展特色的政策难度较大，这是本书的缺陷之一。

在实证分析中，由于相关数据资料获得有限，进行数据分析时，一些数据指标无法找到准确数据值，只能通过其他相关数据间接计算得出。同时，本书选择的实证分析对象是我国上市公司的高新技术企业，其虽有很强的代表性，但结果和实际情况仍有出入，这些都可能造成分析结果有误差，这是本书的缺陷之二。

由于我国企业技术创新税收政策以所得税为主，加之上市公司在流转税方面优惠数额的数据获取困难，本书对我国企业技术创新税收政策的激励效果的实证研究仅从企业所得税方面进行了考察，从而忽略了流转税的激励效果，这是本书的缺陷之三。

第一章
技术创新和财税政策相关理论

科技创新是世界各国经济持续发展的原始动力，对于整个国家的长期稳定和发展意义重大。由于科技创新活动具有公共性、外部性和高度不确定性与风险，因此有必要通过宏观政策手段来弥补技术创新活动的市场失灵问题。实践经验表明，财税支持是提高一国企业科技水平以及技术创新能力的重要手段，且作用于基础研究、应用研究和试验发展的各个研发环节。本章将从技术创新与技术创新导向型财税支持政策内涵入手，通过经济学理论分析财税支持技术创新的理论依据，进而分析财税支持技术创新的作用机理。

第一节　技术创新相关概念

一、创新

学术界对于创新这一概念存在着许多不同的认识，最早的理解主要是从技术与经济相结合的角度，探讨技术创新在经济发展中的作用，代表人物为约瑟夫·阿罗斯·熊彼特（Joseph Alois Schumpeter）（1912）及其创新理论（Innovation Theory）①。他认为创新包括五个方面的内容：一是引进一种新产品；二是引进一种新的技术和生产方法；三是开辟一个新市场；四是获得一

① 约瑟夫·熊彼特．经济发展理论——对于利润、资本、信贷、利息和经济周期的考察［M］．何畏，等，译．北京：商务印书馆，1990.

种新的原料供给；五是采用一种新的企业组织形式。在他看来，创新不仅是指科学技术上的发明创造，更重要的是把科学技术引入企业中，形成新的生产能力，从而推动社会和经济不断发展。

创新是一个广泛的概念，后来的研究多理解为技术创新。伊诺斯（Enos，1962）①、林恩（Lynn）②、弗里曼（Freeman，1973）③及美国国家科学基金会（National Science Foundation of USA，NSFU）④等逐步强调技术在创新过程中的作用。NSFU 的迈尔斯（S. Myers）和马奎斯（D. G. Marquis）（1969）在研究报告《成功的工业创新》中提出技术创新是所有技术变革的集合，认为技术创新是一个将新概念和新思想运用到实际解决各种技术问题，最终使一个具有经济价值的项目得到成功实际应用的复杂过程。后来，创新经济学者开始重视创新中的制度因素。以道格拉斯·诺思（Douglass C. North）和费农·拉坦（V. W. Ruttan，1985）⑤为代表的新制度经济学家指出，技术创新和制度创新之间存在着相互影响、相互促进和相互依赖的关系，创新不仅包括技术创新，还包括制度创新。

二、企业技术创新

熊彼特（1912）在《经济发展理论》一文中首次提出技术创新的定义，他认为技术创新就是把生产条件和生产要素的新组合引入生产体系，建立一个新的生产函数。这种新的组合包括：①引用新技术；②引进新产品；③开辟新市场；④控制原材料新的来源；⑤实现任何一种新的工业组织等。

---

① 伊诺斯在著作《石油加工业中的发明与创新》中对创新下定义，认为技术创新是几种行为综合的结果，这些行为包括发明的选择、资本投入保证、组织建立、制订计划、招用工人和开辟市场等。

② 林恩首次从创新时序过程角度来定义技术创新，认为技术创新是“始于对技术的商业潜力的认识而终于将其完全转化为商业化产品的整个行为过程”。

③ 弗里曼在 1973 年发表的《工业创新中的成功与失败研究》一书中指出，“技术创新是一技术的、工艺的和商业化的全过程，其导致新产品的市场实现和新技术工艺与装备的商业化应用”。其后，他在 1982 年的《工业创新经济学》修订本中明确指出，技术创新就是指新产品、新过程、新系统和新服务的首次商业性转化。

④ 迈尔斯（S. Myers）和马奎斯（D. G. Marquis）是 NSFU 主要的倡议者和参与者。

⑤ Stern S，Michael E，Porter J L，et al. The determinals of national innovative capacity [R]. NBER Working Paper Series，2000.

缪尔塞（R. Mueser）在20世纪80年代中期对大量相关论文进行整理后，认为“技术创新是以其构思新颖性和成功实现为特征的有意义的非连续性事件”，表达了技术创新的两个特殊含义：一是活动的非常规性，包括非连续性和新颖性；二是活动必须获得成功实现。

20世纪80年代以来，我国学者开展了很多技术创新方面的研究，傅家骥（1998）认为，企业技术创新是企业抓住市场潜在盈利机会，重新组织生产要素，建立新的生产经营系统，推出新产品、新方法，开辟新市场，获得新原材料等，包含科技、组织、商业和金融等一系列活动的综合过程①。彭玉冰、白国红（1999）认为，企业技术创新是企业家对生产要素、生产条件、生产组织进行重新组合，以建立效能更好、效率更高的新生产体系，获得更大利润的过程。

本书基于前人观点，对技术创新和企业技术创新加以界定，认为技术创新是指生产技术的创新，包括开发新技术或者将已有技术进行创新应用的一系列过程。企业技术创新是突破技术难关获得拥有科技知识产权的技术创新成果并使之市场化、产业化，形成企业科学技术创新能力，取得市场竞争优势的行为。企业技术创新根据创新成果技术源获取方式不同可分为原始创新、集成创新和引进技术消化吸收再创新三种方式。

三、技术创新财税支持政策

政府为促进技术创新和企业技术进步，通常会制定实施相应的财税支持政策。其中最主要的有两个方面：财政政策和税收政策。

财政政策是调节一国经济的重要手段，它不仅可以作为经济杠杆缓解经济周期的波动，更为重要的是财政资金的使用方向更能体现政府的政策意图，可以引导社会资金流向技术创新企业和相关活动，促进社会科学进步。在支持技术创新的财政政策体系中，政府将筹集到的资金以财政支出的形式投向重点部门和项目，具体的方式主要包括财政拨款、财政补贴、政府采购、

---

① 傅家骥．技术创新学［M］．北京：清华大学出版社，1998.

政府投融资等。

税收支持政策是对企业技术创新活动给予鼓励和优惠的一系列税收制度规定。比如可以免除某些纳税人应缴的全部或部分税款，或者按照纳税人应缴纳税款的适当比例给予一定的返还或降低其应纳税额等，以此减轻纳税人的税收负担，鼓励其从事经营活动。目前，为落实《国家中长期科学和技术发展规划纲要（2006—2020年）》、国家科技发展“十三五”规划、创新驱动发展战略等发展战略，国家层面制定的关于税收激励、税收优惠措施达100多项。流转税方面的税收优惠，涵盖了软件、动漫、集成电路、重大技术装备、IT、医药产品、科研设备等行业，及科技企业孵化器等机构。所得税方面，涵盖了高新技术企业、技术先进型服务企业、软件及集成电路产业、动漫产业、技术转让、创业投资、企业取得财政性资金、各类科技奖金等8大项税收优惠政策。我国已经初步形成以所得税为主体，具有一定创新体系特征的科技税收政策体系。

四、技术创新资金绩效评价

技术创新资金绩效评价是从技术创新资金的规模、结构、方式入手，深入分析被资助项目的各项指标，依据实际取得的数据资料，采用科学、规范的评价方法，分析计算各项财务和非财务指标值，并对照一定的评价标准，如项目立项时的原设计目标或期望目标、国家政策法规、行业经验数据等，对资助项目达到的效率、效果、预期、有效性、行为过程的合法合规性，以及项目管理水平、项目验收等做出全面、客观、公正的评判。在此基础上，总结技术创新资金在决策、实施和运营过程中的经验和教训，为今后的资助项目投资决策提供支持。

对技术创新资金的效应评价，在分析其项目完成情况的同时，还要分析其对科技型中小企业创新力的提升、企业的发展、科技成果的转化及对地方区域经济、科技产业的带动作用。一方面，我们要科学客观地评价技术创新资金的运用情况；另一方面，评价结果要有导向性作用，能为今后科技型中小企业的发展和技术创新资金的实施提供科学合理的指导意见。

第二节　企业技术创新的理论与现实依据

在企业技术创新的财税政策理论研究中，一是要分析企业技术创新和社会科技进步对经济增长的作用，凸显企业技术创新的重要性；二是要分析财税政策作为国家治理体系和治理能力现代化的重要基础，如何在促进技术创新方面发挥其作用。

一、技术创新促进经济增长的理论基础

西方学者对于技术进步促进经济增长的机制与路径进行了不懈的探索。亚当·斯密（Adam Smith）、大卫·李嘉图（David Ricardo）的古典经济增长理论做出了开创性的贡献。熊彼特的创新理论在否定了经济稳定增长的假定基础上，把增长理论的因素与经济发展结合起来，创造了新的体系。另外，他把产生新技术和新产品并刺激经济发展的过程看作是由内生因素决定的。20 世纪 80 年代，罗伯特·索洛（Robert M. Solow）的新古典经济增长理论、保罗·罗默（Paul M. Romer）的内生经济增长理论和诺斯的制度创新学派将经济增长和技术创新的关系通过正式的模型表达予以进一步完善。

（一）古典经济增长理论

古典经济学的创立者亚当·斯密在其著名的《国富论》一书中，已经意识到科技与创新对经济增长的重要性。他认为，分工之所以有助于经济增长，一个重要的原因是分工有助于某些机械的发明，提高劳动生产率。① 而劳动者能力和机械的改进都与科技和创新密切相关。

大卫·李嘉图继承了亚当·斯密的理论，他提出国家财富的增加可以通过不增加任何劳动量，而使等量劳动的生产率增加来实现，这同样只有通过

① 亚当·斯密．国民财富的性质和原因的研究（下卷）［M］．北京：商务印书馆，1972：243.

相关技术的改进和机器的运用才能实现，同样也离不开科技进步和创新活动。①

（二）技术创新理论

最早从技术与经济相结合的角度，探讨技术创新在经济发展中的作用的代表人物为熊彼特（1912）。其创新理论（Innovation Theory）② 认为，创新具体包括几个方面，即引进新的技术、产品、市场、原料供应及组织③等。经济的发展有其周期性，技术创新活动虽然不能从本质上消除经济的波动，但是其能够刺激经济的增长，可以由此减缓经济波动的范围和幅度，在经济出现低迷的情况下，政府可以通过固定资产及技术创新等方面的投资，拉动经济的增长，使经济平稳发展。这实际上强调了创新中应用的本源驱动和核心地位。此理论的突出特点是强调生产技术的革新和生产方法的变革在资本主义经济发展过程中的至关重要的作用。他的创新理论解释了资本主义经济的本质特征及其发展规律，也开创了经济学中对于“创新问题”的研究。

（三）新古典经济增长理论

1957 年，新古典经济增长理论的代表人物罗伯特·索洛发展了生产函数理论，索洛在其论文《技术变化与总量生产函数》中，将柯布—道格拉斯生产函数（Cobb-Douglas Production Function）加以改进，推导出了增长速度方程并分离出技术进步的作用，证明了经济增长中技术创新所起的重大作用，他将生产函数写成：

$$Y = F(K, L, t) \tag{1-1}$$

其中，Y 表示产出，K 表示资本，L 表示劳动，t 表示时间。索洛假设技术进步是希克斯中性的，于是得到如下生产函数：

---

① 大卫·李嘉图．政治经济学及赋税原理［M］．丰俊功，译．北京：光明日报出版社，2009.

② 约瑟夫·熊彼特．经济发展理论［M］．何畏，等，译．北京：商务印书馆，1990.

③ 新的组合形式主要有五种情况：①引进一种新的产品——市场没有的品种或原有品种的新品质。②采用新技术或新的生产方法——是以前在实践中没有应用过的。③开拓新的销售领域——是指以前的销售部门没有涉及过的。④获得新的供应来源，例如原材料、材料、半成品等物资。⑤实行新的生产组织，或打破一种垄断。

$$Y = A(t)f(K,\ L) \tag{1-2}$$

其中，$A(t)$ 表示技术进步因子，表示一段时间内科技进步与创新的累积效应，对式（1-2）就 t 求全微分，可以得到：

$$\dot{Y} = \dot{A}f(K,\ L) + A \cdot \frac{\partial f}{\partial K} \cdot \dot{K} + A \cdot \frac{\partial f}{\partial L} \cdot \dot{L} \tag{1-3}$$

式（1-3）两边同时除以 Y，得到：

$$\frac{\dot{Y}}{Y} = \frac{\dot{A}}{A} + \alpha \cdot \frac{\dot{K}}{K} + \beta \cdot \frac{\dot{L}}{L} \tag{1-4}$$

其中，$\alpha = \frac{\partial Y}{\partial K} \cdot \frac{K}{Y}$，$\beta = \frac{\partial Y}{\partial K} \cdot \frac{L}{Y}$，分别表示资本和劳动的产出弹性系数，$\frac{\dot{Y}}{Y}$ 为产量增长率，$\frac{\dot{A}}{A}$ 为技术进步率，$\frac{\dot{K}}{K}$ 和 $\frac{\dot{L}}{L}$ 分别表示资本增长率和劳动增长率。由此可以得出技术进步与创新在经济增长中的作用或者贡献为：

$$\frac{\dot{A}}{A} = \frac{\dot{Y}}{Y} - \left(\alpha \cdot \frac{\dot{K}}{K} + \beta \cdot \frac{\dot{L}}{L}\right) \tag{1-5}$$

索洛第一次将技术变量引入经济模型中，在理论上为研究技术创新在经济增长中的作用提供了新的方法，并根据美国经济发展的历史数据，证明了技术创新在经济增长中的决定性作用。但是索洛模型中将技术水平作为外生变量，以及规模报酬不变的假设并不符合现实；此外，将劳动力和资本以外的经济增长要素贡献全用技术水平变量 A 解释的设定，夸大了技术进步的作用，这都成为新古典增长理论中的基本缺陷。

（四）内生经济增长理论

罗伯特·索洛虽然证明了技术创新在经济增长中的重要作用，但他认为技术进步是经济增长的外生变量。新增长理论则在技术内生的前提下考察经济的增长，真正明确了技术和创新活动在经济增长中的决定性作用。

最有代表性的是罗默在 1990 年提出的内生增长模型。该模型采用收益递增的假设建立模型，将技术进步、人力资本作为内生变量引入经济增长模型。内生经济增长理论认为，经济能够不依赖外力推动实现持续均衡增长，内生的技术进步是保证经济持续增长的决定因素；而技术进步是企业作为市场主体在利润最大化目标诱导下进行技术创新活动带来的。企业对 R&D 的投入如同其他生产要素，进入生产过程，推动企业生产效率的提高。此外，与其他投资活动一样，企业也只有在具有盈利机会的情况下，才会对技术创新活动给予投资。内生增长模型包括三个部门，即研发部门、中间产品部门和最终产品部门，则最终产品产量可表示为扩展的生产函数：

$$Y(H_Y, L, K) = H_Y^{\alpha} \cdot L^{\beta}\int_0^{\infty} X(i)^{1-\alpha-\beta} di \tag{1-6}$$

假定研究部门的创新成果与研究部门的人力资本投入和知识存量呈线性关系，则：

$$\dot{A} = \theta \cdot H_A \cdot A \tag{1-7}$$

即：

$$\frac{\dot{A}}{A} = \theta \cdot H_A \tag{1-8}$$

其中，$\dot{A}$ 表示创新成果，θ 表示技术参数，H_A 表示人力资本投入，A 表示总知识存量。在经济均衡增长的条件下，均衡的经济增长率：

$$g = \frac{\dot{Y}}{Y} = \frac{\dot{C}}{C} = \frac{\dot{A}}{A} \tag{1-9}$$

即：

$$g = \theta \cdot H_A = \theta \cdot H - \frac{a}{(1-a-\beta)(a+\beta)} \cdot \gamma \tag{1-10}$$

其中，γ 表示市场利率，它反映了进行技术创新的机会成本。由此可见，技术创新水平直接内生决定了均衡的经济增长率，社会的知识存量越多，技术水平越高，创新活动的机会成本越低，经济增长的速度就越快。

根据内生经济增长理论，一国长期的经济增长是由一系列内生变量决定的，这些内生变量对政策（特别是财政政策）是敏感的，并受政策的影响。罗默在强调社会 R&D 投入对经济增长重要作用的同时，认为政府在技术创新活动中起着明显的作用，政府可以通过税收、补贴等干预经济的手段，诱使一部分生产要素从社会的消费品生产部门流向研究部门，使知识的税后私人边际成本（收益）等于社会边际成本（收益），达到帕累托最优状态。

（五）制度创新学派

新制度学派以 North 为代表，对技术创新的外部环境从制度上出发进行了研究，认为从以往的经济学分析的思路来看，交易费用的存在往往都会被忽略，所以，他们便提出制度因素和创新会对国家经济的增长起到决定性的作用。因此，需要建立产权制度以激励创新活动，并且通过制度使创新活动能够持续进行下去，并充分肯定国家在制度创新中所起到的不可替代的作用。此外，该学派还提出，对于政府制定的制度，需要考察其有效性，因为只有有效的制度才能够对技术创新起到激励作用，而低效或无效的制度将会对创新效率的提高产生阻碍。总之，新制度学派对技术创新的研究促成了国家创新系统理论的产生。

除了上述五种主要的理论之外，还有很多关于创新活动和经济增长之间关系的理论，如阿罗的干中学理论①、库兹涅茨的经济增长论②、丹尼森的经济增长因素论③、卢卡斯的人力资本溢出理论④等，所有这些理论都说明了一点：科技进步与创新是推动经济增长和发展的主导因素。

---

① 由于知识具有公共性，所以收益就是外在于厂商的。厂商的投资不仅可以通过积累生产经验提高其生产率，而且还可以通过“在干中学”使生产率提高。

② 库兹涅茨的经济增长论认为，技术进步和制度变革的共同作用是创新时期增长的核心。

③ 丹尼森的经济增长因素论认为，影响总产量的因素主要有总投入和单位投入的产出，技术进步率等于单位投入的产出增长率。将技术进步率进一步分解为四项：一是资源配置改善，主要指两种人力资源配置的改善，即农业过剩劳动力向工业的转移及非农业独立经营者和不付酬家庭成员向工业的转移。二是规模节约，当生产要素投入量增加时，生产规模扩大带来的收益递增效果或成本递减效果。三是不正常因素，如农业气候的变化对农业产量的波动、由于劳动纠纷造成的停工、需求强度随商业周期变化而对生产率产生强大的影响等。四是知识进步，这一点无法直接估算，它是经济增长率在扣除总投入增加、资源配置改善、规模节约及不正常因素影响后的剩余值。因此，在社会体制既定前提下，技术创新就成为经济增长的主要手段，也就成为经济增长的主要源泉。

④ 卢卡斯非常强调人力资本的积累。他将人力资本理论引入经济增长领域，人力资本是劳动者的技术水平，技术水平的提高会使劳动者本身的生产率提高。

二、财税政策介入技术创新领域的理论依据

虽然企业技术创新活动能促进技术进步，提高社会生产效率，进而成为决定一国经济长期增长的关键因素并受到各国政府重视，但这本身并不能成为政府干预企业技术创新活动的全部理由。企业是市场竞争的主体，在完全市场竞争的模式下，本应通过市场这只“看不见的手”调控技术创新行为并达到帕累托最优，但企业技术创新活动的公共产品、外部性、不确定性等特性使市场进行资源配置存在“市场失灵”① 问题。

（一）企业技术创新成果的公共性

根据阿罗（Arrow，1962）的观点，技术创新市场失灵的根源在于创新过程的非竞争性、非排他性和效用的不可分割性。即在一定程度上拥有知识产品所具有的公共产品特性。创新成果的非竞争性表现为：企业同一单位的研发成果可以被许多人消费，但它对某一个人的供给并不会减少对其他人的供给；某人消费该成果得到的收益并不减少他人消费所得到的收益，即不会带来“拥挤成本”；企业的研发成果一旦被提供，消费者的增多并不导致该成果生产成本的增加，即生产方面无须追加资源的投入来增加供给。

同时，技术研发成果也具有非排他性，即不能排斥他人消费该产品。虽然政府为鼓励技术创新而制定了保护知识产权的法律法规，使其具有一定程度上的排他性，但由于政府知识产权保护在范围和数量上都是有限的，这种排他性并不完全。超过保护年限和范围的研发成果被其他企业所共享，具有共同受益或联合消费的特点，致使企业研发活动又同时具有效用的不可分割性。

（二）企业技术创新收益的外部性

企业的技术创新活动是其为追求创新成果，实现自身利益最大化的纯粹私人活动。但由于企业技术创新成果具有公共产品的部分属性，他人增加消

---

① “市场失灵”是指市场无法有效率地配置商品和劳务的情况，表现为收入与财富分配不公、外部负效应、市场垄断、失业、区域经济不协调、公共产品供给不足、公共资源的过度使用等问题。

费的边际成本几乎为零，导致研发投资者不能独占技术创新成果的收益，新的研发技术成果必然会扩散到其他企业，产生技术溢出（Technology Spillovers）问题。[①] 技术的扩散会促进社会经济、技术水平和生产力的进步，造成企业技术创新活动的社会收益大于私人收益，产生正的外部性。但是，大量“搭便车”者利用技术的溢出效应，将资金重点投入到应用研究中，通过学习和模仿获取最新的技术创新知识并成为研发企业的潜在对手，使得从事技术创新的企业并不能从中获取全部收益甚至反受其害。技术溢出大大削弱了企业技术创新的积极性，最终抑制整个社会的技术创新投入和技术进步。

（三）企业技术创新活动的高风险性

技术活动本身存在巨大的风险，这种风险和溢出效应一起阻碍了企业进行技术创新活动。创新活动的技术水平越高，这种不确定性就越高，一般来讲，企业的技术创新活动投资大，且从研发投入到实现商业化开发后产生效益，需要经历研发、成果转化、产业化生产这一较长的周期，具有投入—产出的时滞性，各环节不确定因素多；而企业在技术创新活动开始之前，并不能准确预测研发活动的过程及所需时间，也不能确定研究结果能否成功。

此外，技术上的成功并不一定会带来预期收益。市场实现程度和商业利益的多少才是检验企业技术创新成功与否的最终标准。企业研发成果的商业化会面临很大的市场风险：难以确定市场的接受程度、接受时间和推广费用，难以确定竞争对手的竞争实力，难以确定合适的市场价格，难以确定市场需求的变化速度等。

不确定性及高风险性是技术研发活动的内在固有特点，但市场本身不能提供分散风险的有效机制。市场体制下的投资决策都是基于对收益与风险权衡而做出的，因此，政府有必要通过相应的措施促进企业和个人进行技术创新活动，通过公共资源去改善其可能出现的投资不足的情况，分担其成本和

① Bernstein J I, Nadiri M I. Interindustry R&D spillovers, rates of return, and production in High-Tech Industries [R] . NBER Working Paper, 1988.

降低其风险来鼓励企业进行技术创新活动。

（四）技术创新活动具有信息不完全性

信息不完全是市场失灵的一个方面，此缺陷会导致技术创新活动在投资初期面临风险。企业在进行技术创新活动的初期，对技术和市场的趋势以及投资所面临的风险缺乏足够的认识，可能会产生逆向选择和道德风险。企业进行技术创新活动，政府应当介入。政府可作为辅导机构，完善取得信息的渠道，以使企业获得足够的信息，保证其技术创新活动的投资安排有正确的方向。

对于具有公共性、风险性和正外部性的技术创新活动来说，财政政策是其他技术创新政策（如金融政策、外贸政策、专利政策）的推动者，财政政策是政府促进技术创新最为关键的政策，是政府利用财政手段在技术创新作用中的理论定位。财政对技术创新的主要作用在于财政本身就是提供公共产品的部门，能有效地解决技术创新的不确定性与外溢性问题，政府提供技术创新服务平台等公共产品，支持企业创新，使技术创新成果的外溢性得到体现。

三、财税政策支持企业技术创新的现实依据

（一）促进经济发展和产业转型的重要手段

当前我国正处于经济提质升级的关键时期以及实现“两个一百年”奋斗目标和中华民族伟大复兴“中国梦”的关键时期，要求我们着力创新发展理念、转变发展方式、提高发展质量和效益，而这些又要以创新和科技进步为基础，因此，在经济转轨中必须重视支持企业技术创新发展。

1. 企业的技术创新和经济贡献需要财政支持

科技进步是民族兴旺发达的关键，技术创新与经济发展直接正相关，其重要性不言而喻。技术创新又是现代企业发展的助推器，是企业保持旺盛生命力的武器，支持企业发展以促进我国技术进步就成为财政的必然责任。

企业擅长寻找市场机会，能够迅速将新技术转化为实物进入流通领

域，从而有利于孕育新兴产业。历史经验证明，新兴产业往往能使一国经济产生质的飞跃，甚至带来全球性的科技革命。例如，美国苹果公司20世纪70年代瞄准潜力巨大的个人计算机市场，从而开创了微型计算机产业，继而衍生出软件开发、多媒体技术等一系列新兴产业。技术更替淘汰了老企业、旧产品，也能优化一国的企业结构、产业结构、经济结构。财政通过支持企业来支持技术进步，培育战略性新兴产业，对我国调整经济结构、转变发展方式不失为一个好的选择。

2. 企业的社会贡献需要财政支持

当前，不断提高企业技术创新能力已经成为我国科技发展战略的核心。企业是以利益为驱动的经济实体，借助科技研发平台能够创造经济利益，既能实现个体利润最大化，又有助于科技战略实施。除了显著的创新效应之外，企业大量的研发人力资源需求能向社会提供大量的就业机会，这对缓解我国严峻的就业形势大有裨益。同时，企业所推崇和展现的创新理念对国民素质提升也有示范效应。

（二）有利于区域经济协调可持续发展

技术创新是缓冲经济周期影响的最佳途径，也为我国缩小地区差距、实现区域协调发展提供了机会。

1. 企业是社会创新的主体

传统区域经济理论认为，区域经济发展通过自然历史资源、资本、劳动、市场等要素实现。科学技术的迅猛发展带动了新兴经济体的崛起，美、英、德、日等国相继建立起了自己的“硅谷”，这些自身资源禀赋不具优势的地区能够取代传统工业中心成为经济发展先导，正是得益于其区域内的创新型产业。技术创新帮助这些落后地区另辟蹊径实现了梯度跳跃式的发展，并开创了由技术创新主导的全球区域经济发展新模式。如自然资源匮乏的日本在19世纪还处于贫穷落后的状态，在知识经济时代却能够依靠创新迅速崛起，跻身发达国家之列。我国台湾新竹市借助技术创新迅速成为全球信息技术制造中心。这足以说明在知识经济时代，技术创新对国家、区域经济的主导作用。

前述企业群理论强调真正的区域创新主体是集知识、技术、人才为一体，并追求创新经济效益的创新型企业。表 1-1 和图 1-1 列示了来自 OECD 国家的一组统计数据，表明企业群已经成为世界各国的创新主力。

表 1-1　部分国家 R&D 支出占比（按执行部门划分）　　单位：%

	中国	美国	日本	德国	法国	英国	加拿大	俄罗斯	韩国
研发机构	18.50	11.10	8.30	13.80	17.30	10.00	9.20	27.00	11.60
企业	72.30	70.30	77.20	69.90	63.30	61.70	54.40	66.70	77.30
高等学校	8.50	14.30	12.70	16.30	18.20	26.10	36.00	6.10	10.00
其他	0.70	4.30	1.90	0	1.30	2.20	0.40	0.30	1.20

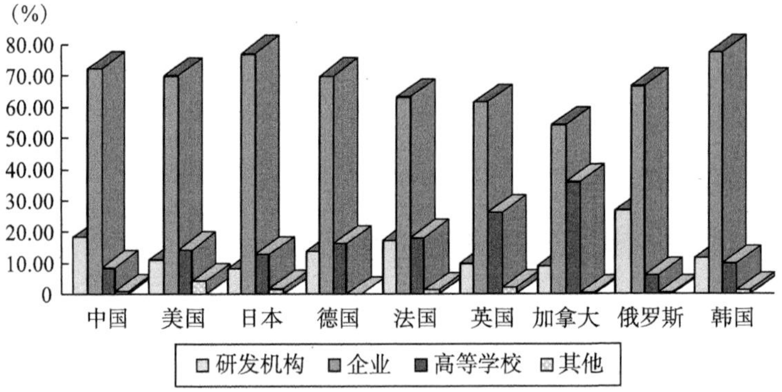

图 1-1　部分国家 R&D 支出占比（按执行部门划分）

注：除中国和加拿大两国为 2007 年的数据，其余各国均为 2006 年的数据。因为宏观数据具有渐变性，年与年之间差距不大，因此虽然年份不完全一致，但仍能说明问题。

数据来源：中国科学技术部网站，http：//www.most.gov.cn/；OECD《主要科学技术指标 2008》。

2. 我国的创新型企业聚集区与地方经济发展

美国的硅谷、北京的中关村、武汉的光谷，都是科技型企业聚集区，它们的成功充分证明了科技对经济发展的带动作用。企业带来的技术创新效应、产业提升效应与区域经济发展有着密切的联系。随着我国市场经济体制的不断完善，作为市场主体的企业对区域经济增长的贡献也日益显著。我国珠三角、长三角以及环渤海地区发展最好，与这些地区对外开放较早、技术创新深入人心、具备吸引创业的良好环境密切相关。

由于受发展政策、地区工业基础和产业结构影响，我国创新型企业聚集区各自形成不同特色。有的专门从事技术研发与转让，有的兼顾技术开发与产品制造，有的还提供技术咨询与服务。它们关注不同的领域、开拓不同的市场，形成了欣欣向荣的发展局面。一方面，地方教育资源的强弱对其人才培育产生直接影响，也间接影响了企业的人力资源；另一方面，创新型企业的繁荣也为地方政府储备经济实力，能够提升经济增长的科技含量。只有具备科研攻关的不懈精神及危机意识，才能够充分应对知识经济的挑战。地方政府积极培育企业，使之发挥技术专长，提高生产能力，有利于增强地方政府在知识经济中的竞争力。

同时，我国东中西部科技发展存在较大差距，2013 年地方 R&D 支出分布数据可以说明上述问题（见表 1-2）。这种 R&D 支出的差距必然导致地区差距的扩大。

表 1-2　2013 年全社会 R&D 支出（按地域划分）

地区（东部）	R&D 经费支出/亿元	地区（中部）	R&D 经费支出/亿元	地区（西部）	R&D 经费支出/亿元
北京	1185.0	山西	155.0	重庆	176.5
天津	428.1	安徽	352.1	四川	400.0
河北	281.9	江西	135.5	贵州	47.2
辽宁	445.9	河南	355.3	云南	79.8
上海	776.8	湖北	446.2	西藏	2.3
江苏	1487.4	湖南	327.0	陕西	342.7
浙江	817.3	吉林	119.7	甘肃	66.9
福建	314.1	黑龙江	164.8	青海	13.8
山东	1175.8	内蒙古	117.2	宁夏	20.9
广东	1443.5			新疆	45.5
广西	107.7				
海南	14.8				

数据来源：中国科技统计，http：//www.sts.org.cn/；《科技统计数据 2014》。

第三节　财税政策影响企业技术创新的作用机理

如前所述，企业创新行为和技术创新成果具有经济外溢、高风险、高投入、高回报等特征，决定了政府要对企业创新活动加以扶持，否则，企业就缺乏内在的创新动力，达不到最优的社会技术创新规模。政府扶持企业技术创新的主要措施通常有：制定创新型产业发展规划；建立主体多元的融资体系；引导和形成适应市场竞争需要的企业创新机制；对高新技术企业实施税收优惠；等等。不同的财税政策工具在作用机理、作用环节、作用途径、作用效果等方面各有差异。

一、财税政策影响企业技术创新活动的成本和收益

企业的技术创新活动具有公共产品属性，并产生外部溢出效应，造成企业研发的私人收益低于社会收益，或私人成本高于社会成本，企业根据自身的成本收益核算的技术创新活动将低于社会最优水平。通过政府财政财税政策的介入，一方面，可以通过对企业技术创新活动提供投资抵免、利息扣除等优惠，降低企业技术创新投入的成本；另一方面，通过对技术创新成果收入的减免税措施，以及对技术创新成果转化的税收激励措施，来提高企业技术创新活动的预期收入。

以税收优惠政策为例，根据乔根森（Jorgenson，1971）的标准资本成本

模型，假设较低的资本成本会促进企业进行相关投资。①

企业不征税时的资本成本：

$$C = P(r + d) \tag{1-11}$$

其中，P 为资本价格，d 为折旧率，r 为利率，并且假设不考虑通货膨胀率。

假设考虑企业所得税的影响，税率为 β，不允许在企业所得税前扣除利息和折旧，此时资本成本公式为：

$$C = P(r + d)\frac{1}{1 - \beta} \tag{1-12}$$

所得税的存在改变了资本的成本，整体资本成本变为原来的 $\frac{1}{1-\beta}$，税收的存在减少了企业的投资行为，如果提供税收优惠措施，那么资本的使用成本将会降低，增加企业的投资行为。

如果利息和折旧可以在企业所得税前扣除，那么，资本成本则变为：

$$C = P(r + d)\frac{1 - \beta a - \beta b}{1 - \beta} \tag{1-13}$$

其中，a 为折旧扣除的现值，b 为利息扣除的现值，当 $1 - \beta a - \beta b > 1 - \beta$ 时，资本成本会大于不存在企业所得税的资本成本，则征税抑制了技术投

① 此假设的证明如下：根据新古典经济学理论，追求利润最大化是企业经营行为的决策依据，在投资行为中表现为资本的边际使用成本等于边际产品价值，而企业的合意存量资本也就是当最后一个单位的投资与其资本使用成本相等时所决定的资本存量。合意存量资本与资本投资成本的关系可以从柯布—道格拉斯生产函数中得到解释：

$$Y = N^{1-r}K^{r},\ 1 > r > 0 \tag{1-14}$$

其中，Y 为产出，N，K 分别为劳动和资本要素的投入量，当劳动投入量不变时，资本的边际产出为：

$$MPK = \frac{\partial Y}{\partial K} = rN^{1-r}K^{r-1} = \frac{rY}{K} \tag{1-15}$$

根据资本边际成本等于边际收益的原则：

$$K = \frac{rY}{C} \tag{1-16}$$

式（1-16）反映了合意存量资本产出和成本的一般关系，即资本存量与资本的使用成本呈反向比例关系，资本的使用成本降低，作为流量资本的投资将调增，合意资本存量将增加，而当资本的边际收益依照递减规律下降到与资本的边际成本相等时，企业的投资额不再进行增量调整。

资，如果 $a+b=1$，那么企业所得税是中性的，不会对投资产生影响，一般情况下 $1-\beta a-\beta b<1-\beta$，即利息和折旧的扣除降低了资本的成本，鼓励企业进行投资。

如果存在优惠税率的情况，则公式变为：

$$C=P(r+d)\left[(a+b)+\frac{1-a-b}{1-\beta}\right] \tag{1-17}$$

从式（1-17）可以看出，税率越低，资本的成本也越低，优惠税率可以鼓励企业在技术创新方面投资，降低税率可能会减少成本扣除的现值，使资本成本增加，但是这种负效应会随着时间的推移而逐渐减小。

如果存在加速折旧和税收抵免的情况，则资本成本变为：

$$C=P(r+d)\left(\frac{1-a\beta-b\beta-c\beta}{1-\beta}\right) \tag{1-18}$$

其中，C 既可以表示折旧率，也可表示税收抵免率，两者的作用相同，$c\beta$ 既可以表示折旧额，也可以表示税收抵免额，两种方式都降低了投资的资本成本，如果实施，都能够促进企业进行技术创新投资。

二、财税政策影响企业技术创新的风险

企业技术创新活动具有高风险性，一方面，技术创新结果具有很大的不确定性；另一方面，技术开发取得的技术成果价值较易随着时间的推移而产生无形损失。企业技术开发成果收益包含在应纳税所得额中被加以征税，使企业税负中有一部分实际上是对该风险投资的课税，减少了投资的风险报酬，进一步加大了研发投资预期收益的不确定性或风险，因此，政府通过允许研发风险损失扣除、税收抵免、退税等税收优惠政策，放弃部分财政收入让渡给企业，就降低了投资者的风险，政府变成了投资者的“合伙人”——研发成功时分享收益，研发失败时分担损失。此外，政府制定企业与科研机构或高校合作研发和推广的税收优惠政策，促进研发成果向生产力转化，也可以大大减小企业研发成果收益的不确定性。由于政府的参与，企业研发活动的风险有所降低，税收优惠政策就具有了激励企业进行技术创新投资的

效应。

从政府采购政策降低研发风险来看，政府对企业新产品的采购有助于创新需求，帮助企业尽快收回创新产品的研发成本，降低研发风险，发挥对企业技术创新的激励作用。政府作为市场上最大的消费者，其采购金额十分巨大，政府采购对自主创新的倾斜能够创造出巨大的市场需求，改变国内企业或科研机构生产或开发的、暂不具备市场竞争力、首次投放市场的自主创新产品的“相对市场劣势”状况，以最大限度减小自主创新所面临的研发风险和不确定性，并在一定程度上挽回研发投入的沉没成本，提高供应商的创新意愿，激励社会自主创新。尤其是政府采购的首购制度，对于首次投放市场，竞争力不足但未来市场前景广阔的自主创新产品，能够有效降低供应商的创新风险。

政府通过对自主创新的采购倾斜，不仅能够减小企业创新所面临的市场风险，影响供应商的生产和研发行为，还能够通过发挥政府在社会中的示范作用，对其他社会主体的购买行为产生“羊群效应”。政府作为市场的领先用户，能够发挥信号效应。从微观方面来看，获得政府采购订单的企业相当于得到市场的认可，因为政府判断订单给予哪个供应商时，需要考察供应商的资质、产品质量、售后服务等各方面是否满足采购要求，供应商获得政府采购订单说明其企业资质、产品质量等方面比其他供应商更有保证，政府采购可以向市场其他消费者传递这样的信息，从而吸引更多的消费者，为其开辟出更广阔的市场；政府采购还可以向其他潜在投资者传递信息，吸引企业加大在创新领域的投资，从而调动企业的积极性。从宏观方面来看，政府采购对自主创新的倾向可以带动整个社会对自主创新的倾向，引导市场资源的流动方向。也就是说，政府采购的示范作用能够使政府采购在促进自主创新方面形成一种“正向倍数影响效应 ”。

上述分析不仅是以国内产品之间的竞争为对象，对于国内产品与国外产品之间的竞争也一样。对于发展中国家，本国创新产业一般具有起步较晚、市场份额较小、竞争力不足的缺陷，政府采购通过对本国创新产品的倾向，以优惠的价格购买本国产品，来扶持国内创新企业的发展。

政府采购扶持自主创新的需求效应还可以通过经济学方法进行分析，如

图 1-2 所示。

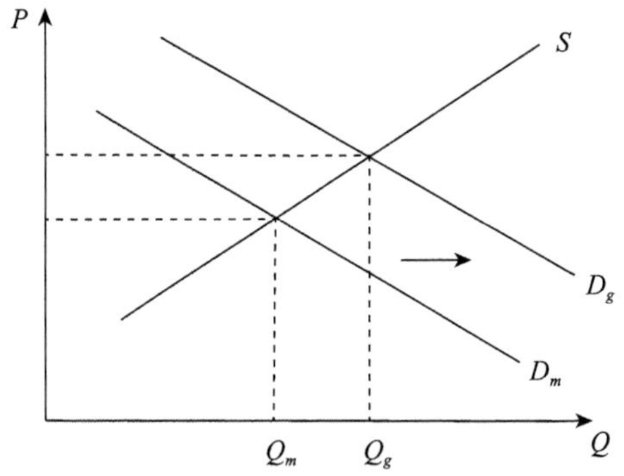

图 1-2 政府采购规模作用机理

在完全市场竞争条件下，S 为创新供给曲线，D_m 为市场对创新的需求曲线，即市场上创新消费者个人的边际收益曲线，此时创新的均衡水平为 Q_m。由于创新的正外部效应，社会对创新的实际需求要高于市场需求，也就是说，社会对创新的评价要高于市场，考虑到外部经济给社会带来的价值，创新的社会需求曲线 D_g 要高于市场需求曲线 D_m，也因此使市场均衡供给量 Q_m 低于社会需要供给量 Q_g。政府为纠正创新的正外部效应引起的市场失灵，增加对创新的政府采购 ΔG，创新的需求曲线由 D_m 向右平移到 D_g，增加量为（$Q_g - Q_m$），以弥补创新的正外部效应引起的 D_g 与 D_m 的差，此时，创新的社会需求、市场需求和供给量三者相等，达到均衡状态，实现了创新资源的最优配置。

三、财税政策影响企业技术创新的资金供给

企业技术创新活动具有高投入性的特点，需要大量资金尤其是现金流量的有力保障。企业资金来源不外乎内部积累和外部融资两方面，财税政策可以从这两方面对企业技术创新资金的筹集产生影响。

从内部积累来看，税收优惠政策关于加速折旧、缩短无形资产摊销年限等的规定，可使企业递延纳税，增加企业当期内部留存收益。这就相当于政

府给予企业的一笔无息贷款，增加了企业用于科技研发的现金流量。对外部融资比较困难的中小企业来说，这种激励方式就更为有效。

从外部融资来看，政府可以通过科技立项、科技投资、财政投融资、财政补贴、政府采购等手段，直接为企业技术创新活动提供资金支持，并作用于技术创新活动的研发和成果转化阶段。另外，通过国家重大科技基础设施建设营造良好的技术创新条件，通过税收优惠政策改变企业对风险投资的预期收益率，可以为研发企业营造有利的融资环境，吸引资金供给者投资于高风险的研发项目，进而影响企业研发的资金供给。

四、财税政策影响企业人力资本供求

人力资本是企业技术创新的源泉，人才的创新能力在企业技术研发活动中起着主导作用。财税政策可以通过对人力资本供给与需求两方面的影响，来激励企业加大对研发人员资本的投入。

需求方面，企业税负的高低直接影响其对人力资本投资的能力。政府降低对企业的技术创新活动税率，会增加企业收益，使企业更有能力加强对内部人才的职业技术培训或外部人才引进。同时，由于人力资本具有很强的流动性，企业对人力资本投资会产生很强的正外部性，造成私人收益与社会收益的不完全对称。政府通过人力资本投资税前加计扣除的税收激励政策，就可以减少私人投资成本，消除这种不对称，进而促进企业对人力资本的投入。假设劳动供给不变，征收工资税时均衡的工资水平和劳动需求量分别为 W_0、L_0。在享受工资税收优惠情况下，企业能够承受的工资支付水平提高，对人力资本的需求曲线向右上方平移，均衡工资水平和劳动力需求将上升至 W_1、L_1（见图 1-3）。

供给方面，个人对人力资本的投资取决于投资上所获得的税后净收益能否达到其满意程度。税收直接影响个人的可支配收入，比如对发明创造奖金减免税款、放宽个人所得税扣除标准等；可稳定高新技术人员、吸引留学人员回国或外籍人员来华从事高新技术工作；增加企业在人力资本投资上的效用，促使人们在职业选择时更倾向于选择从事科技研发岗位。

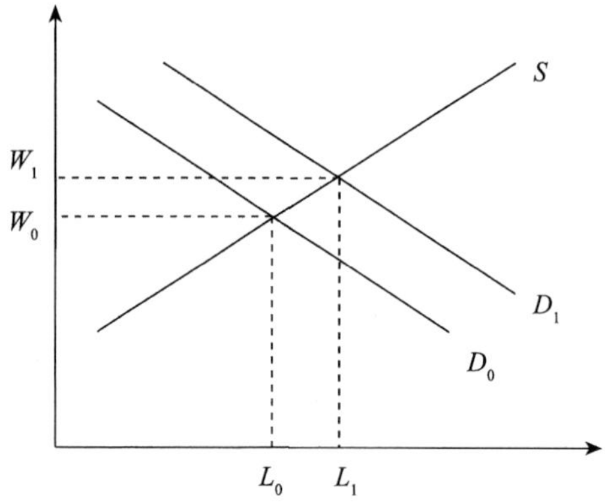

图 1-3　税收优惠政策对人力资本需求的影响

综上所述，税收优惠政策会降低企业 R&D 成本，提高企业 R&D 预期收益，分担投资风险，进而增加企业的 R&D 动力；同时，可以改善企业研发的融资环境，优化人力资本的供需状况，增强企业从事技术创新活动的能力。自身内部利益驱动和政府外部政策支持影响企业的 R&D 投资决策，从而达到通过税收优惠激励企业研发的政策目标。税收优惠政策对企业 R&D 影响激励的综合分析模型见图 1-4。

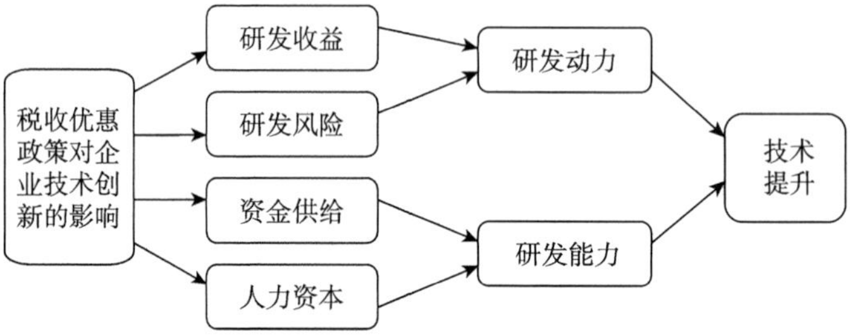

图 1-4　R&D 税收激励综合分析模型

第四节　支持企业技术创新财税政策的适度性

财税政策在促进企业技术创新方面发挥了积极作用，无疑是重要且有必要的。但是，也要清醒地认识到，凡事过犹不及，财税支持政策的制定和实施本身亦有成本，它对企业技术创新的支持也应是有限度的。一旦超过了合意的规模和限度，就会带来一些负效应，甚至得不偿失。

一、支持企业技术创新的财税政策的有效性

为了说明税收政策对于自主创新的支持是行之有效的，下面从税收政策有效性的数理证明和有效性的具体表现两个方面来进行解释和证明。

（一）有效性的数理证明

现在以企业作为考察对象，在资金投入一定的条件下，显然自主创新活动与税收政策支持力度以及创新项目成功的可能性呈正相关，其关系用函数表示为：

$$F = F(T,\ P,\ V) \tag{1-19}$$

其中，F 表示自主创新产出，T 表示实施支持自主创新税收政策的税收支出，P 表示创新活动成功的可能性，V 表示其他影响因素，则相应的社会效应函数可表示为：

$$U = R(L) - C_1(F) - C_2(T) \tag{1-20}$$

其中，R（L）表示创新收益，L 表示创新项目成功的数量，C_1（F）表示企业实施自主创新的成本，C_2（T）表示税收政策的成本，显然有：

$$U = R(P \cdot F) - C_1(F) - T \cdot L \tag{1-21}$$

即：

$$U = R[P \cdot F(T,\ P,\ V)] - C_1[F(T,\ P,\ V)] - T \cdot P \cdot F(T,\ P,\ V) \tag{1-22}$$

对该效应函数分别求 P 和 T 一阶偏导数，整理后结果如下：

$$\frac{\partial U}{\partial P}=\frac{\partial R}{\partial P}\cdot F+\frac{\partial R}{\partial P}\cdot P\cdot\frac{\partial F}{\partial P}-\frac{\partial C_1}{\partial F}\cdot\frac{\partial F}{\partial P}-TF-T\cdot P\cdot\frac{\partial F}{\partial P} \quad (1-23)$$

$$\frac{\partial U}{\partial T}=\frac{\partial R}{\partial T}\cdot P\cdot\frac{\partial F}{\partial T}-\frac{\partial C_1}{\partial F}\cdot\frac{\partial F}{\partial T}-P\cdot F-T\cdot P\cdot\frac{\partial F}{\partial T} \quad (1-24)$$

根据效应函数效用最大化的条件，令$\frac{\partial U}{\partial P}=0$，$\frac{\partial U}{\partial T}=0$。

又：$E_P=\frac{\partial F}{\partial P}\cdot\frac{P}{F}$，$E_T=\frac{\partial F}{\partial T}\cdot\frac{T}{F}$，通过联立方程可以求得：

$$E_P=\frac{TP}{P\cdot\frac{\partial U}{\partial P}-\frac{\partial C_1}{\partial F}-TP+F\cdot\frac{\partial U}{\partial P}\div\frac{\partial F}{\partial P}} \quad (1-25)$$

$$E_T=\frac{TP}{P\cdot\frac{\partial U}{\partial P}-\frac{\partial C_1}{\partial F}-TP} \quad (1-26)$$

由于 $F>0$，$\frac{\partial U}{\partial P}>0$ 并且$\frac{\partial F}{\partial P}>0$，即 $F\cdot\frac{\partial U}{\partial P}\div\frac{\partial F}{\partial P}>0$，所以有：

$$E_T>E_P$$

这一结论说明了两个问题：一方面，在市场竞争均衡的条件下，与自主创新成功的可能性相比，企业对于税收政策的反应更为敏感，也就是说，对于自主创新的税收政策支持更容易调动创新个体的积极性，从而推动自主创新活动的开展；另一方面，在自主创新活动技术上成功的可能性一定的条件下，税收政策对于自主创新的支持是有效的，政府可以通过加大税收政策对自主创新的支持力度，从经济政策角度推动自主创新活动的深入开展。

（二）有效性的具体表现

衡量一个部门自主创新水平高低的指标有两个：一是该部门为了开展自主创新活动而进行的资金投入；二是该部门在进行研发与创新投入后其产出水平是否较以前有明显的增长。可以证明，税收政策不仅能够促使相应部门加大研发与创新投入，而且能够提高企业的产出水平。

如图 1-5 所示，X 轴表示某企业的研发与创新投入，Y 轴表示其他方面的投入。AB 为初始条件下的成本预算线，与等产量曲线 Q_1 相切于点 E_1，此时该企业的研发与创新的投入为 X_1，其他投入为 Y_1，产出为 Q_1 所代表的水平。如果实施支持自主创新的税收政策，比如对于创新项目实施减免税优惠，对于创新投入予以税前扣除，允许设备加速折旧等，使企业开展自主创新的成本下降，收益增加，改变其他投入和自主创新投入的相对价格，则成本约束线由 AB 变为 AC，与等产量曲线 Q_2 相切于 E_2 点，此时自主创新投入为 X_2，其他投入为 Y_2，企业的创新投入和产出都明显增加。

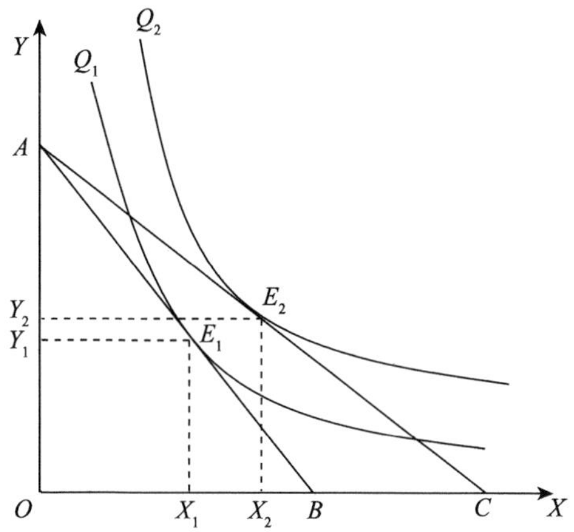

图 1-5　税收政策支持自主创新效应图

由此可见，支持自主创新的税收政策的有效性表现为三个方面：一是促使创新个体资金投入增加；二是自主创新投入较其他投入增加的幅度更为显著；三是推动企业产出水平增加。

二、支持企业技术创新的财税政策的负效应

支持企业技术创新的财税政策存在着一定的负效应，而且随着对企业技术创新力度的加大，其负效应也表现得愈加明显，尤其体现为税收政策，以下将以税收政策为例进行说明。

（一）有悖于税收公平的原则

税收公平原则是指社会成员的税收负担应符合公平标准，包括横向公平和纵向公平。支持企业技术创新税收政策对于公平原则的违背主要体现在三个方面。

1. 带来地区间的不公平

国内外的实践表明，支持企业技术创新的税收政策具有比较强的地域性，许多税收优惠政策只有特定地区，比如高新技术开发区、高科技园区内的企业才能享受。许多企业性质、生产规模和产品类型基本一致的企业，往往因为所处地区的不同而适用于不同的税收政策；与此同时，在特定区域之外的创新主体，同样是进行研发与创新活动，却享受不了相应的税收政策。

2. 带来产业间的不公平

企业技术创新税收支持政策一般具有显著的产业倾向。通常对于高科技产业和新兴产业，比如电子产品、软件行业、生物制药、能源供应、海洋技术等实行税收优惠政策，而对于传统产业如机械、纺织、钢铁、化工等产业的税收支持政策相对偏少。这样一来，传统产业开展技术研发、设备更新和人才培训等企业技术创新活动的成本会明显高于高科技企业以及新兴产业。

3. 带来部门间的不公平

从大的方面看，不同创新主体所适用的税收政策不同，作为创新活动的实施者，高等院校、科研机构、公司企业和中介机构所享有的税收政策是有差别的，即使是同一创新项目，如果由不同的部门来实施，其税收政策往往差别很大；从小的方面来看，同一部门，比如同样是公司企业，往往因所有制类型、企业规模、财务状况的不同而不能公平地享有同样的税收政策。

（二）不符合税收简便的原则

税收简便原则包括两方面：一是税收制度的设计应简单明确，便于管理和操作；二是方便纳税人，如税务登记、纳税申报、税款缴纳等要为纳税人提供方便。

1. 税收支持政策的制度设计较为复杂

首先，支持企业技术创新的税收政策规定了详细的条件和适用范围，使政策认定的难度加大；其次，相关税收政策主要表现为税收优惠，为了避免纳税人钻税法漏洞，借企业技术创新名义进行避税甚至偷漏税而造成税收流失，政策设计较一般的税收政策更加复杂；最后，相关税收政策一般根据创新活动所属类型、地区、产业和部门的不同分别适用于不同的税收政策，计算较为复杂。

2. 税制设计的复杂化给纳税人带来了不便

政府对于支持企业技术创新税收政策做出了详细的规定和要求，虽然有利于税收政策的实施，但也导致纳税人在税务登记时要进行严格的资格认证，纳税申报要附加更多的内容，税款汇算清缴时的计算和手续更加烦琐，给纳税人带来了诸多不便。对于发展中国家而言，由于税收征管水平和能力不高、税收服务意识淡薄等，相关税收政策对于税收简便原则的违背往往更加突出。

（三）加大了税收监管成本

支持企业技术创新的税收政策不仅会引起税收制度的复杂化，也容易增加税收的征收管理成本和相应的监督成本。

1. 税制复杂化导致征管成本加大

支持企业技术创新的税收政策具有特定的适用范围、优惠对象和实施标准，而且在不同的地区、行业以及部门之间存在较大的差别，税务部门要花费更多的时间和精力对纳税人进行甄别管理和跟踪考核。相关税收政策比较复杂，对于税务登记、纳税申报和税务评估、税款缴纳也提出了更高的要求，客观上要求税务机关进行大量的宣传和辅导工作，导致税收征管成本的增加。

2. 寻租行为和避税导致税收监督成本加大

企业技术创新的特点决定了许多政策标准难以量化，某项行为是否属于企业技术创新的范畴，该不该享受税收优惠很大程度上取决于税务机关的认定，这就为税务人员利用手中权力进行寻租行为提供了可乘之机。此外，差别化的税收政策之间很难做到完全协调一致，甚至存在漏洞，客观上为纳税人实施避税活动提供了便利。有些纳税人甚至借企业技术创新名义实施偷漏税行为，导致税收监督成本上升。

（四）短期内给财政收入带来压力

从长期来看，支持企业技术创新的税收政策的实施确实能够起到涵养税源、提高企业技术创新能力以及带动经济增长的作用，从而促使财政收入稳定增加。但是在短期内，由于企业技术创新能力的提高和企业技术创新作用的发挥需要一个过程，税收政策不可能一蹴而就，其政策效果存在着一定的滞后性，就国外的经济实践来看，在税收政策实施的前期，财政收入的下降是一个普遍性的规律。特别是在发展中国家，财政支出的压力本来就比较大，支持企业技术创新税收政策的实施在短期内无疑会加剧这种状况。

支持企业技术创新的财税政策存在着上述负效应，说明其运用不是无限度的，而是存在着合意的规模，正确合理把握财税政策的规模，是其效果得以充分发挥的重要前提。需要说明的是，研究其负效应并不是否定财税政策在支持企业技术创新中的作用，而是对其形成全面正确的认识，从而最大限度地减小财税政策的负效应。尽管支持企业技术创新的财税政策存在着一些负效应，但是它支持企业技术创新、促进经济发展的作用是比较明显的。因此，政府应毫不犹豫地推行和完善支持企业技术创新的财税政策。

三、支持企业技术创新的财税政策的最优规模

财税政策在支持企业技术创新方面发挥着重要的直接投入和间接引导作用，但如上所述，其规模并非越大越好，需要从成本和收益角度进行科学的适度性分析。如图 1-6 所示，*X* 轴表示财税政策规模，沿正方向表示政策对企业技术创新的支持力度逐渐加大；*Y* 轴表示边际收益（可表示为鼓励企业创新和发展壮大、促进经济可持续发展和产业转型等）或者边际成本（可表示为带来税收扭曲、扩大不公平、增加监管成本、带来收支压力等），其中

MSB 表示财税政策的边际收益。由于创新活动及其成果的特殊性，它呈现边际收益递增的态势。*MSC* 则表示财税政策的边际成本，具有递增的性质。

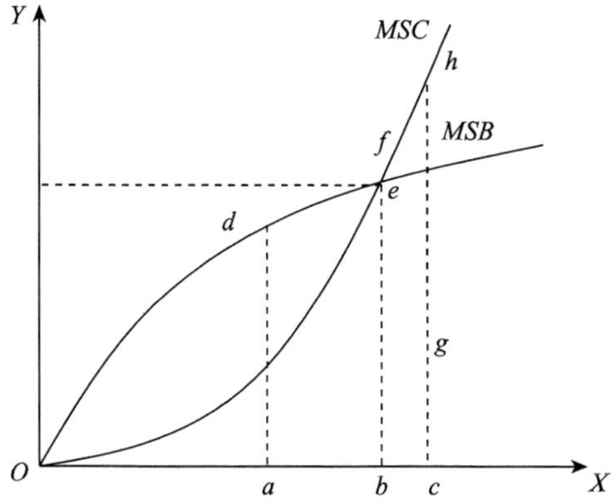

图 1-6　支持企业技术创新财税政策最优规模

在均衡点 *e* 点，财税政策的边际收益等于边际成本，财税政策的净收益最大，相应地，*b* 点即代表财税政策的最优规模；在 *a* 点，财税政策的边际收益大于边际成本，表明财税政策还有作用空间，应进一步加大对企业技术创新的支持力度；而在 *c* 点，财税政策的边际成本高于边际收益，财税政策的净收益低于 *b* 点，表明财税政策对企业技术创新的支持力度偏大，实施成本过高，造成了经济的严重扭曲，加大财税支持政策力度已经得不偿失。

第二章
企业创新程度的衡量与影响因素

企业技术创新是一个极其复杂的过程，具体包括产生设想、研究与开发、设计、试制、生产、营销和扩散等环节，各个环节既独立又相互联系，从而形成一个有机的完整过程。企业技术创新能力的评价要综合体现技术创新各个环节的能力，主要从技术创新投入能力、技术创新产出能力和技术创新转化能力等方面予以体现。本章首先对我国企业技术创新现状进行描述，并通过构建企业技术创新能力评价指标体系进行量化分析，找出影响企业技术创新程度的相关因素。

第一节　我国企业技术创新现状

改革开放尤其是党的十八大以来，我国企业技术创新能力有了长足发展。要进行企业技术创新现状的分析，可从其技术创新投入（经费、人员、设备等）、技术创新产出和存在的主要问题等方面展开。

一、技术创新投入

没有创新投入，技术创新也就无从谈起。技术创新投入是提升企业技术创新水平的重要因素。其创新投入包含了两大方面的内容，分别是技术创新资本投入和创新人才投入。

（一）我国企业 R&D 经费投入不断增加

近年来，我国全社会研究与试验发展（R&D）经费投入呈现持续快速增长的态势，从 2003 年的 1 539 亿元增加至 2017 年的 17 606 亿元，年均复合增长率为 9. 67%；R&D 经费投入强度（R&D 经费支出占 GDP 的比重）也从 1. 12%上升至 2. 13%（见图 2-1），但与经济发达国家相比还是有很大的差距，也与我国中长期发展规划中提出的当年经费投入强度达到 2. 5%的发展目标还有一定的距离，但差距有所缩小。

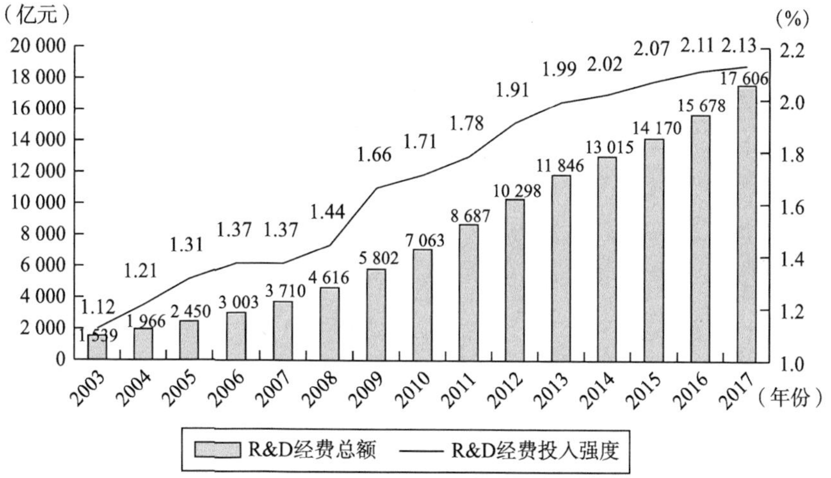

图 2-1　2003—2017 年全社会 R&D 经费支出情况

数据来源：《中国科技统计年鉴 2016》《2016 年全国科技经费投入统计公报》。

与此同时，随着科技体制改革的不断深化和市场经济的深入发展，企业 R&D 经费支出也持续高速增长，从 2004 年的 1 291 亿元增加至 2017 年的 13 660亿元，年均复合增长率为 8. 20%。企业 R&D 经费支出占全社会 R&D 经费支出的比重已从 2004 年的 65. 67%上升至 2017 年的 77. 58%（见图 2-2），企业已成为我国全社会 R&D 投入的主体。

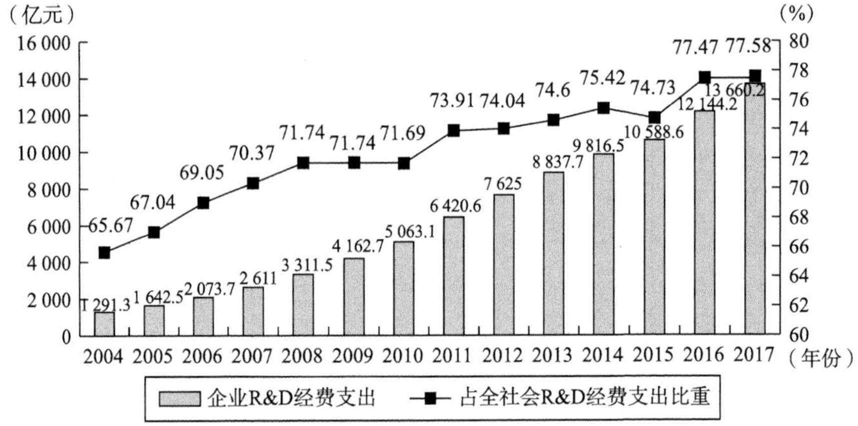

图 2-2　2004—2017 年企业 R&D 经费支出情况

数据来源：《中国科技统计年鉴 2018》。

仅从企业 R&D 经费支出方面来看，2005 年以后规模以上工业企业①占 2/3以上，居主导地位，支出总额近几年大幅提升。2004—2017 年，规模以上工业企业 R&D 经费支出从 1 104.5 亿元增加至 12 013 亿元，已占到所有企业 R&D 经费支出的 87.94%，年平均增长率为 17.35%；大中型高新技术产业作为技术推动型的产业，R&D 经费支出额也不断增加，2000—2017 年投入额从 111 亿元增加至2 916亿元，年均复合增长率为 11.54%，但其投入额的增长速度却低于全国企业的平均水平（见表 2-1、图 2-3）。

表 2-1　2000—2017 年我国企业 R&D 经费支出对比

年份	R&D 经费支出/亿元	企业 R&D 经费支出/亿元	企业 R&D 经费支出占全社会 R&D 经费支出比重/%	规模以上工业企业 R&D 经费支出/亿元	大中型高新技术产业 R&D 经费支出/亿元
2000	895.7	537.0	59.95		111
2001	1 042.5	630.0	60.43		157
2002	1 287.6	787.8	61.18		187

① 此处，规模以上工业企业界定是依据 2015 年国家经贸委、国家发展改革委、财政部、国家统计局《中型企业标准暂行规定》标准执行，为从业人员不少于 300 人、年营业收入不少于 3 000 万元，且资产总额不少于 4 000 万元的工业企业。

续表

年份	R&D 经费支出/亿元	企业 R&D 经费支出/亿元	企业 R&D 经费支出占全社会 R&D 经费支出比重/%	规模以上工业企业 R&D 经费支出/亿元	大中型高新技术产业 R&D 经费支出/亿元
2003	1 539.6	960.2	62.37		222
2004	1 966.3	1 291.3	65.67	1 104.5	292
2005	2 450.0	1 642.5	67.04	1 350.3	363
2006	3 003.1	2 073.7	69.05	1 630.2	456
2007	3 710.2	2 611.0	70.37	2 112.5	545
2008	4 616.0	3 311.5	71.74	3 073.1	655
2009	5 802.1	4 162.7	71.74	3 775.7	774
2010	7 062.6	5 063.1	71.69	4 015.4	968
2011	8 687.0	6 420.6	73.91	5 993.8	1 238
2012	10 298.4	7 625.0	74.04	7 200.6	1 491
2013	11 846.6	8 837.7	74.60	8 318.4	1 734
2014	13 015.6	9 816.5	75.42	9 254.3	1 987
2015	14 169.9	10 588.6	74.73	10 013.9	2 220
2016	15 676.7	12 144.2	77.47	10 944.7	2 438
2017	17 606.1	13 660.2	77.58	12 013.0	2 916

数据来源：《中国科技统计年鉴 2015》、《中国统计年鉴 2015》。

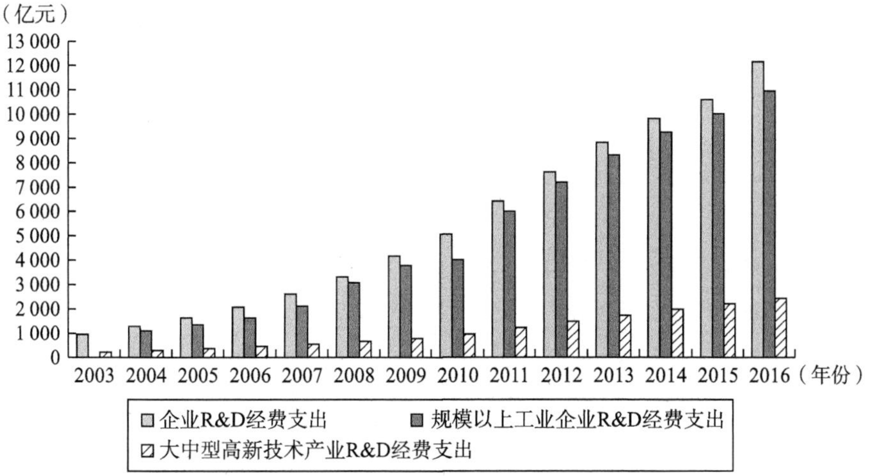

图 2-3　2003—2016 年我国企业 R&D 经费支出对比

虽然我国企业的 R&D 经费支出规模有了极大提高，但其 R&D 经费支出强度（企业研发经费支出与企业主营业务收入之比）增长缓慢，只从 1.39%提高到了 1.73%。在以企业为技术创新主体的发达国家，其企业对 R&D 的投入一般都占其销售额的 3%左右，而世界 500 强企业一般要占 5%~10%。由此看来，我国企业技术创新资金投入明显不足。

从企业 R&D 的行业特征来看，2017 年，通信设备、计算机及其他电子设备制造业的 R&D 经费和 R&D 人员全时当量均为最高，分别为 2 002.76 亿元和 457 960 人年。石油加工、炼焦及核燃料加工业 R&D 经费最高，为 113.25 万元/人年。电气机械和器材制造业有 R&D 活动的企业数最多，为 2 702 家（见表 2-2）。由表 2-2 可知，分行业规模以上工业企业 R&D 经费支出为 12 012.96 亿元，占全部企业 R&D 经费支出的 87.94%，说明制造业和信息技术业是 R&D 投入最为活跃的行业。

表 2-2　分行业规模以上工业企业 R&D 投入情况（2017 年）

行业	R&D 经费/万元	R&D 人员全时当量/人年	R&D 经费（万元/人年）	有 R&D 活动的企业数/家
总计	120 129 589	2 736 244	43.90	22 734
煤炭开采和洗选业	1 489 056	41 987	35.46	270
石油和天然气开采业	572 560	21 463	26.68	68
黑色金属矿采选业	72 514	2 236	32.43	50
有色金属矿采选业	311 921	4 420	70.57	70
非金属矿采选业	118 732	3 255	36.48	41
农副食品加工业	2 745 770	51 693	53.12	473
食品制造业	1 480 532	32 381	45.72	416
饮料制造业	997 942	22 864	43.65	353
烟草制造业	197 869	3 960	49.97	72
纺织业	2 331 792	64 955	35.90	1 159

续表

行业	R&D 经费/万元	R&D 人员全时当量/人年	R&D 经费（万元/人年）	有 R&D 活动的企业数/家
纺织服装、鞋、帽制造业	1 104 852	35 669	30.98	266
皮革、毛皮、羽毛（绒）及其制品业	651 003	20 856	31.21	171
木材加工及木、竹、藤、棕、草制品业	602 743	14 684	41.05	117
家具制造业	554 283	19 648	28.21	88
造纸及纸制品业	1 445 953	24 826	58.24	292
印刷业和记录媒介的复制	539 399	18 384	29.34	149
文体教育用品制造业	1 004 695	33 772	29.75	151
石油加工、炼焦及核燃料加工业	1 465 965	12 944	113.25	191
化学原料及化学制品制造业	9 124 767	168 484	54.16	1 667
医药制造业	5 341 769	121 517	43.96	1 206
化学纤维制造业	1 060 666	19 391	54.70	189
橡胶和塑料制品业	3 071 880	82 991	37.01	302
非金属矿物制品业	3 628 147	91 975	39.45	959
黑色金属冶炼及压延加工业	6 387 463	92 831	68.81	484
有色金属冶炼及压延加工业	4 616 196	63 952	72.18	576
金属制品业	3 431 676	97 733	35.11	772
通信设备制造业	6 968 194	199 775	34.88	2 126
专用设备制造业	6 369 444	177 067	35.97	1 508
交通运输设备制造业	11 645 572	234 798	49.60	2 192

续表

行业	R&D 经费/万元	R&D 人员全时当量/人年	R&D 经费（万元/人年）	有 R&D 活动的企业数/家
电气机械和器材制造业	12 423 807	285 025	43.59	2 702
通信设备、计算机及其他电子设备制造业	20 027 613	457 960	43.73	2 367
仪器仪表及文化、办公用机械制造业	2 102 352	68 735	30.59	662
工艺品及其他制造业	326 394	11 019	29.62	203
电力、热力生产和供应业	857 748	18 875	45.44	347
燃气生产和供应业	110 867	2 801	39.58	23
水的生产和供应业	95 827	2 415	39.68	47

数据来源：《中国统计年鉴 2018》。

（二）我国企业 R&D 人才投入稳步增长，但人才投入强度不高

从企业科技人员数量来看，2001—2017 年，全社会 R&D 人员（全时当量）① 由 95.65 万人年增至 403.4 万人年，增幅在 2012 年后有所回落（见图 2-4）。R&D 人力的总体规模发展平稳，科技人力资源总量从 2000 年的 2 657万人增加到 2017 年的 8 705 万人，年平均增长率为 11.02%。同时，企业 R&D 人员（全时当量）也从 2000 年的 48.08 万人增至 2017 年的 273.62 万人，年平均增长率为 14.71%。企业 R&D 人员占全社会 R&D 人员的比重由 2000 年的 52.14%上升至 2017 年的 67.83%，反映我国 R&D 活动人员比重也已逐步趋于企业主导型。

从人员质量上看，我国企业技术开发人员占全部企业从业人员比重为 6.9%；我国企业科学家工程师占企业全部科技活动人员的比重为 58.8%，比

① R&D 人员全时当量，是指全时人员数加非全时人员按工作量折算为全时人员数的总和。例如：有两个全时人员和三个非全时人员（工作时间分别为 20%、30%和 70%），则全时当量为 2+0.2+0.3+0.7=3.2（人年）。这是国际上为比较科技人力投入而制定的可比指标。

全国平均水平低 4.7 个百分点。这一切都表明我国企业技术创新人员在质量上还没有明显的比较优势。

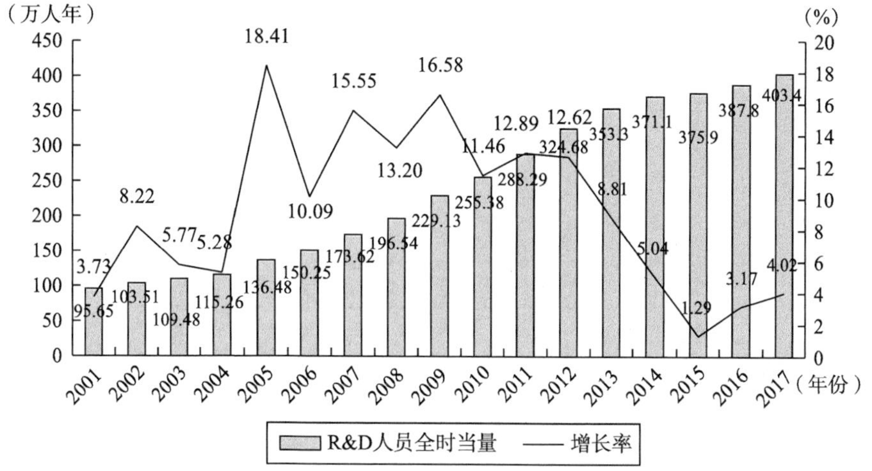

图 2-4　2001—2017 年我国 R&D 人员总量变化趋势

二、技术创新产出

技术创新产出是技术创新能力的最终体现，技术创新也是企业的一项生产活动，在投入了经费和人力资源之后，就会取得相应的产出，包括新产品销售收入与专利情况等。近些年来，我国技术创新产出增长迅猛，形势喜人。下面将对企业技术创新产出展开分析。

（一）发明专利申请量稳步上升

专利是企业技术创新的重要成果之一，尤其体现为发明专利。随着我国企业 R&D 投入的不断增长，国内职务发明专利受理量和授权量快速攀升，分别由 1995 年的 2 993 件和 932 件增加至 2017 年的 1 043 770 件和 303 577 件，增长率分别达到 32. 65%和 30. 49%。

在发明专利申请主体构成中，企业国内职务发明专利申请量占全国发明专利申请总量的比重由 1995 年的 36. 28%上升至 2017 年的 75. 51%，授权量比重由22%上升至66.15%（见表2-3），说明我国企业在技术创新产出方面扮演着至关重要的角色。

表2-3　国内职务发明专利受理数与授权数及企业情况

年份	受理数			授权数		
	合计/件	企业/家	比重/%	合计/件	企业/家	比重/%
1995	2 993	1 086	36.28	932	205	22.00
1996	3 488	1 725	49.46	831	192	23.10
1997	4 248	2 239	52.71	912	170	18.64
1998	4 618	2 480	53.70	954	182	19.08
1999	6 009	3 490	58.08	1 685	462	27.42
2000	12 609	8 316	65.95	2 824	1 016	35.98
2001	14 815	9 371	63.25	2 614	1 089	41.66
2002	22 668	14 657	64.66	3 144	1 461	46.47
2003	34 731	21 858	62.94	6 895	3 382	49.05
2004	41 750	27 029	64.74	12 176	6 128	50.33
2005	62 270	40 196	64.55	14 761	7 712	52.25
2006	81 485	56 455	69.28	18 400	9 433	51.27
2007	107 664	73 893	68.63	24 488	12 851	52.48
2008	140 452	95 619	68.08	36 955	22 493	60.87
2009	172 181	118 257	68.68	52 265	32 160	61.53
2010	223 754	154 581	69.09	66 149	40 049	60.54
2011	324 224	231 551	71.42	95 069	58 364	61.39
2012	428 427	310 610	72.50	125 954	78 651	62.44
2013	571 073	426 592	74.70	126 860	79 439	62.62
2014	642 457	481 457	74.94	146 358	91 005	62.18
2015	776 117	582 512	75.05	238 818	158 620	66.42
2016	982 971	735 533	74.83	276 007	189 564	68.68
2017	1 043 770	788 194	75.51	303 577	200 804	66.15

数据来源：历年《中国统计年鉴》、历年科技部《中国科技统计数据》。

为更加细致地分析我国企业专利情况，将选择规模以上工业企业和高新技术企业两类企业作为代表。通过两个角度划分成的企业的有效发明专利数和专利申请数的增长率来说明企业的科技创新的产出情况，进而估计整个企业的科技创新程度（见表 2-4）。

表 2-4　2009—2017 年企业专利数增长率

年份	规模以上工业企业		高新技术企业	
	有效发明专利数增长率/%	专利申请数增长率/%	有效发明专利数增长率/%	专利申请数增长率/%
2009	47.34	53.14	33.10	29.90
2010	35.03	22.62	57.61	15.86
2011	25.94	18.45	34.41	30.23
2012	37.85	26.90	45.16	25.06
2013	21.00	14.49	18.40	5.49
2014	33.84	12.42	27.65	17.11
2015	27.82	1.26	35.02	-4.59
2016	18.24	17.46	29.45	5.78
2017	22.81	9.54	20.77	2.03

数据来源：根据各年份《中国统计年鉴》以及中国统计局网站公布数据整理而得。

由表 2-4 可知，高新技术企业在 2015 年的专利申请数的增长率出现负值，说明当年的专利申请数相对于 2014 年有了一定的减少。图 2-5 为 2009—2017 年规模以上工业企业有效发明专利数和专利申请数增长率的折线示意图，从图 2-5 中可以看出两个增长率的变化趋势是相似的，都呈现下降的趋势，此外，除了 2009 年之外，其他年份的有效发明专利数增长率要高于专利申请数增长率，说明我国规模以上工业企业近几年的科技创新产品还是在上涨，但是成为最终成果的专利项目数的增长在逐渐变缓。

图 2-6 为 2009—2017 年高新技术企业有效发明专利数和专利申请数的增长率。同规模以上工业企业一样，近几年的科技创新产品是在上涨，成为最终成果的专利项目数的增长也在逐渐变缓。但其中 2009—2011 年以及 2014—2017 年两个时间段，二者是呈反向变化的；2011—2014 年，两个增长率的变动呈现同向关系。

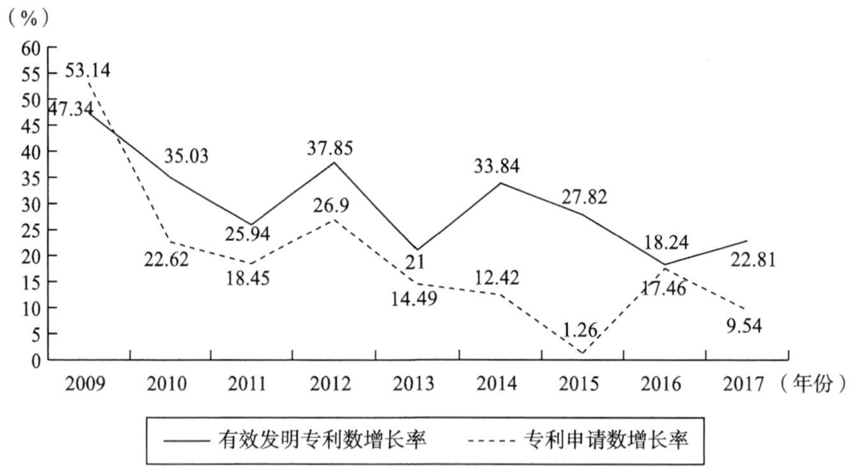

图 2-5　2009—2017 年规模以上工业企业专利增长率情况

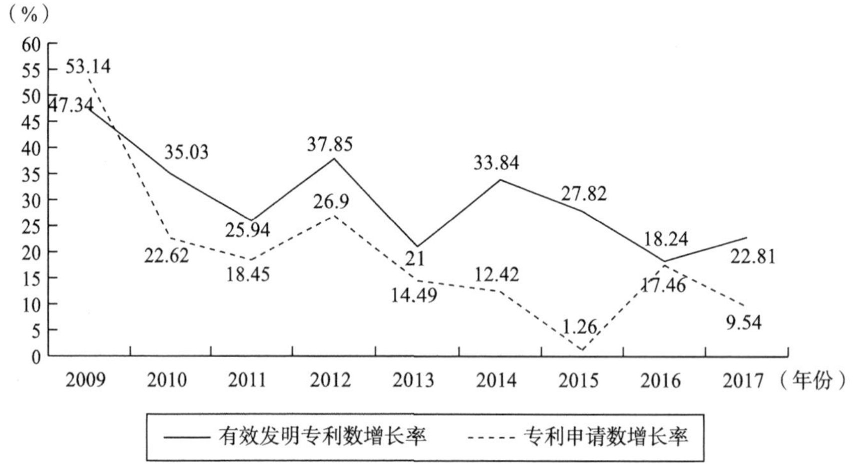

图 2-6　2009—2017 年高新技术企业专利增长率情况

图 2-5 与图 2-6 所示两类型企业的变化趋势是否合理，需要进行专题分析论证，也需要对财政支出作用于企业科技创新的效应进行有效的评估。

（二）技术合同金额和高新技术产品出口快速增长

在技术市场，全国技术合同项数从 2010 年的 23 万项增加到 2017 年的 36. 8 万项，技术合同成交金额在 2010—2017 年实现了大幅增长，从 2010 年的3 907亿元增加到2017年的13 424亿元（见表2-5）。技术交易主体（包括企业、机关事业单位、科研机构、社团、自然人等）中企业是最大的技术卖方，其占技术市场成交合同金额的比重都在85%左右（见表2-6）。

表2-5　全国高新技术产品市场交易情况

年份	2010	2011	2012	2013	2014	2015	2016	2017
技术市场签订技术合同/万项	23.0	25.6	28.2	29.5	29.7	30.7	32.0	36.8
其中：技术开发	10.56	12.64	15.02	15.40	14.89	15.34	16.51	19.37
技术转让	1.24	1.11	1.19	1.18	1.25	1.28	1.33	1.52
技术咨询	2.77	3.16	3.26	3.26	2.79	3.36	3.74	4.11
技术服务	8.39	8.74	8.76	9.66	10.77	10.74	10.42	11.8
技术合同成交金额/亿元	3 907	4 764	6 437	7 469	8 577	9 836	11 407	13 424
其中：技术开发	1 634	2 170	2 636	2 773	2 949	3 047	3 480	4 749
技术转让	610	523	1 021	1 084	1 137	1 467	1 608	1 400
技术咨询	117	166	150	195	244	263	468	449
技术服务	1 546	1 904	2 630	3 417	4 247	5 059	5 851	6 826

表2-6　全国技术市场成交合同金额（按卖方类型分类）

年份	2006	2007	2008	2009	2010	2011
机关法人/亿元	40.44	19.46	20.38	16.23	35.41	40.23
事业法人/亿元	225.08	255.88	283.81	346.63	420.63	532.65
社团法人/亿元	7.11	4.51	3.63	10.33	13.68	7.92
企业法人/亿元	1 528.03	1 924.49	2 333.85	2 628.37	3 341.74	4 119.29
自然人/亿元	4.83	9.40	6.69	7.45	5.03	15.51
其他组织/亿元	12.68	12.80	16.86	29.99	90.09	47.96
合计/亿元	1 818.18	2 226.53	2 665.23	3 039.00	3 906.58	4 763.56
企业所占比重/%	84.04	86.43	87.57	86.49	85.54	86.48
年份	2012	2013	2014	2015	2016	2017
机关法人/亿元	76.03	74.49	110.94	114.08	122.39	152.41

续表

年份	2012	2013	2014	2015	2016	2017
事业法人/亿元	730.91	900.74	878.97	958.17	1 057.45	1 222.59
社团法人/亿元	7.57	4.93	4.47	13.15	10.55	18.94
企业法人/亿元	5 570.55	6 436.18	7 516.29	8 476.92	9 657.51	1 1875.28
自然人/亿元	31.73	11.44	13.94	8.70	11.5	18.7
其他组织/亿元	20.28	41.35	52.58	264.78	547.58	136.3
合计/亿元	6 437.07	7 469.13	8 577.18	9 835.79	11406.98	13 424.22
企业所占比重/%	86.54	86.17	87.63	86.18	84.66	88.46

数据来源：《中国科技统计年鉴 2016》。

从企业技术创新产品贸易情况来看，2008—2017 年，高新技术产业主营业务收入增长迅猛，从 55 729 亿元增加到 191 624 亿元，而同期规模以上工业企业主营业务收入从 500 020 亿元增长到 1 164 500 亿元，高新技术产业主营业务收入占其规模以上工业企业主营业务收入比重①从 11.15%缓慢提升到 16.45%。从高新技术产品出口额来看，从 2008 年的 4 156 亿美元增加到 2017 年的 6 708 亿美元，占商品出口总额的比重也在缓慢上升，从 29%上升到 29.6%（见表 2-7）。

表 2-7 全国高新技术产品贸易情况

年份	高新技术产业主营业务收入/千亿元	规模以上工业企业主营业务收入/千亿元	高新技术产业主营业务收入所占比重/%	高新技术产品出口额/亿美元	占商品出口总额的比重/%
2008	55.7	500	11.15	4 156	29.0
2009	59.6	542.5	10.98	3 769	31.4
2010	74.5	697.7	10.67	4 924	31.2
2011	87.5	841.8	10.40	5 488	28.9
2012	102.3	929.3	11.01	6 012	29.3

① 从严格意义上讲，二者不能直接进行比较，但囿于数据的可得性，而且规模以上工业企业（年主营业务收入在 2 000 万元以上的工业企业）在技术创新上最具活力和优势，在高新产业方面最为突出，此处采用该指标可以间接考察高新技术产业的相对增长情况。

续表

年份	高新技术产业主营业务收入/千亿元	规模以上工业企业主营业务收入/千亿元	高新技术产业主营业务收入所占比重/%	高新技术产品出口额/亿美元	占商品出口总额的比重/%
2013	116.0	1 029.2	11.28	6 603	29.9
2014	129.9	1 107.8	11.74	6 605	28.2
2015	140.0	1 103.3	12.69	6 615	29.1
2016	174.6	1 152.5	15.16	6 039	28.8
2017	191.6	1 164.5	16.45	6 708	29.6

数据来源：《中国科技统计年鉴 2018》，https：//wenku.baidu.com/view/e5be2bbbaf1ffc4fff47ac53.html。

（三）重点领域技术获得突破，新兴产业不断形成

技术创新活动的最终结果是高新技术产品问世，并占有相应的市场份额。我国是制造业大国，大中型工业企业在国民经济生产中具有举足轻重的地位，选用大中型工业企业新产品销售收入作为新产品收入的测算具有一定的代表性。由表 2-8 可知，2000 年至 2017 年，大中型工业企业新产品销售收入在逐年增长，截至 2017 年，大中型工业企业新产品销售收入为 151.62 千亿元，占主营业务收入的比重从 2003 年的 14.14% 上升到 2017 年的 21.01%，表明在此期间我国的企业技术创新活动日渐活跃。

表 2-8　大中型工业企业新产品销售收入

年份	新产品销售收入/千亿元	增长率/%	主营业务收入/千亿元	新产品销售收入占主营业务收入的比重/%
2000	7.64			
2001	8.79	15.05		
2002	10.84	23.32		
2003	14.10	30.07	99.71	14.14
2004	20.42	44.82	134.04	15.23
2005	24.10	18.02	169.24	14.24

续表

年份	新产品销售收入/千亿元	增长率/%	主营业务收入/千亿元	新产品销售收入占主营业务收入的比重/%
2006	31.23	29.59	210.88	14.81
2007	40.98	31.22	264.02	15.52
2008	51.29	25.16	318.81	16.09
2009	57.98	13.04	335.75	17.27
2010	72.86	25.66	439.01	16.60
2011	88.65	21.67	554.06	16.00
2012	98.19	10.76	603.02	16.28
2013	112.56	14.63	665.28	16.92
2014	123.60	9.81	705.03	17.53
2015	129.07	4.43	693.93	18.60
2016	134.60	4.28	722.93	18.62
2017	151.62	12.64	721.34	21.01

注：从2011年开始，工业企业年报规模划分按《统计上大中小微型企业划分办法》国统字（2011）7号执行。大中型工业企业为从业人员300人及以上并且主营业务收入在2 000万元及以上的工业企业。

数据来源：国家统计局年度数据，http://data.stats.gov.cn/easyquery.htm?cn=C01。

同时，我国近年来在一些高新技术和重点项目上取得明显突破。高铁、大飞机航天、超级计算机、北斗、量子通信、可燃冰……这一个个创新成果成为闪亮的国家名片。从高新产业来看，2017年，全国新能源汽车销量达到77.7万辆，同比增长55%以上；国内LED照明产品销量超过36亿只，已成为全球最大的LED照明产品生产基地和应用市场；±800千伏特高压直流输电、1 000千伏特高压交流输变电、±320千伏柔性直流输电等关键技术在国际领先，首套高速齿轮传动系统成功应用于3 501米/小时的高铁，国产掘进装备突破大于12米盾构技术并实现批量出口，从侧面说明了我国企业技术创新能力的提升和成果的丰硕。

三、存在的主要问题

（一）企业 R&D 经费投入强度仍处于较低水平

在我国企业技术创新投入不断增长的同时，投入强度的增长也可圈可点。还是以规模以上工业企业为例，R&D 经费投入总额在 2004 年为 1 104.5 亿元，到 2015 年则首次超过万亿元大关，提高到 10 013.9 亿元，R&D 经费投入强度从 2004 年的 0.46%增加到 2017 年的 1.06%，提高了一倍有余（见表 2-9）。但由于我国企业技术创新发展时间晚、技术创新基础薄弱，以及企业管理层对技术创新的重视度还不够等，与发达国家相比，我国企业 R&D 投入总量及投入强度、企业 R&D 人员平均投入强度还处于较低的水平。

表 2-9　规模以上企业 R&D 经费支出总额及支出强度

年份	R&D 经费支出总额/亿元	R&D 经费支出强度/%
2004	1 104.5	0.46
2005	1 387.5	0.47
2006	1 630.2	0.50
2007	2 112.5	0.54
2008	3 073.1	0.61
2009	3 775.7	0.69
2010	4 015.4	0.66
2011	5 993.8	0.71
2012	7 200.6	0.77
2013	8 318.4	0.80
2014	9 254.3	0.84
2015	10 013.9	0.90
2016	10 944.7	0.91
2017	12 013.0	1.06

数据来源：《中国科技统计年鉴 2018》。

（二）投入结构亟须优化

在企业整体研发经费投入强度不高的同时，还存在较严重的结构不合理问题。一是产业结构不合理。R&D 经费投入超过 500 亿元的行业大类有 8 个，这 7 个行业的经费占全部规模以上工业企业研究与试验发展的比重为 61.1%；研发经费在 100 亿元以上且投入强度超过了规模以上工业平均水平的行业大类有 11 个（见表 2-10）。

表 2-10　2014 年分行业规模以上工业企业 R&D 经费情况

行业	经费投入/亿元	投入强度/%	行业	经费投入/亿元	投入强度/%
合计	9 254.3	0.84	石油加工、炼焦和核燃料加工业	106.6	0.26
采矿业	290.8	0.45	化学制品制造业	746.5	0.90
煤炭开采和洗选业	151.5	0.50	医药制造业	390.3	1.67
石油和天然气开采业	84.4	0.74	化学纤维制造业	75.0	1.05
黑色金属矿采选业	9.0	0.10	橡胶和塑料制品业	227.9	0.76
有色金属矿采选业	20.3	0.32	非金属矿物制品业	246.5	0.43
非金属矿采选业	9.9	0.19	黑色金属冶炼及压延加工业	642.0	0.86
制造业	8 890.9	0.91	有色金属冶炼及压延加工业	330.6	0.64
农副食品加工业	195.9	0.31	金属制品业	251.2	0.69
食品制造业	112.7	0.55	通用设备制造业	620.6	1.32
酒、饮料和精制茶制造业	98.8	0.60	专用设备制造业	540.9	1.55
烟草制品业	20.9	0.23	汽车制造业	787.2	1.16
纺织业	177.7	0.46	铁路、船舶、航空航天和其他运输设备制造业	426.1	2.40
纺织服装、服饰业	74.2	0.35	电气机械和器材制造业	922.9	1.38

续表

行业	经费投入/亿元	投入强度/%	行业	经费投入/亿元	投入强度/%
皮革、毛皮、羽毛及其制品和制鞋业	40.1	0.29	计算机、通信和其他电子设备制造业	1 392.5	1.63
木材加工和木、竹、藤、棕、草制品业	32.7	0.25	仪器仪表制造业	169.0	2.04
家具制造业	27.1	0.37	电力、热力、燃气及水生产和供应业	72.6	0.11
造纸和纸制品业	96.4	0.71	电力、热力生产和供应业	61.9	0.11
印刷和记录媒介复制业	34.2	0.51	燃气生产和供应业	5.6	0.11
文教、工美、体育和娱乐用品制造业	65.5	0.44	水的生产和供应业	5.2	0.30

注：表中工业行业分类按国民经济行业分类（GB/T 4754-2011）标准划分。

二是规模结构不合理。规模以上工业企业在我国 R&D 投入中长期处于主导地位，中小企业对 R&D 的投入严重不足。中小企业是我国市场的主力军，占企业总数的 99%，但其中高新技术企业的比重不到 10%，R&D 经费支出占全国企业投入的比重不到 30%，中小企业在我国技术创新中的作用还没有充分发挥出来。

三是活动类型不合理。在技术创新活动中，基础研究是激发原始性创新的源泉，对一个国家技术创新能力和竞争力影响很大。而与发达国家相比，我国企业对基础研究的投入长期偏低，R&D 投入结构很不合理。2017 年，我国企业基础研究、应用研究和试验发展占 R&D 经费总支出的比重分别为 0.09%、2.41%和 97.50%（见表 2-11）。而美国企业在基础研究上的投入比重为 7.4%（2008 年）、日本为 8.8%（2008 年）、韩国为 6.1%（2008 年）、俄罗斯为 5.8%（2009 年）。2010 年全国基础研究经费支出中，只有 1.33%源自企业。相对于应用研究与试验发展，基础研究前期投入大，研发周期长，市场转化的速度较慢，导致很多企业对其投入的积极性不高。企业研发经费投入中科学研究比重偏低意味着企业将主要经费用于模仿创新、集成创新、引进消化再吸收创新，意味着企业的原始创新能力不足，这是制约企业创新能力提高的结构性缺陷，要提高我国企业的技术创新能力和国际竞争力，如何增加企业在基础研究上的投入就成为必须要解决的问题。

表 2-11　2017 年我国企业 R&D 经费支出额及结构

企业 R&D 支出规模及结构	R&D 经费内部支出	项目研究类型		
		基础研究	应用研究	试验发展
企业 R&D 经费/亿元	13 660.2	12.29	329.21	13 318.70
支出结构/%		0.09	2.41	97.50
大中型工业企业 R&D 经费/亿元	8 201.3	5.74	167.31	8 029.89
支出结构/%	—	0.07	2.04	97.91

数据来源：《中国科技统计年鉴 2017》。

四是区域发展不合理。我国幅员辽阔，地区间企业技术创新水平差距甚大。从东中西部和东北四大区域情况来看，拥有研发活动的企业数、有研发机构的企业占全部企业的比重，以及有 R&D 活动的企业占全部企业的比重均呈现较大差异，其中东部地区远高于其他地区，其次是中部地区、西部地区和东北地区（见表 2-12），这与我国的区域经济发展水平和经济活力相一致，需要国家加强区域平衡，采取有效措施鼓励中西部地区和东北地区企业的技术创新发展。

表 2-12　2014 年我国拥有研发活动的企业状况

地区	企业数/个	有研发机构的企业占总数比重/%	有 R&D 活动的企业占总数比重/%
东部地区	204 646	14.92	17.41
中部地区	70 099	7.11	10.08
西部地区	42 480	5.83	7.54
东北地区	26 544	3.28	4.96

数据来源：《中国科技统计年鉴 2015》。

（三）企业 R&D 的人力资源投入不足

研发人员的数量和素质是衡量一个企业 R&D 能力的关键因素，包括从业人员中 R&D 人员的比重、受高等教育人员的比重、R&D 人员的知识结构等。2013 年，我国每万人劳动力中从事 R&D 活动的人员为 45 人，而美国为 187 人，日本为 132 人，法国为 147 人，德国为 142 人，英国为 113 人（见表 2-13）。与此同时，在 2010 年我国 46 648 个大中型工业企业从事 R&D 的 175. 85 万人中，具有本科以上学历的仅 69. 45 万人，仅占大中型工业企业全部从业人员的 1. 29%，平均每个企业不足 15 人。从企业技术创新人员质量来看，2013 年我国 R&D 研究人员占 R&D 人员总量的比重为 50. 3%，发达国家这一指标普遍高于 60%。说明我国研发人员的数量和质量都远低于发达国家水平。

表 2-13 主要国家 R&D 活动的人员情况（2013 年）

项目	中国	美国	日本	英国	法国	德国
从事 R&D 活动的人员总数/千人年	3 532. 8	2 876. 9	865. 6	362. 1	420. 6	604. 6
研究人员/千人年	1 747. 6	1 412. 6	656. 7	235. 4	229. 1	311. 5
每万人劳动力中从事 R&D 活动的人员/人年	45	187	132	113	147	142
研究人员/人年	22	92	99	75	82	75

数据来源：《中国统计年鉴 2014》《中国科技统计年鉴 2014》。

（四）企业对外技术依赖度高，技术创新层次不高

企业的技术创新成果不多，层次不高，企业的发明专利比重较低。发明专利是技术创新的重要技术成果，是反映其拥有的自主知识产权技术的核心指标。虽然我国企业近年来发明专利申请受理数与授权量在不断攀升，但相对来看，企业发明专利申请受理数与授权数在三种类型专利（发明专利、实用新型专利和外观设计专利）中的比重仍较低。2014 年，企业国内职务三项专利申请受理数与授权数分别为 1 306 466 件、770 330 件，而其中发明专利申请受理数与授权数分别为 484 747 件、91 874 件，仅分别占 37. 10% 和 11. 93%。这说明：一是我国企业 R&D 投入向自有技术成果的转化能力不足。企业对于技术的获取，仍侧重于技术引进、消化吸收和改造。二是企业重大

科技成果和主持完成项目比重较低。在全国完成的省部级重大科技成果中，企业完成的不到30%；在我国有技术开发机构的大中型企业每年开发的6万多项新产品中，能达到国际水平的不足2.5%；在技术创新项目数量上，2010年，全国共有204 520项R&D项目，其中工业企业只占到22.4%，而美国工业企业的R&D项目占全国的70%以上。

（五）缺乏完整的技术开发与转化体系

企业的技术创新活动的技术成果向有形产品及市场转移过程中，缺乏有效的转移途径和规则，因此，较多企业将重点放在生产链下游的技术创新，而缺乏对生产链上游的基础技术创新，造成我国企业技术创新活动基础力量的不足。同时，法律保护和规范极不完善，企业从事技术创新活动具有较大的外溢性，社会其他成员很容易享受到创新企业的技术成果，法律保护制度不完善，一定程度上抑制了企业从事技术创新活动。同时，企业过于注重技术引进，而忽视技术的消化吸收，说明我国企业二次创新能力非常缺乏。

综合可见，我国企业的技术创新投入在财力、人力上都还不足，支出结构不够合理，对技术成果的转化能力不够等。这就需要我国政府完善政策机制和财税政策环境，加强对企业技术创新投入及成果转化的激励和引导，促进企业技术创新的发展。

第二节　企业技术创新能力评价体系

要分析财税政策影响企业技术创新的效应，首先需要对企业的技术创新能力进行科学评价，除了一般的定性分析外，还需要建立评价体系，进行具体客观的定量分析。我国很多机构和学者对企业技术创新能力进行了评价，并发布了年度排行榜，如中国人民大学陈彦斌团队依托中国企业创新能力数据库发布了《中国企业创新能力百千万排行榜（2017）》①，紫金传媒智库首次对外发布“中国A股上市公司创新能力500强”②，以及世界范围内的美国《福布斯》杂志每年公布全球最具创新力100强企业等③，这些评选有助于增强社会各界对企业创新能力的认知，从而落实创新驱动发展战略。本书也尝试通过引入相关指标，构建企业技术创新能力评价体系，并对上市公司进行创新能力评价。

一、指标体系的建立

（一）建立的原则

要构建科学合理的企业技术创新评价指标体系，需要遵循某些原则。根据企业技术创新能力的特点及其构成内容，本书认为，指标体系的构建需要遵循科学性原则、代表性原则、可比性原则、可操作性原则、导向性原则、多目标性原则等。

（二）具体构成

此处选取了5个一级评价指标、19个二级评价指标，涉及企业技术创新的各个因素和环节，综合体现了企业的技术创新能力（见表2-14）。

---

① 这是首次对全国80 000多家高新技术企业的创新能力进行了全覆盖、全方位的评价，就技术创新而言，从专利技术水平、权利稳定性等角度着手，通过引入经过质量加权的专利指数对专利质量进行了测度。就非技术创新而言，排行榜涵盖了创新价值扩散、创新网络宣传方面的指标，从而能够更加全面地评价企业的创新能力。业界普遍认为，该排行榜是目前国内规模最大、理念最新的企业创新能力排行榜。

② 紫金传媒智库大数据团队历经八个月，根据全部2 760家上市公司和493家创业板上市公司最近五年数据，分别从上市公司的创新强度指数、创新效益指数、创新绩效指数、创新资源指数和可持续性指数等5个二级指标及21个三级指标来进行创新评价，所获得的创新能力前500强的上市公司分别涵盖制造业、信息技术、批发零售、房地产、综合服务、水电煤气、运输仓储、建筑业、采矿业、金融业、农林牧渔和文化传播共12大行业。

③ 榜单评价主要基于专利总数量、专利申请成功率、专利组合的国际化程度，以及文献引用次数而判定的专利影响力4个指标。全球创新100强企业中，技术创新主要集中于半导体和电池、信息传输、数据处理（包括云计算和电子商务）、医疗器械或制剂等产业。美国与日本分别有39家与34家企业上榜，遥遥领先，而中国大陆仅华为公司一家企业上榜。

表 2-14　企业技术创新能力评价指标体系

一级指标	二级指标	指标具体含义
C_1 投入能力	C_{11}人员投入	研发人员数量/企业职工总人数
	C_{12}资金投入	研发经费/销售收入
	C_{13}技术投入	技术资产/总资产
C_2 研发能力	C_{21}发明专利数量	—
	C_{22}新产品开发周期	—
	C_{23}产品研发成功率	同类产品研发成功次数/研发总次数
	C_{24}实验设备先进程度	研发设备价值/企业设备总价值
C_3 制造能力	C_{31}设备先进水平	高新生产设备价值/企业设备总价值
	C_{32}技术人员比重	工程技术人员数量/企业平均年工作人员数
	C_{33}生产率	新产品产值/工人人数
	C_{34}生产周期	设计完成到生产产品所需时间
C_4 产出能力	C_{41}新产品的市场占有率	新产品销售收入/市场交易量
	C_{42}新产品收益率	产品净收入/新产品销售收入
	C_{43}新产品销售率	新产品销售收入/企业总销售收入
C_5 管理能力	C_{51}信息采集与处理能力	企业信息化程度
	C_{52}企业家的创新倾向与决心	—
	C_{53}与外界的研究合作能力	企业与外界环境的沟通对技术创新的影响
	C_{54}现有职工素质	各类职工的人数、文化水平等对于创新活动的适应度
	C_{55}激励机制	—

（三）企业的技术创新能力评价模型

根据表 2-14 给出的指标体系的含义，为满足长期开展评价的需要，选择既可以采用主观赋权，也可以采用客观赋权的方式求解的层次分析法较为符合要求。

设企业技术创新能力评价方法分析要素指标分别为：

C_{11}，C_{12}，C_{13}，C_{21}，C_{22}，C_{23}，C_{24}，C_{31}，C_{32}，C_{33}，C_{34}，C_{41}，C_{42}，C_{43}，C_{51}，C_{52}，C_{53}，C_{54}，C_{55}，则 $C_i = \sum_{j=1}^{m}(W_{ij} \times C_{ij})$，其中，$m$ 代表 C_i 中的要素指标个数；W_{ij}代表 C_{ij}的权重。

（四）权重的确定

在企业技术创新能力评价指标体系中，指标权重的确定是其中一个重要环节，不同的赋权方法对测度结果有着显著性影响。W_{ij} 的取值方法参照专家给出的权重，通过专家给出的权值进行计算。

且满足：（1）$\sum_{j=1}^{m} W_{ij} = 1$；（2）$C_{ij} > 0$。

权重计算方法如下：

$$Q = \sum_{i=1}^{5}\sum_{j=1}^{3} C_{ij}Q_i = \sum_{j=1}^{m} C_{ij}(i = 1,\ 2,\ 3,\ 4)$$

则权重为：$W_i = \dfrac{Q_i}{Q}$。

其中，W_i 为 C_i 的权重，且 $\sum w_i = 1$。

（五）无量纲化处理

各评价指标在性质、量纲及经济含义等方面都不相同，导致数值之间不可比，因此采集到指标原始数据后，在对企业技术创新指数（Enterprise Technology Innovation Index，ETI）进行综合前，还需对指标数值进行无量纲化处理，来消除指标间的量纲影响。

无量纲化处理方法种类繁多，由于上下限值①与适中值选择的对称性，本书在无量纲方法上选择简单直线型，同时对不同类型经济指标采取不同的无量纲化处理方法，处理后用［0，1］区间数值表示，其中 0 代表技术创新水平极低，1 代表技术创新水平极高，数值越大，技术创新水平越高。具体方法如下：

① 每个指标的极值在所有样本企业中，有最大值的定为 1，最小值的定为 0。

1. 正向指标

即指标原值越大表示技术创新水平越高的指标。无量纲化处理转换公式如下：

$$C = \begin{cases} 0, & x \leqslant x_{\min} \\ \dfrac{x - x_{\min}}{x_{\max} - x_{\min}}, & x_{\min} < x < x_{\max} \\ 1, & x x_{\max} \end{cases} \tag{2-1}$$

2. 逆向指标

即指标原值越小表示技术创新水平越高的指标。无量纲化处理转换公式如下：

$$C = \begin{cases} 0, & x x_{\max} \\ \dfrac{x_{\max} - x}{x_{\max} - x_{\min}}, & x_{\min} < x < x_{\max} \\ 1, & x \leqslant x_{\min} \end{cases} \tag{2-2}$$

其中，C 表示指标无量纲测度值，x 表示指标原值，$x_{\max}$ 表示指标处于技术创新水平最高时的上限值，此处选择所有样本中该项指标的年度最高值；$x_{\min}$ 表示指标处于技术创新水平最低时的下限值，此处选择所有样本中该项指标的年度最低值。

计算出 C_1，C_2，C_3，C_4，C_5 的值，这样就可以得出企业的技术创新能力 ETI 为：

$$\text{ETI} = \sum_{i=1}^{5} (w_i \times C_i) \tag{2-3}$$

在无量纲化处理以及权重处理后，不难看出企业技术创新指数 ETI 是一个介于 0 和 1 之间的数值。因此，通过比较 ETI 值大小，就可以判断出不同企业的技术创新能力的高低情况。

二、测度过程及结论

（一）样本选择及数据来源

依据上述指标体系，开展对上市企业技术创新能力的评价，考虑到数据的可获得性，此处选择2009—2015年[①]披露了R&D费用的制造业上市公司作为实证研究的样本。制造业的行业特点决定了研发投入对其经营发展的重要性，且占据很大的市场份额，因而可以视为市场R&D投入的主体。根据我国目前的会计制度，企业研发支出去除能够资本化计入无形资产的部分，一般作为期间费用直接计入当期损益。为了提高样本的可靠性，本书对沪深两市A股的上市公司进行了筛选：①剔除此间退市或新入市的公司；②剔除被ST[②]的公司；③剔除没有对研发费用进行披露的公司；④剔除其他解释变量在此期间有缺失值的公司；⑤剔除当年利润总额为负数的公司；⑥将计算的实际所得税税率大于25%或小于0的公司作为异常值剔除。

经筛选最后符合条件的样本公司涉及22个行业，共227家。样本的具体行业分布见表2-15。

表2-15　实证研究样本行业分布情况

行业	企业数/个	比例/%	行业	企业数/个	比例/%
医药制造业	33	14.54	生物制品业	7	3.08
交通运输设备制造业	24	10.57	塑料、橡胶制造业	7	3.08
专用设备制造业	22	9.69	纺织业	7	3.08
电气机械和器材制造业	17	7.49	黑色金属、有色金属冶炼及压延加工业	6	2.64
计算机及相关设备制造、服务业	15	6.61	食品加工业	4	1.76
电子元器件、设备制造业	15	6.61	饮料制造业	3	1.32
普通机械制造业	13	5.73	化学纤维制造业	3	1.32

① 由于研发费用并不是企业财务报表必须披露的内容，一直以来企业对于研发费用的披露口径并不统一，我国上市公司在2009年之后才普遍将研发费用披露在年报附注的管理费用明细中。因此，考虑到数据口径的统一性，本书选取2009—2015年为因变量的研究期间。

② ST，即Special Treatment，将对财务状况或其他状况出现异常的上市公司的股票交易进行特别处理。ST股指境内上市公司连续两年亏损，被进行特别处理的股票。

续表

行业	企业数/个	比例/%	行业	企业数/个	比例/%
化学原料及化学制品制造业	12	5.29	服装及其他纤维制品制造业	3	1.32
通信及相关设备制造、服务业	10	4.41	造纸及纸制品业	3	1.32
非金属矿物制品业	8	3.52	印刷业	2	0.88
金属制品业	8	3.52	其他制造业	5	2.20

数据来源：样本公司筛选、样本行业类型、相关财务指标税率等数据通过国泰安数据服务中心CSMAR取得。样本公司研发费用数据通过巨潮资讯网（http：//www.cninfo.com.cn）公布的上市公司年报附注“管理费用”明细手工搜集取得。

（二）指标数据收集

依据上述指标体系，开展对上市企业技术创新能力的评价，根据上述层次分析法与具体指标，得到以上227家样本企业2009—2015年的技术创新能力综合分值ETI。囿于篇幅所限，此处仅列举了各个行业类型企业的技术创新综合得分情况（见表2-16）。

表2-16　分行业企业技术创新指数（2009—2015年）

行业	企业数/个	技术创新综合得分ETI						
		2009年	2010年	2011年	2012年	2013年	2014年	2015年
医药制造业	33	0.402	0.446	0.537	0.578	0.598	0.634	0.768
交通运输设备制造业	24	0.333	0.333	0.370	0.416	0.509	0.821	0.950
专用设备制造业	22	0.304	0.310	0.355	0.430	0.512	0.734	0.721
电气机械和器材制造业	17	0.284	0.312	0.394	0.411	0.595	0.688	0.774
计算机及相关设备制造、服务业	15	0.288	0.329	0.358	0.390	0.646	0.704	0.788
电子元器件、设备制造业	15	0.536	0.472	0.727	0.056	0.535	0.464	0.579
普通机械制造业	13	0.131	0.160	0.169	0.182	0.204	0.229	0.373

续表

行业	企业数/个	技术创新综合得分 ETI						
		2009 年	2010 年	2011 年	2012 年	2013 年	2014 年	2015 年
化学原料及化学制品制造业	12	0. 238	0. 247	0. 311	0. 418	0. 418	0. 589	0. 571
通信及相关设备制造、服务业	10	0. 533	0. 764	0. 768	0. 818	0. 943	0. 97	1. 000
非金属矿物制品业	8	0. 155	0. 193	0. 200	0. 29	0. 400	0. 574	0. 634
金属制品业	8	0. 194	0. 195	0. 208	0. 213	0. 227	0. 228	0. 294
生物制品业	7	0. 620	0. 492	0. 556	0. 418	0. 512	0. 647	0. 703
塑料、橡胶制造业	7	0. 154	0. 346	0. 355	0. 418	0. 633	0. 727	0. 683
纺织业	7	0. 103	0. 126	0. 150	0. 227	0. 253	0. 266	0. 297
黑色金属、有色金属冶炼及压延加工业	6	0. 142	0. 148	0. 167	0. 207	0. 273	0. 311	0. 37
食品加工业	4	0. 159	0. 172	0. 177	0. 222	0. 229	0. 236	0. 370
饮料制造业	3	0. 127	0. 148	0. 169	0. 173	0. 187	0. 219	0. 221
化学纤维制造业	3	0. 125	0. 266	0. 266	0. 278	0. 377	0. 517	0. 672
服装及其他纤维制品制造业	3	0. 245	0. 245	0. 272	0. 322	0. 395	0. 456	0. 685
造纸及纸制品业	3	0. 228	0. 436	0. 196	0. 360	0. 220	0. 393	0. 531
印刷业	2	0. 261	0. 318	0. 345	0. 349	0. 373	0. 421	0. 605
其他制造业	5	0. 116	0. 126	0. 126	0. 257	0. 259	0. 431	0. 536
平均		0. 258	0. 299	0. 326	0. 338	0. 423	0. 512	0. 601

（三）结论

根据上面所计算归纳的分行业企业技术创新指数，可以看出在2009—2015 年，各行业的企业技术创新综合得分 ETI 基本呈现上涨趋势，行业的技术指数平均值在年度间呈现不断上涨之势，从 2009 年的 0. 258 提高至 2015 年的 0. 601，而且在近两年来增长尤为明显，显示出在国家实施科技创新发展战略、《国家中长期科学和技术发展规划纲要

（2006—2020年）》和“十二五”“十三五”科技发展规划引领下，我国的企业技术创新能力得到了长足发展。

具体到不同行业，虽然企业技术创新水平基本上都在不断提升，但行业间呈现出明显差异。2009年，行业技术创新能力最高的五个行业分别是生物制品业（0.620），电子元器件、设备制造业（0.536），通信及相关设备制造、服务业（0.533），医药制造业（0.402）和交通运输设备制造业（0.333）。2015年，技术创新能力前五的行业变为通信及相关设备制造、服务业（1.000），交通运输设备制造业（0.950），专用设备制造业（0.721），计算机及相关设备制造、服务业（0.788）和医药制造业（0.768），而金属制品业（0.294）、纺织业（0.297）、饮料制造业（0.221）等行业在2015年的整体技术创新水平较低，表明行业技术创新水平存在较大差异，对于技术较落后的行业来说，需要进一步加大技术创新投入，完善创新机制，提高企业技术创新水平，促进企业可持续发展。

第三节　企业技术创新的影响因素

近年来，我国企业技术创新整体水平虽然不断提升，但基础仍较薄弱，而且行业之间的差别甚为显著，那么影响企业技术创新的因素又有哪些呢？厘清影响企业技术创新的因素是提出建议的前提。本书认为，企业作为技术创新的主体，影响其技术水平的因素众多，基本分为内部因素和外部因素，内部因素包括企业技术创新资金投入、技术基础条件、技术创新人员素质、企业家创新精神等，外部因素包括市场环境、宏观政策、法律环境等。

一、内部因素

（一）企业技术创新资金投入

资金及稳定的现金流是维持企业正常运转的血液，足够的企业技术创新资金投入是企业技术创新活动持续和成功的关键。企业技术投入达到一定程度才能实现自主创新并稳定输出成果，技术创新资金越多，创新的成功率就越高，就越具有创新力。技术创新活动本身具有高风险的特征，因此也需要足够的资金来防止技术创新活动的失败所导致的经营风险。

整体而言，我国企业对于技术创新的资金投入不足，既存在自筹资金不足、市场融资困难问题，也包括政府支持力度不够，风险投资整体发展滞后等问题。在我国，除了少数大中型企业或者国有企业的重点项目能得到国家的部分投资外，绝大多数企业的技术创新经费主要靠企业自筹或银行贷款。由于技术创新企业一般财力有限，而技术创新风险较高，开展技术创新活动企业既难以直接融资，又往往得不到银行贷款的支持，造成其技术创新投入资金严重不足。

（二）技术基础条件

企业开展技术创新活动是在现有的技术条件和基础上进行的，现有的技术水平非常重要。主要体现在现有的设备、创新体制和创新人员素质等。

目前，我国企业技术创新基础薄弱，基本上没有成形的技术开发和转化体系，没有对外面已有成果进行深入创新的能力，导致企业普遍存在着一些更为先进的技术没有得到广泛应用，落后技术反而大行其道的现象。

（三）技术创新人员素质

人才是技术的创造者和拥有者，也是技术创新活动的主导者和推动者。企业技术创新人才的数量、知识结构、专业水平，是决定企业技术创新能力的重要因素。同时，技术创新活动的分工情况以及技术创新激励机制也在其他方面影响着企业技术创新水平的高低。

从我国企业尤其是中小企业来看，技术创新人才数量稀少，素质良莠不齐，大量企业就业人员来自农村剩余劳动力和城镇新增劳动力，缺乏接受系统教育及培训的机会，技术素质普遍低下，并成为企业技术创新水平提升的障碍。

（四）企业家创新精神

创新是一个系统工程，创新能力的获得需要五年、十年甚至更长时间的积累，厚积薄发，而且在此过程中面临着很大的风险，但技术创新一旦成功，也会带来巨大收益。所以企业家创新精神非常重要，企业家精神的核心要素就是企业家对技术创新充满自信和激情，用工匠精神打造产品，适应信息时代大潮，敢于挑战未知，挑战不确定性，挑战风险。

改革开放 40 多年来，我国虽然培养了一大批优秀的企业家，如张瑞敏、柳传志、王永庆等，但是传统文化的影响、长期计划经济遗留下来的干部人事制度以及激励约束机制的不完善等，严重地制约了我国企业家创新精神的培养。突出地表现为以下方面：一是创新动力不足；二是创新持续性与稳定性不足；三是创新能力不足；四是创新权力不足。

二、外部因素

要促进企业技术创新，除了企业家精神、资金等因素外，还需要良好的外部环境。一是好的市场环境，使得创新产品有市场需求；二是好的宏观政策，提高其创新动力；三是有好的法律体系，保护其创新成果。

（一）市场环境

即消费者的需求影响。随着经济的不断发展，消费者对产品的需求呈现多层次的特征，对于质量、性能会不断产生新的需求。这种新的需求会促使企业提供新的思路和产品，进而促进企业的技术创新活动。市场需求推动了科学技术的发展，进而成为影响企业从事技术创新活动最显著的外部因素。

另外，市场竞争程度和企业所处地位也会影响企业技术创新意识和创新热情。垄断企业由于没有竞争压力，不进行技术改进和创新也能获得高额利润，这样会阻碍科技的进步，进而科技投入会相对于有充分竞争的市场要少，全社会的科技投入效率更低。反之，竞争充分、交易频繁的市场中的企业技术创新的意识更强、动力更足，对于企业增加科技投入，激励企业技术创新更有利。

目前，技术创新的市场环境难以让人满意。市场对技术创新产品的需求不高，政府采购对技术创新产品的引导功能未能有效发挥。另外，技术转化市场环境不佳，表现为许多行业设置进入门槛过多，导致存在严重的行政垄断。技术创新中介服务机构数量较少、层次不高等，影响了技术创新成果转化和产业化，进一步抑制了企业的技术创新热情。

（二）宏观政策

技术创新的溢出效应影响企业技术创新的积极性，需要政府出台一些支持性宏观政策，实现企业自身的技术创新收益与社会总收益之间的平衡。这些宏观调控政策包括财政政策、税收政策、金融政策、产业政策、人才政策、知识产权保护政策等。

一直以来，我国并没有形成可以有效激励企业技术创新的政策体系，在财政方面，财政科技投入不高，风险投资发展滞后，政府采购不合理，同时，还存在财政监督机制不健全，包括项目申报审批、监管、问责机制等；在税收方面，法律级次不高，缺乏系统性，间接税收比重过高，不同税收政策之间没有形成合力；在金融政策方面，资本市场有待成熟，促进技术型企业融资的金融政策不健全；在科技政策方面，技术中介服务发展滞后，知识产权保护力度不大；高校、企业和研究机构的技术创新支持信息平台没有有效搭建，促进产学研合作的引导和监督机制不健全。此外，财政政策、税收政策与其他政策手段如金融政策、科技政策、人才政策的协调配合还不够，没有形成一个目标明确、重点突出、相互联系、相互配合的支持企业技术创新的政策体系，影响了政策效果的发挥，并最终抑制了企业的技术创新活动。

（三）法律环境

由于技术创新成果的外溢性和易扩散性，企业的技术创新活动需要严密的法律保护，包括新技术的保护以及技术转移等。具体应建立完善包括专利、商业秘密、政府采购、政府担保、税收优惠、风险投资等在内的相关制度。如通过建立相关专利制度，在创新中帮助企业解决技术创新活动中存在的困难，引导企业增强技术创新的动力。

目前，我国制定了一系列关于促进技术创新的法律法规，据不完全统计，不考虑数量较多的部门规章和地方性法规，仅国家法律和行政法规就达到50多种，表2-17列举了近年来主要相关制度规范。虽然法律规范数量较多，涉及范围广泛，但整体来看，还存在相关法律层次不高，对企业技术创新的法律保护，如知识产权的保护等方面规范不够等问题，以及法律的系统性不强，甚至彼此掣肘等问题，这很大地限制了企业进行技术创新的积极性。

表2-17　国家科技创新政策法规

法律层次	标题	文号	发文日期
法律	中华人民共和国促进科技成果转化法（2015年修订）	主席令第68号	2015年8月29日
	中华人民共和国科学技术进步法（2007年修订）	主席令第82号	2007年12月29日
	中华人民共和国科学技术普及法	主席令第71号	2002年6月29日
法规	国务院关于强化实施创新驱动发展战略进一步推进大众创业万众创新深入发展的意见	国发〔2017〕37号	2017年7月21日
	中共中央办公厅　国务院办公厅印发《关于实行以增加知识价值为导向分配政策的若干意见》	厅字〔2016〕35号	2016年11月7日
	中共中央　国务院关于完善产权保护制度依法保护产权的意见	中发〔2016〕28号	2016年11月4日
	国务院关于促进创业投资持续健康发展的若干意见	国发〔2016〕53号	2016年9月16日
	中共中央办公厅　国务院办公厅印发《关于进一步完善中央财政科研项目资金管理等政策的若干意见》	国发〔2016〕50号	2016年7月31日
	国务院关于印发“十三五”国家科技创新规划的通知	国发〔2016〕43号	2016年7月28日

续表

法律层次	标题	文号	发文日期
法规	中共中央　国务院印发《国家创新驱动发展战略纲要》	中发〔2016〕4号	2016年5月19日
	国务院关于深化制造业与互联网融合发展的指导意见	国发〔2016〕28号	2016年5月13日
	国务院办公厅关于深入推行科技特派员制度若干意见	国办发〔2016〕32号	2016年5月1日
	促进科技成果转移转化行动方案	国办发〔2016〕28号	2016年4月21日
	中共中央印发《关于深化人才发展体制机制改革的意见》	中发〔2016〕9号	2016年3月21日
	实施《中华人民共和国促进科技成果转化法》若干规定	国发〔2016〕16号	2016年2月26日
	全民科学素质行动计划纲要实施方案（2016—2020年）	国办发〔2016〕10号	2016年2月25日
	国务院办公厅关于优化学术环境的指导意见	国办发〔2015〕94号	2015年12月29日
	国务院关于新形势下加快知识产权强国建设若干意见	国发〔2015〕71号	2015年12月18日
	中共中央办公厅　国务院办公厅印发《深化科技体制改革实施方案》	厅字〔2015〕42号	2015年9月24日
	国务院关于大力推进大众创业万众创新若干政策措施的意见	国发〔2015〕32号	2015年6月11日
	中共中央　国务院关于深化体制机制改革加快实施创新驱动发展战略的若干意见	中发〔2015〕8号	2015年3月13日
	国务院关于国家重大科研基础设施和大型科研仪器向社会开放的意见	国发〔2014〕70号	2014年12月31日
	关于深化中央财政科技计划（专项、基金等）管理改革的方案	国发〔2014〕64号	2014年12月3日
	国务院关于加快科技服务业发展的若干意见	国发〔2014〕49号	2014年10月9日

续表

法律层次	标题	文号	发文日期
法规	国务院关于改进加强中央财政科研项目和资金管理的若干意见	国发〔2014〕11号	2014年3月3日
	国家重大科技基础设施建设中长期规划（2012—2030年）	国发〔2013〕8号	2013年2月23日
	国家科学技术奖励条例	国务院令第396号	2003年11月20日
	中华人民共和国专利法实施细则	国务院令第368号	2002年12月28日
	中华人民共和国商标法实施条例	国务院令第358号	2002年8月3日
	计算机软件保护条例	国务院令第339号	2001年12月20日

第三章
我国支持企业技术创新的财税政策框架

鉴于国家科技水平和国民经济发展所产生的重要作用，我国政府一直十分重视企业技术创新工作，并在企业技术创新的不同阶段，出台了系列财税措施。根据一般规律，技术创新的初始阶段，投融资领域的市场化运作机制可能会出现失灵，资金瓶颈凸显，这就要求加大政府直接投入支持及政府资金的间接引导作用，实施包括风险投资在内的金融支持政策重点支持企业技术创新，保证其创新活动顺利启动；在技术创新实施阶段，则需要税收政策来增加企业的资金流、调动企业的积极性，确保技术创新活动顺利完成；在技术创新的成果转化阶段，需要政府采购政策促进技术创新成果的消化吸收，加速技术创新成果产业化。

从我国当前激励企业技术创新活动的财税政策来看，包括直接支持和间接支持两种方式。直接支持以政府采购和政府补贴①的财政手段为主。政府的间接支持方式以税收扣除、税收抵免、递延纳税、低税率等税收激励政策为主。图 3-1 为支持企业技术创新的财税政策框架。

---

① 政府补贴包括财政科技拨款、贴息贷款、政府担保、政府参股等形式。

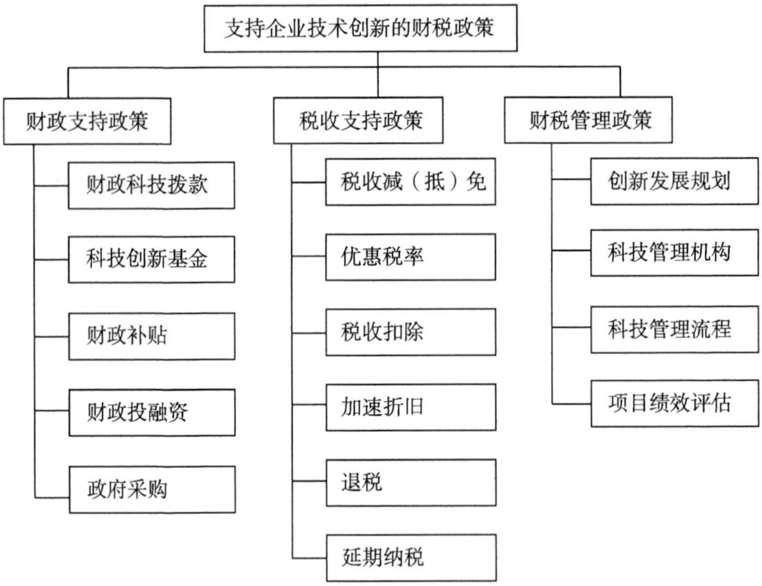

图 3-1　支持企业技术创新的财税政策框架

第一节　技术创新财政支持政策

一、政策工具类型

（一）财政科技拨款

财政科技拨款是指财政年度内由各级财政部门拨付的直接用于科技活动的款项，包括科技三项费用、科学事业费、科研基建费①以及其他与科技有关

① 科技三项费用：新产品试制费、中间试验和重大科研项目补助费。其分为中央科技三项费用和地方科技三项费用。地方科技三项费用主要用于安排地方各级、各类科技计划。

科学事业费：各级科技行政主管部门归口管理的科学事业费及中国社会科学院系统的科学事业费以及其他部门归口管理的科学事业费。主要包括自然科学事业费、科协事业费、社会科学事业费。

科研基建费：政府预算安排的基本建设与专项科目中用于科研机构基本建设的资金。主要包括：用于国家重点实验室、国家工程研究中心、重大科学工程、基础生产资料设施等的建设费用；用于科研机构的建筑设施及带有基建性质的科研项目建设费用。

的费用。直接的财政科技投入是全社会科技投入的重要组成部分，能够直接增加企业技术创新活动投入，激励企业技术创新。

（二）科技创新基金

技术创新投资是鼓励企业技术创新和推动高新技术产业发展的重要形式，是联结高技术与资本市场的桥梁，在高技术产业化中发挥着不可替代的作用。在借鉴发达国家对企业技术创新的扶持经验，结合我国企业自身发展特点和市场环境的基础上，我国于1999年设立了“科技型中小企业技术创新基金”，主要用于支持科技型中小企业技术创新项目。拨款资助、贷款贴息和投入资本金等是该基金支持科技型中小企业进行技术创新、促进科技成果转化的方式。企业技术创新基金在市场经济的客观规律指导下运作，并积极吸收地方政府、风险投资机构资金和民间资本以扩大资本总额，有利于逐步完善创投机制，促进企业持续发展。

（三）财政补贴

为支持我国企业加速将新产品、新技术推向市场，国家对企业技术创新活动通常给予一定的财政补贴，按照补贴的形式分为专项补贴、研发补贴和价格补贴等。在具体补贴项目上，包括科技成果产业化项目补贴、科技型中小企业技术创新项目补贴、创新联盟运营补贴、科技创新载体认定补贴、科技孵化项目补贴、国家创新平台建设配套补贴、基础研究项目补贴、重点实验室建设补贴、工程技术研究中心建设补贴、产学研科技合作项目补贴、科技企业资质认定补贴、信息化项目配套补贴等。表3-1以装备制造业为例，列示了近几年对上市公司的财政补贴情况。

从财政对装备制造业的补贴来看，近些年来，财政补贴覆盖面较广，而且一直在扩大。如表3-1所示，2010年有95.48%（570/597）的装备制造业企业获得政府补贴，到2014年有98.68%（821/832）的企业获得政府补贴。从补助金额来看，不管是补贴总额还是平均额都在上升，但不同行业（企业）间获取政府补贴数额差别较大，表明政府在不同行业上根据企业研发情况给予了差异化待遇。

表 3-1　2010—2014 年装备制造业上市公司获取政府补贴情况

行业	指标类型	2010 年	2011 年	2012 年	2013 年	2014 年
金属制品业	公司总数/个	31	34	38	38	40
	补贴公司数/个	29	33	38	37	40
	补贴总值/万元	39 567.3	33 457.3	42 722.4	55 433.7	96 055.0
	补贴平均数/万元	1 364.4	1 013.9	1 124.3	1 498.2	2 401.4
	补贴中位数/万元	560.1	781.7	622.7	609.5	854.4
通用设备制造业	公司总数/个	79	92	95	97	104
	补贴公司数/个	76	89	94	93	103
	补贴总值/万元	201 837.8	221 943.5	291 606.9	336 123.7	30 6061.8
	补贴平均数/万元	2 655.8	2 493.7	3 102.2	3 614.2	2 971.5
	补贴中位数/万元	956.8	845.3	993.4	1 153.7	986.6
专用设备制造业	公司总数/个	85	110	125	130	142
	补贴公司数/个	84	111	125	130	142
	补贴总值/万元	186 955.1	267 641.0	375 368.3	358 829.0	407 647.6
	补贴平均数/万元	2 225.7	2 411.2	3 027.2	2 760.2	2 870.8
	补贴中位数/万元	697.9	793.3	918.5	1 159.1	913.9
交通运输设备制造业	公司总数/个	96	106	113	116	123
	补贴公司数/个	85	97	109	112	119
	补贴总值/万元	263 775.2	515 746.5	789 154.9	914 949.9	1 196 189.2
	补贴平均数/万元	3 103.2	5 317.0	7 240.0	8 169.2	10 052.0
	补贴中位数/万元	683.4	931.9	1 121.3	1 346.3	1 225.0
电气机械及器材制造业	公司总数/个	126	147	159	164	171
	补贴公司数/个	124	145	157	162	170
	补贴总值/万元	82 2401.4	576 715.9	446 199.5	499 954.2	507 347.5
	补贴平均数/万元	6 686.2	4 005.0	2 842.0	3 067.2	2 984.4
	补贴中位数/万元	827.0	949.8	1 038.0	980.6	970.6
通信设备、计算机及其他电子设备制造业	公司总数/个	168	192	208	211	221
	补贴公司数/个	160	183	202	206	216
	补贴总值/万元	445 186.4	660 143.5	888 413.3	1 000 687.2	932 801.2
	补贴平均数/万元	2 782.4	3 607.3	4 398.1	4 857.7	4 318.5
	补贴中位数/万元	659.1	801.3	1 027.5	1 129.5	1 118.0

续表

行业	指标类型	2010 年	2011 年	2012 年	2013 年	2014 年
仪器仪表及文化、办公用机械制造业	公司总数/个	12	17	23	26	31
	补贴公司数/个	12	17	23	26	31
	补贴总值/万元	11 271. 0	17 060. 2	27 065. 0	26 819. 5	42 144. 8
	补贴平均数/万元	939. 2	1 003. 5	1 176. 7	1 031. 5	1 359. 5
	补贴中位数/万元	424. 9	591. 5	512. 4	713. 1	1 494. 1
装备制造业	公司总数/个	597	698	761	782	832
	补贴公司数/个	570	675	748	766	821
	补贴总值/万元	1 970 994. 1	2 292 707. 8	2 860 530. 4	3 192 797. 1	3 488 246. 9
	补贴平均数/万元	3 457. 9	3 396. 6	3 824. 2	4 168. 1	4 248. 8

数据来源：国泰安金融数据库 CSMAR，https：//www. gtarsc. com/。

整体而言，财政补贴能有效解决技术创新活动外部性带来的投入不足问题，并发挥财政科技资金的导向作用，鼓励和支持企业技术创新。

（四）财政投融资

企业技术创新活动风险大，对一些高风险项目往往不愿投资，商业银行也往往不愿提供贷款，因此离不开政府财政资金的支持，包括财政投资和财政融资。从技术创新投资来看，我国目前有财政资金、企业、金融机构等若干来源，财政提供占全部的 1/3 以上，是主要来源。政府参与风险投资主要有两种形式：一是政府通过国有风险投资机构输出资本；二是政府以参股的形式间接向企业投资。后者表现为财政参股的专业风险投资机构，也包括各类政策性银行以及国有控股的商业银行等。从融资来看，对于商业银行向商品化、产业化的高新技术产业项目提供的不同贷款额度和贷款的担保，国家财政提供贷款贴息优惠政策。一般按照贷款额年利息的 50%～100%给予贴息，鼓励商业银行向其贷款。

（五）政府采购

政府采购作为一种政策工具，不仅是指具体的采购过程，而且是采购政策、采购程序、采购过程及采购管理的总称，是一种对公共采购管理的制度。

为创新产品培育市场，制造需求是政府支持企业技术创新的有效方式，政府在引导产业发展方向、降低创新风险、培育创新型企业和创新产品的市场竞争环境、提高企业竞争力等方面发挥了重要作用。在产品发展的初期阶段，政府采购可以当创新产品的试验场，使那些具有发展前景却一时未被市场发现并接受的技术创新成果完成市场化转化，以达到有效减小或分担创新者风险的目的。我国在《国家中长期科学和技术发展规划纲要（2006—2020年）》《创新驱动发展战略纲要》等中央文件中将政府采购作为推动企业技术创新的重要政策工具。我国政府采购也对航空、精密仪器、通信、新材料、生物技术等处于成长期的高新技术产品保持一定的采购量。实践表明，政府采购能在更多领域激发更多的创新活动。

二、财政科技支出规模

从世界各国科研投入资金的结构来看，财政资金都是重要的来源渠道。各国政府一般通过财政预算安排经费支出支持科学技术创新，主要以经费拨款和财政补贴的形式投向科研院所、研究型大学以及高新科技企业等，支持基础研究、科技基础设施、具有较强公共性的技术项目等，具有较强的针对性，能够及时弥补科研资金缺口，满足科技研发需要，是提升本国科技创新水平的有效手段。

从我国财政支出规模的相关政策来看，我国政府一直十分重视企业科技创新对国家科技水平和国民经济发展所产生的作用，颁布和修订了不少有关促进企业科技创新的财政支出政策，不断提升对企业科技创新的财政投入总体水平，以推动企业进行科技创新活动，提高国家整体的科技水平，为建设创新型国家不断努力。2015年9月国务院印发的《深化科技体制改革实施方案》中提出我国到2020年应达到的目标：自主创新能力显著增强，技术创新的市场导向机制更加健全，企业、科研院所、高等学校等创新主体充满活力、高效协同；积极建立技术创新市场导向机制，建立企业主导的产业技术创新机制，激发企业创新内生动力，而政府应当更多地运用财政后补助、间接投入等方式，支持企业自主决策、先行投入。① 总的来说，国家颁布财政支出政策的目的是希望能够提高社会整体的科技创新水平，提升国家的国际竞争力，国家的政策是要保持财政对企业科技创新的投入稳步增长，带动企业科技创新的积极性。

为了落实上述战略和政策，财政科技支出有了显著提升，具体情况如下：

（一）财政科技支出稳步提升，但所占比重不升反降

财政科技投入是我国财政支出中的重要环节，也是支持科技发展和技术创新必不可少的政策工具。统计数据显示，1994 年分税制财政体制改革以来，我国财政科技投入水平持续稳步上升，从 1995 年的 302 亿元增加到 2015 年的 5 863 亿元，规模扩大了近 20 倍，复合增长率达到 13.2%。特别是 2005 年以来，在《国家中长期科学和技术发展规划纲要（2006—2020 年）》以及之后的创新驱动发展战略、建立创新型国家目标等引领下，财政科技支出增速加快，基本保持在 15%~20%的水平，充分显示了我国政府对科技投入的重视。但也应看到，财政科技支出也存在一些隐忧，一是近两年的财政科技投入增幅趋缓，2014 年和 2015 年分别仅为 4.53%和 10.31%；二是财政科技投入占财政总支出以及 GDP 的比重不升反降。从分税制改革后财政科技投入占财政总支出的比重变动来看，从 1995 年的 4.43% 下降到 2015 年的 3.33%，而且 2016—2017 年呈现加速下降趋势（见表 3-2、图 3-2）。创新是引领发展的第一动力，而第一动力需要“第一保障”。作为社会重要导向的财政科技投入增速放缓，不利于科技强国建设，不利于创新驱动发展战略实施，不利于供给侧结构性改革。

① 引自《深化科技体制改革实施方案》，http://www.most.gov.cn/kjbgz/201509/t20150925_121771.htm。

表 3-2　1978—2017 年政府科技投入概况

年份	财政科技投入/亿元	增长率/%	国家财政支出/亿元	国内生产总值/亿元	财政科技投入占财政支出比重/%	财政科技投入占 GDP 比重/%
1978	52.89	—	1 122.09	3 624.1	4.71	1.46
1980	64.59	11.06	1 228.83	4 517.8	5.26	1.43
1985	102.59	11.76	2 004.25	8 964.4	5.12	1.14
1990	139.12	7.12	3 083.59	18 547.9	4.51	0.75
1995	302.36	12.72	6 823.72	58 478.1	4.43	0.52
2000	575.62	5.84	15 886.50	99 214.6	3.62	0.58
2001	703.26	22.17	18 902.58	109 655.2	3.72	0.64
2002	816.20	16.06	22 053.15	120 332.7	3.70	0.68
2003	975.54	19.52	24 649.59	135 822.8	3.96	0.72
2004	1 095.34	12.28	28 486.89	159 878.3	3.85	0.69
2005	1 334.92	21.87	33 930.28	184 937.4	3.93	0.72
2006	1 688.50	26.49	40 422.73	216 314.4	4.18	0.78
2007	1 783.04	5.60	49 781.35	265 810.3	3.58	0.67
2008	2 129.21	19.41	62 592.66	314 045.4	3.40	0.68
2009	2 744.52	28.90	76 299.93	340 902.8	3.60	0.81
2010	3 250.18	18.42	89 874.16	401 512.8	3.62	0.81
2011	3 828.02	17.78	109 247.79	473 104.0	3.50	0.81
2012	4 452.63	16.32	125 952.97	519 470.1	3.54	0.86
2013	5 084.3	14.19	140 212.10	568 845.2	3.63	0.89
2014	5 314.45	4.53	151 785.56	643 874	3.50	0.83
2015	5 862.57	10.31	175 877.77	685 505.8	3.33	0.86
2016	6 563.96	11.96	187 755.21	740 598.7	3.50	0.89
2017	7 266.98	10.71	203 085.49	814 828.4	3.58	0.89

数据来源：国家统计局《中国统计年鉴 2018》。

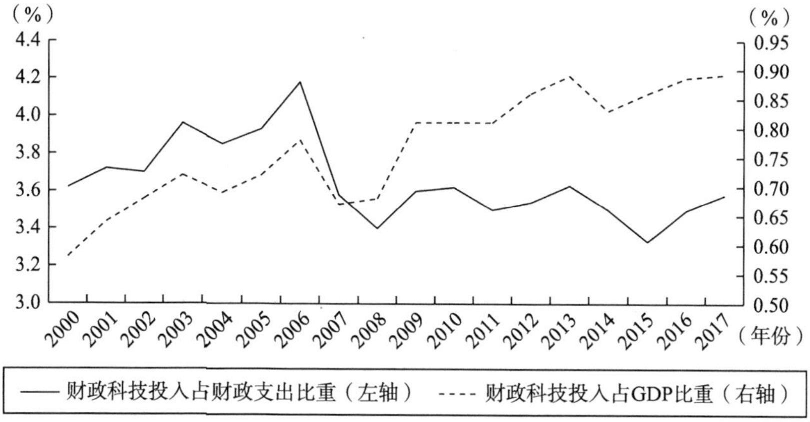

图 3-2　2000—2017 年政府科技投入占比

数据来源：国家统计局《中国统计年鉴 2018》。

（二）政府采购规模和范围快速扩大，但制度不尽完善

1996 年我国政府采购开始在上海、深圳试行，经过了 20 余年的发展，政府采购的规模和范围均不断扩大。从政府采购范围来看，由单纯的货物类、工程类采购逐步扩大到了服务类采购，采购资金来源管理也从最初的财政预算内资金扩展至预算内、外以及自筹性质的财政资金。从政府采购规模来看，增速超过其他类的政府支出，在国民经济中的地位迅速提升。表 3-3 是 1998—2017 年我国政府采购规模。

表 3-3　1998—2017 年我国政府采购规模

年份	政府采购规模/亿元	政府采购增长率/%	GDP/亿元	占 GDP 比重/%	财政支出/亿元	占财政支出比重/%
1998	—	—	84 402.3	0.04	10 798.2	0.29
1999	131	322.58	89 677.1	0.15	13 187.7	0.99
2000	327	149.62	99 214.6	0.33	15 886.5	2.06
2001	653	99.69	109 655.2	0.60	18 902.6	3.45
2002	1 009	54.52	120 332.7	0.84	22 053.2	4.58
2003	1 659	64.42	135 822.8	1.22	24 650.0	6.73

续表

年份	政府采购规模/亿元	政府采购增长率/%	GDP/亿元	占 GDP 比重/%	财政支出/亿元	占财政支出比重/%
2004	2 135	28.69	159 878.3	1.34	28 486.9	7.50
2005	2 927	37.10	184 937.4	1.58	33 930.3	8.63
2006	3 681	25.76	216 314.4	1.70	40 422.7	9.11
2007	4 660	26.60	265 810.3	1.75	49 781.4	9.36
2008	5 990	28.54	314 045.4	1.91	62 592.7	9.57
2009	7 413	23.76	340 902.8	2.17	76 299.9	9.72
2010	8 422	13.61	401 512.8	2.10	89 874.2	9.37
2011	11 332	34.55	473 104.0	2.40	109 247.8	10.37
2012	13 978	23.35	519 470.1	2.69	125 953.0	11.10
2013	16 381	17.19	568 845.2	2.88	140 212.1	11.68
2014	17 305	5.64	643 874.0	2.69	151 662.0	11.41
2015	21 070	21.76	685 505.8	3.07	175 768.2	11.99
2016	25 731	22.10	744 127.2	3.46	187 841.5	13.69
2017	32 114	24.80	814 828.4	3.94	203 085.49	15.81

数据来源：根据中国政府采购网（http：//www.ccgp.gov.cn/）、《中国统计年鉴》相关数据整理。

在政府采购快速扩大的同时，采购结构不断优化，管理水平也在不断提升，如服务类采购项目比重呈上升趋势（见表 3-4）。采用优化政府采购目录、加快建设电子化采购平台、区域间合并采购等方法，进一步完善集中采购；并努力探索网上竞价和电子集市等新型政府采购模式，持续规范采购行为、提升采购效率、节约采购成本等。但是，与西方国家相比，我国实施政府采购制度的时间并不长，在制度建设、规模数量、政策功能等方面尚不完善。1999 年国务院在《关于加强技术创新、发展高科技实现产业化的决定》中提出："实行政府采购，通过预算控制、招投标等形式，引导和鼓励政府部门、企事业单位择优购买国内高新技术及其设备和产品"，标志着我国已将政府采购作为激励创新，推动高科技产业发展的一项政策工具。2010 年，国务院法制办公布《政府采购法实施条例》，规定政府采购应偏重扶持有技术创新倾向的中小企业。它还特别要求政府采购应通过优先或强制采购等措施，支持保护节能环保、技术创新产品，以尽可能地达到扶持中小企业技术创新活动的要求。

表 3-4　1998—2017 年货物类、工程类、服务类政府采购比重变化

年份	货物类比重/%	工程类比重/%	服务类比重/%
1998	100	—	—
1999	100	—	—
2000	100	—	—
2001	63.2	28.8	8.0
2002	62.0	30.3	7.7
2003	54.4	39.3	6.3
2004	49.0	44.0	7.0
2005	48.1	45.2	6.7
2006	44.8	47.9	7.3
2007	42.3	50.0	7.7
2008	42.7	49.7	7.6
2009	40.6	52.1	7.3
2010	37.7	53.9	8.4
2011	33.8	58.4	7.8
2012	31.4	59.9	8.7
2013	34.2	56.4	9.4
2014	30.2	58.6	11.2
2015	31.2	52.9	15.9
2016	28.1	53.0	18.9
2017	24.9	47.4	27.7

数据来源：1998—2013 年历年《中国政府采购年鉴》、2014—2017 年历年《全国政府采购简要情况》。

2006 年和 2007 年，国家制定了一系列鼓励技术创新的政府采购规范文件，如《财政部关于实施促进自主创新政府采购政策的若干意见》《自主创新产品政府采购预算管理办法》《自主创新产品政府采购评审办法》《科学技术进步法》等（见表 3-5），这些政府采购规范文件从需求侧有力地支持了企业技术创新。但是近些年来，我国促进企业技术创新的政府采购政策体系构建停滞不前，甚至有所退步，如 2007 年制定的自主创新的政府采购三项文件，明显偏袒本国产业的采购政策受到欧美一些国家和企业的指责和非议，2011 年我国为了履行国际承诺，取消了企业技术创新产品与政府采购挂钩的相关法律规范①，2016 年 11 月国务院办公厅《关于进一步开展创新政策与提供政府采购优惠挂钩相关文件清理工作的通知》再次敦促落实二者的挂钩清理，直接导致了当前促进企业技术创新相关政府采购政策的缺位。

表 3-5　我国鼓励技术创新产品的政府采购政策

年份	文件名	政策要点
2006	财政部关于实施促进自主创新政府采购政策的若干意见（财库〔2006〕47号）	加强政策实施的组织领导、构建政府采购自主创新制度体系、力争在重点环节有所突破、促进自主创新产品认定体系建设工作、建立和完善监管机制，实行跟踪问效
	《国家自主创新产品的认定管理办法》（2011 年 7 月 10 日起停止执行）	要体现“国家”“自主创新”和“产品”三个要点
2007	《自主创新产品政府采购预算管理办法》（财库〔2007〕29 号） 《自主创新产品政府采购评审办法》（财库〔2007〕30 号） 《自主创新产品政府采购合同管理办法》（财库〔2007〕31 号） （2011 年 7 月 1 日起停止执行）	各级财政部门在编制年度部门预算的通知中，要明确提出自主创新产品的政府采购预算编制要求 招标文件的资格要求、评审方法和标准中做出优先采购自主创新产品的具体规定 自主创新产品政府采购合同必须将促进自主创新作为必备条款，明确内容和具体措施
	科学技术进步法（主席令第 82 号）	明确了政府采购自主创新产品与服务，以及首购和订购的规定

资料来源：中国政府网，http：//www. gov. cn/；中国政府采购网，http：//www. ccgp. gov. cn/。

① 为履行“中国的创新政策与提供政府采购优惠不挂钩”的对外承诺，2011 年 11 月 17 日，国务院办公厅印发《关于深入开展创新政策与提供政府采购优惠挂钩相关文件清理工作的通知》（国办发明电〔2011〕41 号），要求各地方、各有关部门自 2011 年 7 月 1 日起停止执行规范性文件中关于创新政策与提供政府采购优惠挂钩的措施。

（三）企业信用担保发展趋缓，发展基础薄弱

提供信用担保是解决企业技术创新融资的一种手段，通过信用担保体系的建立和健全进一步推进了企业技术创新活动的发展，有利于我国创新型国家的实现。20 世纪 90 年代以来，国家有关部门出台了一系列政策文件，引导和促进担保业的发展。1999 年 7 月，中共中央 12 号文件转发《国家发展计划委员会关于当前经济形势和对策的建议》并指出："加快建立以中小企业特别是科技型中小企业为主要对象的信用担保体系，创造融资条件。"2009 年，中国银行业监督管理委员会下发了《关于进一步加大对科技型中小企业信贷支持的指导意见》，以此来实现研发力量和金融力量的双向结合，有效缓解中小企业尤其是科技型中小企业在技术创新活动中所遭遇的融资难等现实问题，推进创新型国家的建设。

1993 年，我国第一家专业信用担保公司——中国经济技术投资担保公司由国务院批准成立，极大地缓解了我国科技创新型企业融资难问题。截至 2014 年底，全国企业信用担保机构达 7 898 家，连续两年负增长。在保余额 2.74 万亿元，增幅仅为 6.39%，较之以前大幅下降，显示出企业信用担保行业近几年发展后劲不足，发展基础薄弱。主要原因在于大部分的担保机构资本金较小，抗风险能力弱，担保规模不够大，加之存在监督部门不明确、监管内容不够细化、立法层次不高等外部环境问题，以及现有信用制度尚不健全，担保机构发展面临越来越多的瓶颈，亦无法满足越来越多的科技创新型企业的融资需求。

中国担保行业发展及政策制度历程见表 3-6。

表 3-6 中国担保行业发展及政策制度历程

时间	发展阶段	阶段性特点	相关法律法规及制度
1993—1997 年	起步探索阶段	各类担保机构萌芽，银担合作渠道初步建立，融资担保需求不强	《担保法》
1998—2002 年	基础构建阶段	中小企业担保服务需求增加，行业扶持力度加大，各类担保机构涌现，"一体两翼"担保格局形成	《关于建立中小企业信用担保体系试点的指导意见》

续表

时间	发展阶段	阶段性特点	相关法律法规及制度
2003—2008 年	扶持发展阶段	外部经营环境良好，民营担保机构“井喷”，市场规模迅速扩大，违规经营现象出现	《中华人民共和国中小企业促进法》
2009 年至今	规范整顿阶段	外部环境变差，风险事件频发，监管体系问题显现，行业整顿力度加大	《融资性担保公司管理暂行办法》

资料来源：中国人大网，http：//www. npc. gov. cn/npc/index. shtml。

（四）科技人力资源素质不断提升，但投入强度不足

在科学技术日新月异、知识经济蓬勃发展的今天，科技人力资源是国家最重要的战略资源，也是企业进行技术创新活动，不断发展壮大的动力源泉。

从 2000 年开始，技术创新人员投入量持续增长，截至 2013 年末，R&D 人员全时当量为 353. 3 万人年（见表 3-7）。全国每万人就业人员中从事 R&D 的人员也在逐年上升，由 2000 年的 13 人/万人快速增长到 2013 年的 65 人/万人。

表 3-7　全社会 R&D 人员总量

年份	科技人力资源总量/万人	R&D 人员总量/万人年	每万人口科技人力资源数/人
2000	2 500	92. 2	197
2001	2 600	95. 7	204
2002	2 800	103. 5	218
2003	3 020	109. 5	234
2004	3 240	115. 3	249
2005	3 510	136. 5	268
2006	3 840	150. 2	292
2007	4 240	173. 6	321
2008	4 700	196. 5	354
2009	5 190	229. 1	389
2010	5 700	255. 4	425
2011	6 300	288. 3	468

续表

年份	科技人力资源总量/万人	R&D 人员总量/万人年	每万人口科技人力资源数/人
2012	6 960	324.7	498
2013	7 105	353.3	522
2014	7 509	371.1	550
2015	7 915	375.9	574
2016	8 327	387.8	626
2017	8 705	403.4	650

注：表中 R&D 人员总量按全时当量统计。
数据来源：国家统计局《中国统计年鉴 2018》。

但从我国技术研发人力投入强度来看，随着 R&D 人员总量的不断提升，相应的研发人力投入强度（万名就业人员中 R&D 人员数）提高到 2015 年的 48.5 人年，但较之技术创新大国还有很大差距。从万名就业人员中 R&D 研究人员数来看，其增长更加缓慢，从 2010 年的 15.9 人年上升到 2015 年的 20.9 人年，年均仅增速 5.6%，在超过 10 万人年的国家中排名倒数第 2 名，发达国家这一指标值大都是中国的 4 倍以上（见表 3-8）。

表 3-8 R&D 人员总量超过 10 万人年的国家比较

国家	年份	R&D 人员/万人年	万名就业人员中 R&D 人员数（人年）	年份	R&D 研究人员/万人年	万名就业人员中 R&D 研究人员数（人年）
中国	2015	375.9	48.5	2015	161.9	20.9
澳大利亚	2010	14.8	132.2	2010	10.0	89.8
巴西	2010	26.7	21.7	2010	13.9	11.3
加拿大	2013	22.7	125.6	2013	15.9	88.2
法国	2014	41.7	152.3	2014	26.7	97.6
德国	2015	61.4	142.5	2015	35.8	83.0
意大利	2015	24.8	101.4	2015	12.1	49.3
日本	2015	87.5	133.6	2015	66.2	101.1
韩国	2015	44.2	170.4	2015	35.6	137.4

续表

国家	年份	R&D 人员/万人年	万名就业人员中 R&D 人员数（人年）	年份	R&D 研究人员/万人年	万名就业人员中 R&D 研究人员数（人年）
荷兰	2015	12.8	146.0	2015	7.7	87.6
波兰	2015	10.9	68.4	2015	8.3	51.7
俄罗斯	2015	83.4	115.3	2015	44.9	62.1
西班牙	2015	20.1	108.4	2015	12.2	66.1
土耳其	2014	11.5	44.5	2014	9.0	34.6
英国	2015	41.7	133.1	2015	28.9	92.5
美国	2014	—	—	2014	135.2	91.0

数据来源：OECD，Main Science and Technology Indicators 2016-2.

三、财政科技支出结构

按照不同分类方法，财政科技支出有不同分类结构，按照来源主体划分为政府资金、企业资金、国外资金和其他。按科技投入的活动类型划分，主要包括基础研究、应用研究和试验发展。按照活动地区结构划分为城乡支出或东中西部支出等。以下将对我国财政科技支出结构进行具体说明。

（一）活动主体结构

企业技术创新活动资金按来源划分有政府资金、企业资金、国外资金和其他。从财政资金在研发经费中的地位来看，政府来源所占的比重基本呈下降趋势，企业作为研发主体日益成为研发经费的主要来源，政府是第二大技术创新资金来源（见表 3-9）。

表 3-9　全社会 R&D 经费来源结构（2003—2017 年）

年份	经费总额/亿元	经费投入强度/%	政府来源/%	企业来源/%	国外资金/%	其他/%
2003	1 539	1.12	29.93	60.13	0.95	8.99
2004	1 966	1.21	26.60	65.70	1.30	6.40
2005	2 450	1.31	26.30	67.00	0.90	5.80

续表

年份	经费总额/亿元	经费投入强度/%	政府来源/%	企业来源/%	国外资金/%	其他/%
2006	3 003	1.37	24.70	69.10	1.60	4.60
2007	3 710	1.37	24.60	70.40	1.40	3.60
2008	4 616	1.44	23.60	71.70	1.20	3.50
2009	5 802	1.66	23.41	71.73	1.35	3.51
2010	7 063	1.71	23.40	71.74	1.34	3.52
2011	8 687	1.78	21.68	73.91	1.34	3.07
2012	10 298	1.91	21.57	74.04	0.97	3.42
2013	11 846	1.99	21.11	74.60	0.89	3.40
2014	13 015	2.02	20.25	75.42	0.83	3.50
2015	14 170	2.07	21.26	74.73	0.74	3.27
2016	15 678	2.11	20.04	76.06	0.66	3.25
2017	17 606	2.13	20.15	75.81	0.63	3.41

注：经费投入强度=R&D经费支出/国内生产总值，2016年7月国家统计局实施了研发支出核算方法改革，并修订了1952年以来的国内生产总值数据，相应修订了R&D经费投入强度数据，表中为国家统计局修订后的数据。

数据来源：根据历年《中国科技统计年鉴》数据整理。

科技经费投入的执行部门主要包括企业、大学、政府研究机构和非营利部门。其中，企业占R&D经费支出比重最大，并且呈现逐渐上升趋势，表明企业是资金来源的主要渠道已基本形成。研究与开发机构和其他占R&D支出比重变化趋势基本一致，均呈现下降趋势，高等学校占R&D支出比重呈现先上升后下降趋势。目前，我国全社会R&D过于依赖企业支出，政府投入不足（2012年为21.6%），所占比重小于同期美国（30.8%）、英国（28.9%）、加拿大（34.5%）等创新型国家（见表3-10），也是导致我国原始科技创新能力不足的原因。

表3-10　2012年不同国家企业资金、政府资金和其他资金所占比重

国家	企业资金/%	政府资金/%	其他资金/%
中国	74.0	21.6	4.4
美国	59.1	30.8	10.1

续表

国家	企业资金/%	政府资金/%	其他资金/%
日本	76.1	16.8	7.0
英国	45.6	28.9	25.4
加拿大	48.4	34.5	17.1
韩国	74.7	23.8	1.4
俄罗斯	27.2	67.8	4.9

数据来源：根据《中国科技统计年鉴 2014》数据整理。

表 3-11 列示了 2000—2017 年按执行部门分组的 R&D 经费支出情况。

表 3-11 2000—2017 年按执行部门分组的 R&D 经费支出

年份	R&D 经费支出/亿元	企业/亿元	研究与开发机构/亿元	高等学校/亿元	其他/亿元
2000	895.7	537.0	258.0	76.7	24.0
2001	1 042.5	630.0	288.5	102.4	21.6
2002	1 287.6	787.8	351.3	130.5	18.0
2003	1 539.6	960.2	399.0	162.3	18.1
2004	1 966.3	1 314.0	431.7	200.9	19.7
2005	2 450.0	1 673.8	513.1	242.3	20.8
2006	3 003.1	2 134.5	567.3	276.8	24.5
2007	3 710.2	2 681.9	687.9	314.7	25.7
2008	4 616.0	3 381.7	811.3	390.2	32.9
2009	5 802.1	4 248.6	995.9	468.2	89.4
2010	7 062.6	5 185.5	1 186.4	597.3	93.4
2011	8 687.0	6 579.3	1 306.7	688.9	112.1
2012	10 298.4	7 842.2	1 548.9	780.6	126.7
2013	11 846.6	9 075.8	1 781.4	856.7	132.6
2014	13 015.6	10 060.6	1 926.2	898.1	130.7
2015	14 170	10 882.6	2 139.7	991.9	155.9
2016	15 678	12 150.5	2 257.6	1 066.1	203.8
2017	17 606	13 660.2	2 435.7	1 266	244.1

数据来源：根据相应年份《中国科技统计年鉴》数据整理。

结合经费收入和来源情况来看，以 2013 年为例，政府研发经费投向企业的比例为 16.3%，其余主要部分投向了研究机构和高等院校。从企业的研发资金来源来看，92.85%的资金来自企业内部，政府资金仅为 4.5%，而研究机构 85.33% 的资金来自政府，财政资金在高等学校的研发经费中也占 55.95%的比重，财政科技的研发投入主要面向非营利性机构（见表 3-12）。

表 3-12　全社会 R&D 经费支出按来源和执行部门分类（2013 年）

执行部门	经费来源				
	合计/亿元	政府/亿元	企业/亿元	国外/亿元	其他/亿元
合计	11 846.6	2 500.6	8 837.7	105.9	402.5
企业	9 075.8	409.0	8 461.0	94.3	111.5
研究机构	1 781.4	1 481.2	60.9	5.7	233.5
高等学校	856.7	516.9	289.3	5.5	45
其他事业单位	132.6	93.5	26.5	0.4	12.3

数据来源：中国科技统计网（www.sts.org.cn）以及《2015 年全国科技经费投入统计公报》。

经过长期不断完善，目前我国政府科技支出的执行部门结构和西方国家较为相似（见表 3-13），即克服了过度投向产业的短视行为，重视基础和应用研究的理论基础。在科技领域，政府应注重对具有公共物品性质、外部性、风险性的科技活动进行投入，其他如产业部门，市场可以做到的应交给市场。因为从长期来讲，政府对基础领域的科技投入的匮乏，会导致经济增长和技术创新的长期动力不足，进而长久地损害产业化进程。

表 3-13　各国政府科技投入的执行部门结构

国别	政府科技投入	产业界/%	大学/%	政府研究机构/%	产学研比例
美国（2000 年）	718.23 亿美元	27.74	23.63	39.59	1∶0.85∶1.43
法国（1999 年）	109.08 亿欧元	17.12	41.13	41.25	1∶2.40∶2.41
德国（2000 年）	159.28 亿欧元	16.37	43.87	39.31	1∶2.68∶2.40
英国（2000 年）	50.86 亿英镑	20.01	46.33	32.91	1∶2.32∶1.54
日本（2000 年）	35 408 亿日元	5.21	46.84	42.75	1∶8.99∶8.21
中国（2013 年）	2 500.6 亿元人民币	16.3	20.7	59.23	1∶1.26∶3.62

数据来源：OECD, Main Science and Technology Indicators 2016-2.

（二）活动类型结构

按科技投入的活动类型划分，主要包括基础研究、应用研究和试验发展。在科技投入中政府应着重关注市场做不好的领域：基础研究和应用研究，而试验发展方面政府应起间接的激励作用，更多地交给市场去完成。从整个社会的科技支出结构来看，发达国家科技投入结构一直体现着科技投入的公共性，以基础研究和应用研究为主。以美国为例，2012 年联邦政府投入的基础研究经费为 719.7 亿美元，占全社会基础研究总经费（4 362 亿美元）的 16.5%，投入的应用研究经费为 837.5 亿元，占全社会应用研究总经费的 19.2%。另外，2011 年，法国科技支出基础研究也达到 24.4%、日本为 12.3%、韩国为 18.1%（见图 3-3）。相比较而言，2015 年，虽然我国政府科技支出中对基础研究和应用研究比重不低，但由于政府来源资金不断下降，我国整个社会 14 169 亿元的 R&D 经费支出中，基础研究、应用研究与试验发展的三项经费比例分别为 5.1%、10.8%、84.1%。基础研究的投入只有 5.1%（见表 3-14），与国外相去甚远。国际经验表明，基础研究 R&D 经费支出、应用研究 R&D 经费支出与试验发展经费支出占整个 R&D 经费比重分别在 13%~19%、20%~25%、56%~65%为最佳。我国基础研究项目经费投入比例过低，不但与“十三五”科技发展规划相背离，更进一步将阻碍中国的科技创新水平的提高。政府必须加大对基础研究和应用研究的投入力度，改善政府科技投入活动类型的结构，这才可以为我国经济发展和技术创新提供持久和强大的动力。

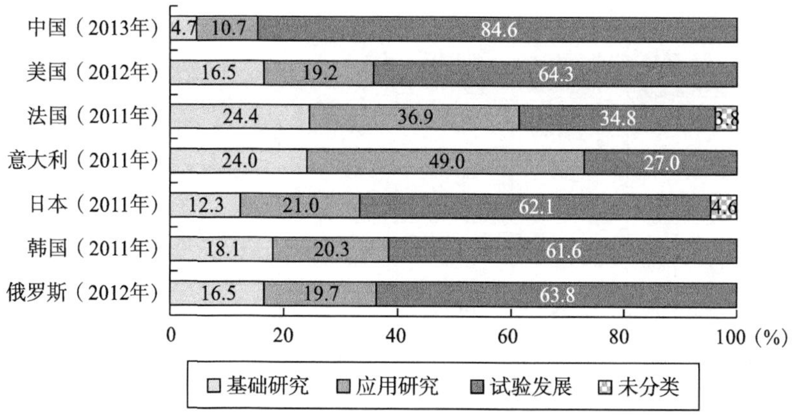

图 3-3　部分国家 R&D 经费支出（按活动类型划分）

表 3-14　我国 R&D 经费支出总额

年份	R&D 经费支出总额/亿元	其中/%			占 GDP 的比重/%	R&D 支出现价增长/%	R&D 支出可比价增长/%
		基础研究	应用研究	实验发展			
1996	404. 48	5. 00	24. 51	70. 49	0. 61	—	—
1997	509. 16	5. 39	26. 02	68. 60	0. 64	25. 88	24. 00
1998	551. 12	5. 25	22. 61	72. 13	0. 65	8. 24	9. 18
1999	678. 91	4. 99	22. 32	72. 68	0. 76	23. 19	24. 75
2000	895. 66	5. 22	16. 96	77. 84	0. 90	31. 93	29. 26
2001	1 042. 49	5. 33	17. 73	76. 93	0. 95	16. 39	14. 05
2002	1 287. 64	5. 73	19. 16	75. 11	1. 07	23. 52	22. 80
2003	1 539. 63	5. 69	20. 23	74. 08	1. 13	19. 57	16. 53
2004	1 966. 33	5. 96	20. 37	73. 67	1. 23	27. 70	19. 46
2005	2 449. 97	5. 36	17. 70	76. 95	1. 32	24. 60	19. 88
2006	3 003. 10	5. 19	16. 28	78. 53	1. 39	22. 58	18. 11
2007	3 710. 24	4. 70	13. 29	82. 01	1. 40	23. 55	14. 82
2008	4 616. 02	4. 78	12. 46	82. 76	1. 47	24. 41	15. 41
2009	5 802. 11	4. 66	12. 60	82. 75	1. 70	25. 70	26. 45
2010	7 062. 58	4. 59	12. 66	82. 75	1. 76	21. 72	14. 19
2011	8 687. 00	4. 70	11. 80	83. 50	1. 84	23. 00	21. 85

续表

年份	R&D 经费支出总额/亿元	其中/%			占 GDP 的比重/%	R&D 支出现价增长/%	R&D 支出可比价增长/%
		基础研究	应用研究	实验发展			
2012	10 298.40	4.80	11.30	83.90	1.98	18.55	18.60
2013	11 846.60	4.70	10.70	84.60	2.05	15.03	12.59
2014	13 015.60	4.70	10.80	84.50	2.02	9.87	9.11
2015	14 169.90	5.10	10.80	84.10	2.07	8.87	8.41
2016	15 676.70	5.20	10.30	84.50	2.11	10.60	10.05
2017	17 606.10	5.50	10.50	84.00	2.13	12.30	11.88

数据来源:《2018 年全国科技经费投入统计公报》。

(三) 活动地区结构

我国幅员辽阔，财政科技支出在地区上（东中西部、城乡）存在明显的非均衡性，采取“锦上添花”而非“雪中送炭”的举措进一步加大了地区间企业 R&D 投入和技术创新能力的差距。为了反映财政科技支出的区域差异，此处以东中西部为例，采用 Dagum（1997）① 提出的基尼系数分解方法，计算了三大区域的基尼系数。表 3-15 和图 3-4 列出了总体的基尼系数、区域内基尼系数、区域间基尼系数，以及区域内和区域间的贡献率。

表 3-15　三大区域总体、区域内、区域间的基尼系数及贡献率

年份	总体	区域内差异			区域间差异			贡献率/%		
		东部	中部	西部	东部	中部	西部	区域内	区域间	超变密度
1998	0.426	0.097	0.240	0.285	0.418	0.560	0.439	25.56	56.52	17.92
1999	0.427	0.104	0.272	0.319	0.406	0.604	0.385	25.21	64.79	10.00
2000	0.441	0.111	0.297	0.345	0.430	0.626	0.384	24.66	66.78	8.56
2001	0.436	0.109	0.294	0.331	0.427	0.626	0.381	24.05	67.24	8.71
2002	0.466	0.121	0.315	0.378	0.477	0.652	0.364	24.87	67.54	7.59

① 具体推导过程见 Dagum 论文。Dagum C. A new approach to the decomposition of the Gini income inequality ratio [J]. Empirical Economics, 1997, 22 (4): 515-531.

续表

年份	总体	区域内差异			区域间差异			贡献率/%		
		东部	中部	西部	东部	中部	西部	区域内	区域间	超变密度
2003	0. 467	0. 115	0. 320	0. 353	0. 506	0. 654	0. 334	23. 93	69. 25	6. 82
2004	0. 509	0. 117	0. 356	0. 364	0. 562	0. 713	0. 327	23. 47	71. 97	4. 56
2005	0. 550	0. 129	0. 372	0. 407	0. 611	0. 733	0. 323	25. 61	70. 01	4. 38
2006	0. 538	0. 122	0. 369	0. 392	0. 593	0. 731	0. 333	25. 42	70. 78	4. 25
2007	0. 527	0. 118	0. 360	0. 382	0. 574	0. 730	0. 339	24. 23	71. 77	4. 01
2008	0. 514	0. 112	0. 348	0. 363	0. 565	0. 716	0. 326	23. 99	72. 04	3. 97
2009	0. 560	0. 127	0. 373	0. 409	0. 599	0. 753	0. 359	25. 71	70. 86	3. 43
2010	0. 552	0. 123	0. 373	0. 390	0. 588	0. 757	0. 385	24. 63	71. 68	3. 68
2011	0. 535	0. 114	0. 352	0. 357	0. 567	0. 740	0. 383	24. 38	71. 39	4. 23
2012	0. 525	0. 113	0. 340	0. 350	0. 555	0. 729	0. 376	24. 36	71. 25	4. 38
2013	0. 504	0. 113	0. 334	0. 362	0. 477	0. 726	0. 460	24. 14	69. 99	5. 87

数据来源：根据《中国科技统计年鉴 2015》加工整理。

图 3-4　三大区域总体基尼系数

数据来源：根据《中国科技统计年鉴 2015》加工整理。

由图 3-4 可以看出，财政科技支出区域差异大致可以分为四个时期。第一个时期为 1998—2006 年，基尼系数总体呈现上升趋势，从 1998 年的 0. 426 上升到 2006 年的 0. 538，上升了 32. 1%。第二个时期为 2006—2008 年，基尼系数呈现下降趋势，2008 年的基尼系数比 2006 年减少了 8. 4%。第三个时期为 2008—

2009 年，基尼系数呈上升趋势，由 2008 年的 0.514 上升到 2009 年的 0.560。第四个时期为 2009—2013 年，基尼系数呈现下降趋势，2013 年的基尼系数比 2010 年下降了 10.0%。从三大区域财政科技支出的空间分布情况看，东部地区的基尼系数维持在 0.384 左右，并整体呈上升的趋势；中部地区的基尼系数维持在 0.238 左右，整体呈下降的趋势；西部地区的基尼系数维持在 0.284 左右，整体呈下降的趋势。从财政科技支出区域差异的来源看，在考察期内区域内差异的平均贡献率为 24.6 %，并且区域内差异呈现缩小的趋势；在考察期内区域间差异的平均贡献率为 69.1%，并且区域间差异整体呈现扩大的趋势。由此可见，区域间差异是财政科技支出区域差异的主要来源。

财政科技支出的地区差异最终必然体现在地区企业技术投入与企业技术创新水平上。整体而言，中西部地区的科技投入普遍偏低，而且政府出于对技术创新重要性的认识差别，对中西部等欠发达地区投入不足，加剧了地区之间经济和科技差距的扩大（见表 3-16）。分省份来看，2015 年，研究与试验发展（R&D）经费支出超过千亿元的省（市）有 3 个，分别为江苏（占 12.7%）、广东（占 12.7%）、山东（占 10.1%），全部集中在东部地区。研究与试验发展（R&D）经费投入强度（与地区生产总值之比）超过全国平均水平的省（市）有 8 个，分别为北京、上海、天津、江苏、广东、浙江、山东和陕西，除了陕西以外，其他都集中在东部地区。应该认识到，越是落后和贫穷的地区反而越要加大政策扶持力度，加大科技投入，以便促进农业的技术进步、消除地区差异，达到全社会的科技进步的均衡。

表 3-16　分地区规模以上工业企业 R&D 经费情况（2015 年）

东部地区			中部地区			西部地区		
省份	R&D 经费/亿元	R&D 强度/%	省份	R&D 经费/亿元	R&D 强度/%	省份	R&D 经费/亿元	R&D 强度/%
北京	244.09	1.06	山西	100.90	0.79	重庆	199.66	1.27
天津	352.67	2.13	内蒙古	118.63	0.67	四川	223.81	0.74
河北	285.81	0.96	安徽	322.14	1.46	贵州	45.73	0.44
辽宁	241.88	0.84	江西	147.50	0.88	云南	61.96	0.45

续表

东部地区			中部地区			西部地区		
省份	R&D 经费/亿元	R&D 强度/%	省份	R&D 经费/亿元	R&D 强度/%	省份	R&D 经费/亿元	R&D 强度/%
上海	474. 24	1. 89	吉林	86. 15	0. 61	西藏	0. 26	0. 03
江苏	1 506. 51	2. 15	黑龙江	88. 04	0. 58	陕西	172. 58	0. 96
浙江	853. 57	1. 99	河南	368. 83	1. 00	甘肃	48. 61	0. 72
福建	346. 98	1. 34	湖北	407. 27	1. 38	青海	6. 50	0. 27
山东	1 291. 77	2. 05	湖南	352. 55	1. 22	宁夏	20. 05	0. 69
广东	1 520. 55	2. 09	—	—	—	新疆	36. 62	0. 39
广西	76. 92	0. 46	—	—	—	—	—	—
海南	11. 18	0. 30	—	—	—	—	—	—
东部平均	7 206. 17	1. 72	中部平均	1 992. 01	1. 03	西部平均	815. 78	0. 74

数据来源：《中国高技术产业统计年鉴 2016》《中国统计年鉴 2016》。

第二节　技术创新税收支持政策

我国促进企业技术创新的税收支持政策工具包括税收减免、免税期、优惠税率、税收扣除、加速折旧、企业研发准备金、盈亏互抵、税收抵免、退税政策和延期纳税等，覆盖增值税、营业税（“营改增”后相关政策平移到增值税中）、企业所得税、个人所得税、关税等 9 个税种，软件、动漫、集成电路、IT、医药产品、科研设备、创业投资等行业，以及技术创新人力投入、技术引进、技术服务、技术成果转化等多个环节。

一、政策工具类型

（一）按政策手段分类

1. 税收减免

税收减免主要是对于特定的创新项目免于征税，如免除先进机器设备和研发用原材料的进口关税以降低创新的成本，免除流转税以增强创新企业的市场竞争力，减免所得税可以增加创新活动的利润，减小创新投资的风险，使企业更快地收回成本。

2. 免税期

免税期是指在一定的期限内对企业实行零税率，超过规定期限后的企业仍按正常税率征税。高科技企业享有免税期政策是较为常用的支持研发与创新的税收政策措施。免税期与税收豁免是有所区别的，企业在免税期内的税率为零，而在免税期结束后税率则恢复至正常水平。一般来说，免税期对于鼓励短期企业技术创新活动具有较大的作用。

3. 优惠税率

优惠税率一般是指给予企业在有限或无限期限内按低于基本税率的低税率征税的优惠。优惠税率是支持企业技术创新的一种比较直接和通行的做法。优惠税率可以是短期的，也可以是长期的。长期优惠税率对企业技术创新的激励程度要比短期优惠税率更大，对于需要巨额创新投资而获利较迟的企业而言，长期优惠税率的作用更为明显。

4. 税收扣除

税收扣除是指对于研发与创新投入准许按照一定标准在税前予以扣除的做法，通常有两种方式，一是直接扣除法，允许纳税人就某些研发与创新费用或允许提取技术准备金支出予以全部或部分扣除；二是加成扣除法，允许纳税人超过实际支出数额加计扣除某些创新费用。加计扣除法能在更大程度上降低纳税人的创新负担，加大研发与创新投入。

5. 加速折旧

加速折旧是指在固定资产使用前期多提折旧，相对加快折旧速度，从而使固定资产成本加快得到补偿。加速折旧可以鼓励企业加快设备更新和投资，同时也使企业的税收负担前轻后重，考虑到资金的时间价值因素，具有税收延期缴纳的好处。

6. 企业研发准备金

企业研发准备金是指为企业为了筹集研发资金，提高研发水平，根据相关法律法规和企业内部决议，在研发项目实际展开前提取的专门用于内部研发项目支出的资金。

7. 盈亏互抵

在盈亏互抵的政策下，如果企业发生亏损，就可以从以前或以后指定若干年度的利润中得到补偿，该政策主要应用在企业所得税领域。盈亏互抵可以有效地降低研发与创新活动的风险，对于具有较高风险性的创新投资具有相当大的激励效应。

8. 税收抵免

税收抵免分为创新投资抵免和国外税收抵免。创新投资抵免是指特定创新项目投资可以按照一定比例抵免应缴纳的税款，其主要目的是激励创新个体的创新投资；而国外税收抵免则是为了消除国际重复征税，降低创新个体的税收负担。

9. 退税政策

退税政策包括两种情况：一是出口退税，目的是使创新产品以较低价格进入国际市场，增强创新产品的竞争能力，提高创新收益；二是再投资退税，即对于将利润用于创新投资行为，退还其再投资部分已经缴纳的全部或部分税款，使企业进入投资→创新→收益→再投资→再创新的良性循环。

10. 延期纳税

延期纳税是指对于符合条件的创新主体推迟其税款入库时间的做法，适用于各个税种。特别是对于应税数额比较大的纳税人而言，延期纳税相当于一笔无息贷款，能够缓解创新资金不足的问题，促进创新活动的开展。

（二）税收优惠作用方式类型

按照税收优惠的作用方式，可以将支持自主创新的税收政策划分为税基式优惠、税率式优惠、税额式优惠和递延式优惠。

1. 税基式优惠

税基式优惠是一种以缩小税基为内容的税收优惠政策，主要包括设置起征点、免征额以及给予创新个体税收扣除、免税项目和亏损结转等优惠措施，通过缩小税基，降低纳税人的计税依据，在税率既定的条件下减少应纳税额。

2. 税率式优惠

税率式优惠是指通过降低纳税人所适用的税率而实施的税收优惠政策，包括给予研发活动、创新项目或者创新成果以优惠税率为主要内容的优惠政策。由于前面对此已经作了介绍，此处不再赘述。

3. 税额式优惠

税额式优惠是指通过直接减少纳税人的应纳税款而实施的税收优惠政策，包括对于特定的创新项目实施免征、减征、税收抵免和优惠退税等政策支持。相比较而言，税基式优惠主要是降低计税依据，而税额式优惠则直接减少纳税人的应纳税额。

4. 递延式优惠

递延式优惠主要是指对于开展创新活动的纳税人实施税款递延、加速折旧、技术准备金制度，虽然形式上有所不同，但是这些税收措施都具有延迟税款缴纳，获取资金的时间价值的功能。

相比较而言，税基式优惠和递延式优惠偏重于间接引导，强调对自主创新的事前支持，只要开展创新活动，纳税人就可以享受税收优惠①；税率式和税额式优惠更偏重于对创新结果的直接支持，强调对自主创新的事后优惠，只有取得创新收益，才能享受此种优惠，刚开始实施创新活动而没有取得创新收益的企业则无法享受此种优惠。

（三）税收支持政策阶段类型

按照支持的阶段，可以将支持自主创新的税收政策划分为事前的税收支持政策、事中的税收支持政策和事后的税收支持政策。

1. 事前的税收支持政策

该政策是指为支持创新个体筹集自主创新资金而实施的税收政策，主要

---

① 刘军．完善税收政策促进自主创新［J］．税务研究，2006（8）：66-67.

表现为为风险投资①活动而制定的税收支持政策。实践表明，风险投资是高科技创新活动重要的资金来源，对于企业的技术创新活动作用重大。通过给予风险投资以税收支持，可以降低风险投资的风险并提高其投资收益，推动风险投资业的发展壮大，为自主创新活动提供必要的资金支持。

2. 事中的税收支持政策

该政策是针对自主创新过程而实施的税收支持政策，主要包括对研发费用予以合理扣除，对创新活动购进的先进技术和设备给予税收优惠，对固定资产实行加速折旧等。该政策不以是否形成创新成果和收益为依据，对于创新活动具有普遍的支持和引导作用，可以有效降低企业的税收负担和创新成本，在发达国家得到普遍应用。

3. 事后的税收支持政策

该政策是为支持创新成果市场化而实施的，包括对创新成果的转让给予税收优惠，比如对转让所得给予所得税减免；还包括对于创新项目的商业化给予大力支持，比如对于创新产品的生产和推广实施免税期、低税率优惠和亏损弥补等政策。事后的税收支持政策以形成创新成果和收益为条件，可以提高研发和创新活动的收益，降低自主创新的市场风险，但是尚未形成创新成果和收益的纳税人无法享有该政策。

（四）税收支持政策作用特点类型

按照税收支持政策的作用特点，可以将支持自主创新的税收政策划分为直接税收支持政策和间接税收支持政策。

1. 直接税收支持政策

直接税收支持政策以低税率优惠和税收减免为主，是对自主创新的直接支持，具有形式单一、便于征纳双方操作以及透明度高、激励性强的特点，主要针对创新个体的类型和最终的经营结果给予支持，注重对创新成果

① 风险投资是指将资金投向蕴藏着失败风险的高新技术及其产品的研究开发领域，促进高新技术成果尽快商品化，以取得高资本收益的投资行为。

的优惠。直接税收支持政策强调事后的利益让渡，对于引导纳税人事前进行科技研发与自主创新的作用较弱，尤其是对那些尚未取得创新成果或收益的企业则无税收激励可言，而且容易出现滥用现象。

2. 间接税收支持政策

间接税收支持政策主要包括加速折旧、费用扣除、投资抵免、亏损结转、技术准备金制度等，是对自主创新活动的间接鼓励和支持。间接税收支持政策偏重于事前和事中的政策鼓励和扶持，强调对创新过程的优惠，因此具有较好的政策引导性，对于创新活动的扭曲比直接税收支持政策小。

需要说明的是，直接税收支持政策会在一定程度上削弱间接税收支持政策的效果。为此，假设某企业在 n 年内每年的应税收入为 R，允许扣除项目的金额为 D，企业所得税税率为 t，市场利率为 r，则 n 年内企业共需缴纳税款的现值为：

$$T_0 = \sum_{i=1}^{n} \frac{(R-D)t}{r^i} \tag{3-1}$$

如果对于该企业的自主创新活动仅给予加计扣除的税收政策支持，加计扣除比例为 g，则 n 年内企业需缴纳的税款现值为：

$$T_1 = \sum_{i=1}^{n} \frac{[R-(1+g)D]t}{r^i} \tag{3-2}$$

企业因低税率优惠而享有的税收收益为：

$$\Delta T_g = T_0 - T_1 = \sum_{i=1}^{n} \frac{gDt}{r^i} \tag{3-3}$$

如果对于该企业从事的自主创新活动仅给予低税率优惠，税率降低的比例为 h，则 n 年内企业需缴纳的税款现值为：

$$T_2 = \sum_{i=1}^{n} \frac{(R-D)(1-h)t}{r^i} \tag{3-4}$$

则企业因加计扣除而享有的税收收益为：

$$\Delta T_h = T_0 - T_2 = \sum_{i=1}^{n} \frac{(R-D)ht}{r^i} \tag{3-5}$$

如果对于该企业同时给予加计扣除和低税率优惠，且加计扣除比例为

g，税率降低的比例为 h，则企业 n 年内需要缴纳的税款现值为：

$$T_3 = \sum_{i=1}^{n} \frac{[R - (1+g)D](1-h)t}{r^i} \tag{3-6}$$

企业因加计扣除和低税率政策而享有的税收优惠为：

$$\Delta T_{g+h} = T_3 - T_0 = \sum_{i=1}^{n} \frac{[gD(1-h) + (R-D)h]t}{r^i} \tag{3-7}$$

又有 $\Delta T_g + \Delta T_h - \Delta T_{g+h} = \sum_{i=1}^{n} \frac{gDht}{r^i}$，

且 $\sum_{i=1}^{n} \frac{gDht}{r^i} > 0$，所以有：

$\Delta T_g + \Delta T_h - \Delta T_{g+h} > 0$；$\Delta T_g + \Delta T_h > \Delta T_{g+h}$

由此可见，以低税率优惠为主的直接税收支持政策会限制和削弱间接税收支持政策作用的发挥。特别是当直接税收支持政策的比重过大时，直接税收支持政策对于间接税收优惠作用的挤出效应就更加明显，从而影响对自主创新的支持力度和效果。

此外，还可以按照税收政策的作用特点分为税收收入政策、税收调控政策等。按照政策的作用范围分为区域性税收政策①、产业性税收政策②。按照

① 区域性税收政策是对特定地区的自主创新活动实施的税收扶持政策，主要有两种形式：一是按照行政区域制定的税收政策；二是按照经济性区域，比如对经济开发区、高科技园区制定的税收政策。区域性税收政策的示范性、集聚性和辐射性作用比较强，可以在短期内吸引大量资金，其不足之处在于对相同性质的企业仅仅因为所处地域的不同而实行不同的税收政策，不符合税收的公平原则，容易造成众多企业纷纷挤往开发区，甚至在开发区内“假注册”，开展避税活动，违背了税收政策的初衷。

② 产业性税收政策是指为了提高相关产业的科技含量和创新能力而实施的税收政策，一般包括三个大的方向，一是支持农业、能源、交通等基础产业提升科技含量的税收政策；二是提升资本密集型和技术密集型产业，如机械、电子、通信等行业自主创新能力的税收政策；三是支持新兴产业，比如海洋产业、生物科技等代表未来科技发展方向的税收政策，这也是产业性税收政策未来发展的新趋势。

税收政策支持的对象分为支持创新机构的税收政策[①]和支持创新人才的税收政策[②]。按照税种分为所得税支持政策[③]和流转税支持政策[④]等。

需要说明的是，以上关于支持自主创新的税收政策的分类并不是孤立和绝对的，不同的分类方式之间是具有一定的联系和交叉的。图 3-5 反映了几种税收政策不同的分类方式之间的对应关系。

二、税收政策内容

为了营造良好的企业技术创新环境，我国陆续制定和实施了一系列促进企业技术创新的税收支持政策，近几年更是加大了税收支持企业技术创新的力度，在很大程度上鼓励了我国企业技术创新行为，推动其快速发展。本书利用国家税务总局税收法规库对税收政策进行收集整理，发现自 1980 年 1 月 1 日至 2015 年 12 月 31 日公布的税收政策有 5 583 项，其中涉及支持技术创新的税收优惠政策有 124 项，[⑤] 占税收政策的 2. 2%。具体如图 3-6 和附表 2 所示。

---

① 支持创新机构的税收政策是对于开展自主创新的公司企业、高等院校、科研部门和中介机构等所实施的税收政策。由于高等院校和科研机构的创新活动技术导向性比较强，但对市场需求不够敏感，而企业既是自主创新活动的实施主体，又直面市场需求，因此在市场机制比较完善的发达国家，企业扮演着国家创新体系主力军的角色。因此，支持创新机构的税收政策往往以支持企业创新的税收政策为主体。

② 支持创新人才的税收政策主要是通过税收优惠来鼓励人力资本投资，主要包括五个方面的内容：一是纳税人对于教育和科研单位的捐助支出准许在税前做较大比例的扣除；二是纳税人投资办学，其所得给予税收减免；三是鼓励增加教育支出，比如对子女的教育费用在计算个人所得税时予以必要扣除；四是鼓励企业加大人力资本投资的税收优惠；五是对创新所得予以低税率优惠，提高创新人才的创新收益。

③ 指通过所得税给予自主创新以必要的支持，主要体现在两个方面：一是通过企业所得税政策来降低企业的税收负担，鼓励其加大科技研发和创新的投入，降低创新活动的风险，提高创新活动的收益；二是通过个人所得税的优惠政策来促进人力资本的开发，以及提高创新人才的收入水平等。由于发达国家大多数实行的是以所得税为主体的税制，对于自主创新的税收支持以所得税支持政策为主。

④ 指通过流转税给予自主创新以必要的支持，主要体现在增值税、关税等税种，比如对为研发而进口的设备给予关税减免；对于创新产品的出口予以退税；实行消费型增值税；对于创新成果的转让给予营业税优惠；对于处在市场化初期的创新产品给予消费税减免；等等。由于发展中国家一般实行的是以流转税为主体的税制，所以在自主创新的税收政策中流转税也占有一定比重。

⑤ 本书所涉及税收政策主要以国务院及其直属机构、中央各部委发布的政策为准，地方政府颁布的促进科技创新的税收政策和仅体现地方政府对科技创新活动所持税收优惠态度的文件不纳入统计范围。

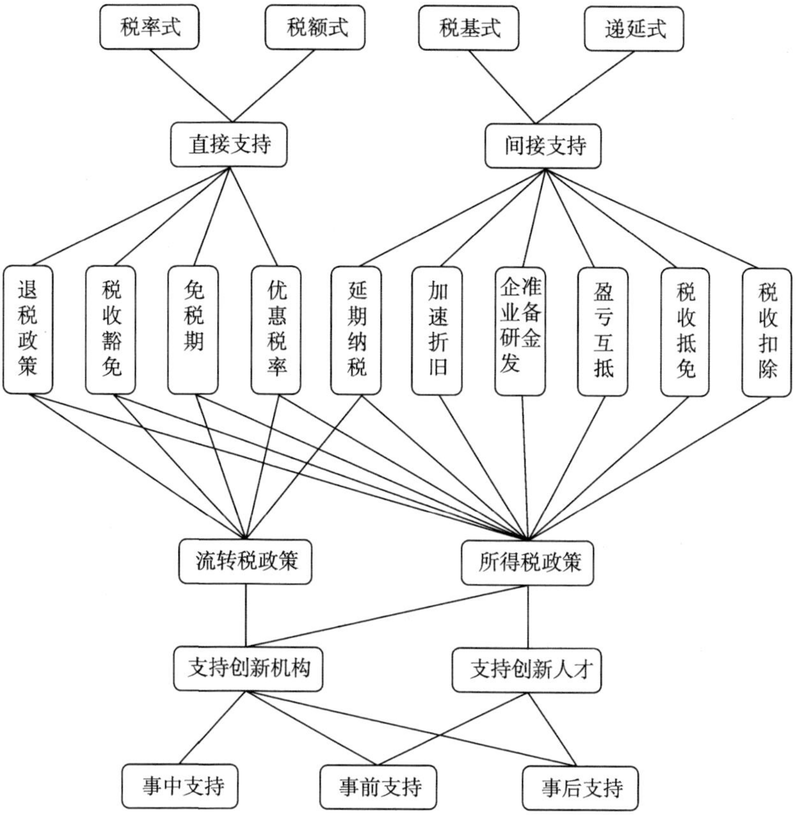

图 3-5　几种税收政策分类之间的对应关系

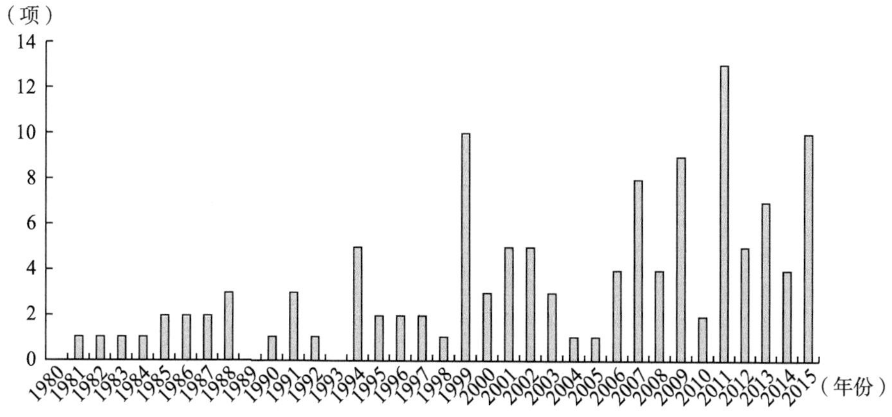

图 3-6　1980—2015 年支持技术创新的税收优惠政策数量

数据来源：王小平．中国科技创新的财政支持研究［D］．武汉：中南财经政法大学，2016.

我国主要 R&D 的税收优惠政策梳理见表 3-17。

表 3-17　我国主要 R&D 的税收优惠政策梳理

减免税	流转税	直接用于科学研究、科学实验和教学的进口仪器、设备免征增值税
		科学研究机构和学校，以科学研究和教学为目的，在合理数量范围内进口国内不能生产的科学研究和教学用品，免征进口关税和进口环节增值税、消费税
		单位和个人从事技术转让、技术开发业务和与之相关的技术咨询、技术服务业务所取得的收入，免征营业税
	企业所得税	符合条件的技术转让所得，可以免征、减征企业所得税。一个纳税年度内，居民企业技术转让所得不超过 500 万元的部分，免征企业所得税；超过 500 万元的部分，减半征收企业所得税
		国家需要重点扶持的高新技术企业，减按 15%的税率征收企业所得税
		软件生产企业实行增值税即征即退政策所退还的税款，由企业用于研究开发软件产品和扩大再生产，不作为企业所得税应税收入，不予征收企业所得税
		我国境内新办软件生产企业经认定后，自获利年度起，第一年和第二年免征企业所得税，第三年至第五年减半征收企业所得税
		国家规划布局内的重点软件生产企业，如当年未享受免税优惠的，减按 10%的税率征收企业所得税
	个人所得税	对中国科学院、中国工程院院士津贴，特聘教授奖金，职工技术创新成果获奖免征个人所得税
		科研机构、高等学校转化职务，科技成果以股份或出资比例等股权形式给予个人奖励，获奖人在取得股份、出资比例时，暂不缴纳个人所得税；取得按股份、出资比例分红、出资比例所得时，应依法缴纳个人所得税
	综合多税种	对符合条件的科技园和孵化器自用以及无偿或通过出租等方式提供给孵化企业使用的房产、土地，免征房产税和城镇土地使用税；对其向孵化企业出租场地、房屋以及提供孵化服务取得的收入，免征营业税。对符合非营利组织条件的科技园和孵化器的收入，自 2008 年 1 月 1 日起按照税法及其有关规定享受企业所得税优惠政策
		对经认定的软件生产企业进口所需的自用设备，以及按照合同随设备进口的技术（含软件）及配套件、备件，免征关税和进口环节增值税
		对非营利性科研机构从事技术开发、技术转让业务和与之相关的技术咨询、技术服务所得的收入，按有关规定免征营业税和企业所得税。自用的房产、土地免征房产税、城镇土地使用税

续表

退税	流转税	增值税一般纳税人销售其自行开发生产的软件产品，按17%税率征收增值税后，对其增值税实际税负超过3%的部分实行即征即退政策
费用扣除	企业所得税	企业开发新技术、新产品、新工艺发生的研究开发费用支出，可以在计算应纳税所得额时加计扣除。未形成无形资产计入当期损益的，在按照规定据实扣除的基础上，按照研究开发费用的50%加计扣除；形成无形资产的，按照无形资产成本的150%摊销。对企业共同合作开发的项目，符合条件的，由合作各方就自身承担的研发费用分别按照规定计算加计扣除
		创业投资企业采取股权投资方式投资于未上市的中小高新技术企业2年以上的，可以按照其投资额的70%在股权持有满2年的当年抵扣该创业投资企业的应纳税所得额；当年不足抵扣的，可以在以后纳税年度结转抵扣
		从事软件开发、集成电路制造及其他业务的高新技术企业，互联网站，从事高新技术创业投资的风险投资企业，自登记成立之日起5个纳税年度内，经主管税务机关审核，广告支出可据实扣除
加速折旧	企业所得税	企业的固定资产由于技术进步等，确需加速折旧的，可以缩短折旧年限或者采取加速折旧的方法。最低折旧年限不得低于税法规定折旧年限的60%；采取加速折旧方法的，可以采取双倍余额递减法或者年数总和法
		对生物药品制造业，专用设备制造业，铁路、船舶、航空航天和其他运输设备制造业，计算机、通信和其他电子设备制造业，仪器仪表制造业，信息传输、软件和信息技术服务业等6个行业的企业2014年1月1日后新购进的固定资产，可缩短折旧年限或采取加速折旧的方法，研发和生产经营共用的仪器、设备，单位价值不超过100万元的，在计算应纳税所得额时允许一次性扣除；单位价值超过100万元的，可选择缩短折旧年限或加速折旧的方法
		对轻工、纺织、机械、汽车等四个领域重点行业的企业2015年1月1日后新购进的固定资产，可由企业选择缩短折旧年限或采取加速折旧的方法
创业投资	企业所得税	创业投资企业采取股权投资方式投资于未上市的中小高新技术企业2年以上的，可以按照其投资额的70%在股权持有满2年的当年抵扣该创业投资企业的应纳税所得额；当年不足抵扣的，可以在以后纳税年度结转抵扣

续表

投资抵免	企业所得税	企业购置并实际使用《环境保护专用设备企业所得税优惠目录》《节能节水专用设备企业所得税优惠目录》和《安全生产专用设备企业所得税优惠目录》规定的环境保护、节能节水、安全生产等专用设备的，该专用设备投资额的10%可以从企业当年的应纳税额中抵免；当年不足抵免的，可以在以后5个纳税年度结转抵免（《企业所得税法实施条例》第一百条）

注：2016年4月，已实现全行业“营改增”，营业税与之相联系的税收优惠政策被取消，部分优惠政策在改征增值税后续存。

资料来源：本研究归纳，部分资料来自税收优惠政策网，http：//www.hn12366.net.cn/。

从表3-17可以看出，2006年以来，中国政府陆续出台促进技术创新的税收优惠政策，税收优惠内容不断丰富，已基本覆盖了所有可能从事技术创新活动的企业，以及企业技术创新的各个环节。从优惠形式来看，有免税、减税、税额抵免等税额式减免优惠，加计扣除、加速折旧等税基式减免优惠，降低税率、法定税率减半等税率式减免优惠以及对固定资产进项税额扣除的消费型增值税；从涉及行业及企业类型来看，有高新科技企业、软件企业、集成电路企业、新能源汽车、小微企业等；从投入环节来看，涵盖了激励企业研发投入的税收优惠政策、激励高科技产业发展的税收优惠政策、激励科技成果应用的税收优惠政策、激励创业投资的税收优惠政策等。现行税收优惠政策通过减少企业研发成本和分担研发风险，来引导社会资金和人力资源流向科技研发领域，增强企业的创新能力，推动高新技术产业发展。

三、优惠政策落实

再好的政策也需要执行才能发挥效用，近些年来，我国除了不断制定一些技术创新税收优惠政策外，还更加注重政策的“落地”执行。一是企业研发费用加计扣除政策落实情况。2011年全国企业研发费用加计扣除政策惠及2万多家企业，减免税额达到创纪录的252亿元，对推动企业发展与地区转型升级起到了重要作用。2008年至2011年，对全国6万多家高新技术企业减免税总共2 259亿元，同期这些企业上缴的税收是2.1万亿元，其专利和新产品占有率都达到1/3以上，政策效益是非常明显的。2010年，全国高新技术企业因享受15%税率优惠而减免的企业所得税为687.71亿元，享受15%税率优惠的高新技术企业数量较上年增长了43.8%。

二是企业职工教育经费税前扣除政策落实情况。2010年，江苏、辽宁、广东、新疆、海南、宁夏、安徽、北京、山西等省份，有9.4万家企业享受了企业职工教育经费税前扣除政策。其中，江苏、辽宁和广东三个经济发达省份享受政策的企业较多，合计占上述省份的91.49%。新疆有3 618家企业享受了该政策，全区企业职工教育经费税前抵扣的应纳所得税额为1.73亿元，同比增长159.7%；广东省企业职工教育经费税前抵扣应纳税所得额为12.29亿元，同比增长45.43%；辽宁省企业职工教育经费税前抵扣应纳税所得额为3.64亿元，同比增长8.1%。

第三节　财税科技管理体制

政策效力的高低除受到所制定的内容影响外，还受制于政策的计划管理和执行能力。随着我国科技活动的日益复杂，迫切需要一套系统的科技管理体制，用来指导和规范科学技术活动。党的十八大以来，国家高度重视科技体制改革，并出台《深化科技体制改革实施方案》重要文件，明确了今后较长时期我国科技体制改革的目标、举措和路径，将极大地夯实我国企业技术创新的基础。但由于长期计划体制的路径依赖，我国在科技管理体制中仍然存在诸多不协调、不一致的弊端，极大地制约了企业技术创新活动，本节将重点从问题导向阐述政府科技管理体制问题及对企业技术创新的影响。

一、技术创新管理中的政府职能定位

我国科技管理部门在技术创新管理过程中扮演着双重角色：一方面，作为全社会科技活动的宏观管理者，为全社会的科技进步确定目标、制定宏观管理政策以及调控科技活动的运行；另一方面，又代表政府行使国有科技投入所有者的职能，包括审批、投放各类科技经费和管理各类科技资产。这种

把科技宏观管理职能与科技资产所有者职能混杂在一起的体制，使得政府部门重微观投资管理、轻宏观规划，重项目投资审批、轻项目投资效益。这就使得政府越位和失位严重，政府越位表现在做了市场可以做得更好的事情，政府只是靠决策者就简单决定科技发展的项目和重点领域，计划性和指令性太强，无法反映市场对科技领域的具体要求，造成需要发展的领域得不到政策和资金支持，得到政策和资金支持的科技领域又效率低下，无法带来技术创新和经济发展；政府失位表现在宏观管理和调控不到位，政府本来该行使的职能和服务（市场做不到或做不好的领域），如协调各部门科技活动的开展、科技事务的咨询、科技进步的预测与监控、科技市场秩序的维护与规范、知识产权的管理与维护等，却因为过于专注微观的科技投入的管理而相对弱化。

二、国家科技发展计划

为了解决经济发展中的重大科技问题，促进企业技术创新和产业化，提高国家整体创新能力，我国政府组织和实施了一系列国家科技发展计划。国家科技发展计划是在国家统一科技发展规划指导下，由政府财政和宏观政策予以全额或部分支持，并由政府相关部门组织的一系列科学技术研究计划活动。主要包括：中国高技术研究发展计划（“863 计划”）、基础研究计划、国家科技攻关计划、研究开发条件建设计划和科技产业化环境建设计划等，其中与企业自主创新紧密相关的有以下三项（见图 3-7）。

（一）中国高技术研究发展计划（“863 计划”）

该计划于 1986 年 3 月制定，1987 年底正式实施。“863 计划”着眼于解决事关国家长远发展和国家安全的战略性、前沿性和前瞻性高技术问题，是引领未来新兴产业发展的计划。“十一五”以来的 5 年间国家共安排了8 200多项“863 计划”课题，在节能与新能源汽车、先进钻井技术与装备、天然气水合物勘探开发关键技术、主要动植物功能基因组研究、信息技术、生物医药等领域取得了重大进展，部分领域达到国际先进水平。

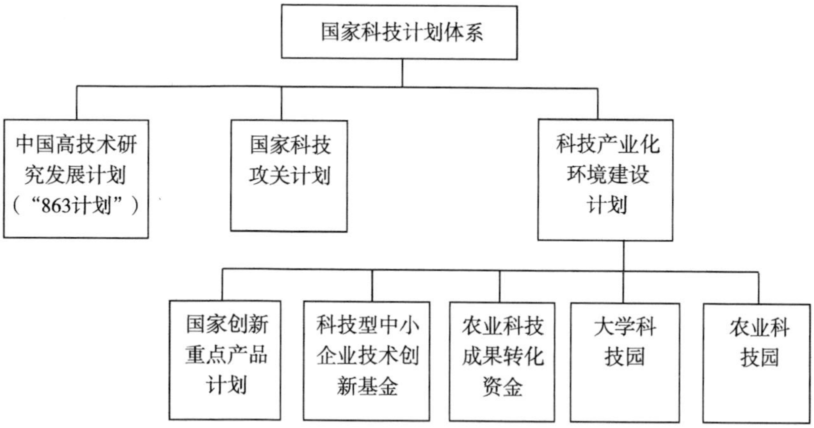

图 3-7　扶持中小企业自主创新的国家科技计划体系

资料来源：中华人民共和国科学技术部网站，http：//www. most. gov. cn/kjtj/tjbg/。

（二）国家科技攻关计划

该计划于 1982 年开始实施，2006 年底正式实施。科技攻关计划是一个综合性科技计划，是我国科技计划体系发展历程的转折点。该攻关计划的实施，很大程度上解决了一些在现行国民经济和社会发展中较为严重的难题，缩小了国内外行业的技术差距，对我国重点行业的技术结构改造起到了关键作用。该计划主要由中央财政拨款支持，其中，由企业牵头承担的项目和课题，企业资金投入不低于总预算的 50%。

（三）科技产业化环境建设计划

这是国家科技计划体系的重要组成部分，目标是从增强政策环境建设、推动区域经济发展、加强技术服务和交流等角度出发，大力促进科技型中小企业的发展，极大地增加科技中介服务机构数量，有利于营造技术成果转化和技术产业化发展的良好环境。针对原有星火计划、火炬计划、科技成果重点推广计划、国家重点新产品计划等科技计划，科技产业化环境建设计划的内涵做了重大调整，由原来以实施项目为主改为以环境建设、帮助科技型中小企业发展为主，同时加强国家重点新产品计划、科技型中小企业技术创新基金、农业科技成果转化资金、科技中介（生产力促进中心）、大学科技园、农业科技园等工作。

三、技术创新管理模式

政府技术创新管理模式主要有以下三种，分别是以美国为代表的多元分散型管理模式、以日本为代表的集中协调型管理模式和以印度为代表的高度集中型管理模式。

（一）多元分散型管理模式

这种模式以美国为代表，众所周知，美国是三权分立政治体制的代表，其立法部门、行政部门和司法部门均可以参与科技活动，这也造就了其多元分散化的科技管理体制。重大的科技活动必须由国会立法通过，交由相关行政部门负责执行，同时受司法部门监督和拥有法律的解释权。在预算编制过程中，联邦政府和与科技有关的部门各自编制其部门科技预算，后期科技活动的立项、研发、评估各成体系。到目前为止，美国仍没有设立类似我国科技部这种形式的专门宏观科技管理机构；总统下属科学技术政策办公室，只是协调各部门科技活动的开展、科技事务的咨询以及科技方针的建议等；唯一专管科技活动的国家科学基金委员会同样不受联邦政府的行政干预，只接受政府提供的拨款，以便为科学研究、科学与工程教育等领域的活动提供资助；美国还设有两个咨询、协调性质的委员会，分别为总统科技顾问委员会和国家科技委员会。总统科技顾问委员会及科学技术政策办公室的职能相似，不直接进行科技投入，大致是协助科技项目的项目申报、预算上报和平衡科技各部门的预算，在必要的时候参与国会辩论的预算解释，并交由总统管理和预算办公室审议，最后由国会审批预算。美国这种多元分散型的科技管理体制的优点在于科技的研究与开发拥有极大的自主性，各个科技部门可以根据自身的情况独立地进行科技活动，并借助市场机制推广应用，满足了社会对科技活动的不同需求；缺点在于政府对一些重大科技项目的宏观调控能力不足，也可能会出现市场的盲目性、外部性和风险性。

（二）集中协调型管理模式

集中协调型管理模式，顾名思义，是介于集中管理和分散管理之间的一种管理模式，这种管理模式以日本为代表：日本在内阁设有综合科学技术会议，类似于国家科学技术委员会，主要负责科技经费、人才、资源分配方针的调查和审议，重大科技发展事项的审批，年度预算编制的提出以及追加预算的具体要求，同时有权规定各类科研计划中各类科研课题的资金总额度、重点课题领域等。这种管理模式的优点是既能发挥政府宏观调控职能，又能保持各个科技部门的灵活性；缺点是集中协调的“度”不好把握，具体操作时政府的定位不好把握，风险较大。

（三）高度集中型管理模式

高度集中型管理模式，是强调政府计划、集中控制的一种管理体制。印度采用的就是这种科技管理模式，印度设有内阁科学顾问委员会、内阁科学技术委员会和国家计划委员会，这三个委员会统一制定全国的科技方针，负责审批国家的科学技术预算。各研究和开发部门必须要与这三个委员会制定的政策的目标保持一致，只能在其规定的框架中实施和制定短期项目和政策。在这种高度集中的科技管理模式下，印度政府科技投入一直占印度社会总R&D经费的70%以上，而且印度大部分的科研开发和研究活动都由中央政府建立的全国性研究机构和政府各部所属的研究机构集中进行，很少对外开放和与企业结合。这种管理体制的优点是便于控制与管理，重点科技领域容易得到发展；缺点是灵活性不足，不能反映市场对科技活动的需求，容易滋生权力寻租和腐败。

从我国当前的政府科技管理模式来看，应该大致介于从高度集中型的管理体制到集中协调型的管理体制之间的转轨阶段。科技部作为国家科技宏观管理部门，却不拥有全部的科研经费管理权。在中央一级，除财政部和国家发改委外，科技部、中国科学院、中国工程院、中国社会科学院、中国科协、国家自然科学基金委员会和全国哲学社会科学规划办公室等部门均可行使科技预算分配权。在科技投入具体的方式上，中国采用的是行政计划审批制：

科研项目、基地建设以及科研条件的建设全部纳入计划管理。首先，由政府部门提出和制定科技发展计划原则和指导思想、科技发展的优先领域以及具体的项目指南；其次，由各部门、各地方组织和基层单位（科研机构、高校、企业）申报项目，政府部门依据项目申报的情况，组织专家、管理人员进行评估；最后，由政府部门依据评审结论进行综合决策和审批，并按照既定办法给予资金拨付。我国这种科技管理模式最大的优点是既能发挥政府宏观调控职能，又能保持各个科技部门的灵活性；但是缺陷也在于此，因为无法把握政府和市场如何分工的“度”，科技管理中政府职能界定不清，“越位”和“缺位”严重，往往政府大力扶持的科技项目得到过多投入，甚至造成浪费，而市场需要的项目却因为无法得到政府的投资而无法发展。

第四节　对我国企业技术创新财税支持政策的评价

近些年来，我国财税政策在支持企业技术创新方面发挥了重要作用，有力促进了企业技术创新水平的提升，支持了创新驱动发展战略的实施和创新型国家目标的实现，但也存在一些不足之处，通过对我国企业技术创新财税支持政策进行评价，从而对未来财税政策改革优化提供参考。

一、取得的成效

（一）企业技术创新体制不断优化

我国日趋重视科技事业的作用。近些年来，科学合理的科技资金投入机制不断形成，对科技资金有效监督的水平不断提升，相关的法律规范也不断完善。一是我国相继推出了自然科学基金、“863”成果转化基金、重点实验室建设计划、科技攻关计划等一系列与科技发展相关的安排，实现了财政科技经费投入总量的持续增长，为技术创新的持续推进提供了资金动力。二是修订出台了科学技术进步、专利保护、促进科技成果转化、科学技术奖励、企业技术保密等方面的多项法律法规，加强知识产权开发和保护，出台更多鼓励技术创新人才的法律规范。三是完善技术创新项目补助方式，包括立项补助、奖励补助和共享补助等方式。

（二）区域创新体系初步形成

我国财政科技资金通过优化支出结构，加大对企业技术创新支持力度，有力地促进了企业技术创新活动。体现为以企业为主体的创新研发能力明显增强，开放型的科技体系不断完善，国内外科技交流与合作不断深化，技术交易市场规模不断扩展等。比如，科技产业中的高新技术产业占全国经济总量的份额提升，2013 年，高新技术产品出口额达到 6 603.3 亿美元，占商品出口总额的 29.9%，高新技术产业主营业务收入为 11.6 万亿元，实现利税 11 117 亿元，高新技术产业增长对经济增长贡献率为 21.2%。

（三）技术创新氛围日渐浓厚

近些年来，国家对技术创新工作给予高度重视，先后出台《深化科技体制改革实施方案》《国家创新驱动发展战略》等重大文件，各部门齐心协力推进科技体制改革，创新驱动成为经济新常态，技术创新氛围日渐浓厚。

一是营造良好的技术创新氛围。2016 年 12 月，国务院发文将每年 5 月 30 日设立为面向广大科技工作者的“全国科技工作者日”，体现了对科技工作者的重视，也有利于营造尊重知识、尊重人才、鼓励创新的良好氛围。

二是大力推进科技成果转化。国家深刻认识到科技成果转化的重要性，认为其是打通技术与经济的重要通道，有利于促进供给侧结构性改革，促进大众创业万众创新。并且制定了一系列推进科技成果转化的措施，如鼓励优先向中小企业转移成果，成果转移收入全部留归单位，转让收入中不低于 50%用于奖励，研发及成果转化主要贡献者奖励份额占奖励总额的最低占比提高到 50%，这些奖励措施的力度甚至超过了欧美等科技大国。

三是科技体制改革加快推进。如拿出科技计划和项目资金管理改革、科研设施仪器开放、科研成果转化、院士制度改革、中关村试点政策推广、促进大众创业万众创新等一系列改革硬招实招，相关领域改革取得突破性进展。

（四）财政支持力度、精度和效果不断增强

为了促进企业技术创新，财税政策在其支持上也是不遗余力，体现在支持力度不断扩大，支持“精准度”不断增强，支持效果显著提高。从财政支持政策来看，取得的成就主要表现在相关制度的不断完善、投入获得的创新成果不断上升、企业创新动力不断增强等方面。经过几十年的发展，我国目前在科技创新的财政投入上逐渐形成较为完善的制度体系，并建立了相应的财政管理及成果管理部门，及时掌握科技创新实施状况，规划财政的预算及实施，如很多地方在国家鼓励创新的相关制度基础上，建立了地方性的法规及科研奖励制度，以促进技术创新能力的不断提升。伴随着财政科技投入相关资金的到位及相关优惠政策的落实，高新技术产业技术创新呈现勃勃生机；从政府采购来看，随着采购规模的扩大和采购制度的完善，我国对于政府采购作用的认识逐渐发生变化，政府采购不再仅围绕提高公共资金的使用效率，而是被赋予更多的战略职能，包括扶持自主创新。从对软件产品的采购来看，2000 年我国出台鼓励软件产业的政策规定《关于政府部门应带头使用正版软件的通知》，明确了对政府采购软件产品给予政策性扶持，2001 年底启动的政府部门带头软件正版化的浪潮，为我国软件行业的发展提供了广阔的市场空间。自政策推行以来，各地各部门共采购操作系统软件 16 万余套、办公软件以及杀毒软件和专用软件 51 万余套。中央国家机关采购正版通用软件总金额达 95.3 亿元，总采购批次达 10 余万次；从税收支持政策成效来看，近些年来，在促进企业技术创新方面不断完善税制结构，优化政策实施效果，而且针对不同行业也提出了具有针对性的税收政策。具体而言，我国从只针对科研机构、院所进行的税收优惠拓展到高新技术产品领域，1994 年税收优惠享受企业中加入了高新技术企业。进入 21 世纪，随着我国政府重视高新技术产业发展，税收优惠力度也相应加大，如 2000 年、2002 年发布的关于鼓励“软件产业和集成电路产业”发展的税收优惠政策；2006 年颁布的《关于企业创新有关企业所得税优惠政策的通知》；2008 年 4 月，颁布的《高新技术企业认定管理办法》则将高新技术企业纳入统一享受国家税收优惠政

策，所得税率统一为15%。与此同时，我国税收政策中，规定了高新技术企业可以加计扣除一定费用额或者折旧额，这些费用必须是用于技术研发、创业投资和固定资产技术进步等方面，这从一定程度上激励了高新技术企业的技术创新。

二、存在的问题

现行财税支持体系在激励企业技术创新的过程中，也暴露出不少问题，如财政支持的力度不够、财政支持体系的构建不完善、财政支持的执行办法不规范等。本部分对现行促进企业创新的财政支持体系进行深入分析，探索财政支持体系存在的主要问题，从而为完善现行财政支持体系提供理论依据。

（一）财政政策

1. 财政支持企业技术创新力度不够

财政科技投入是企业技术创新的基础。与发达国家相比，我国财政科技支持力度较小。尤其是近年来，由于我国进入换挡升级的“新常态”，财政收入增速下降，财政科技支出的增长率也随之下降。2015年，我国R&D经费投入总量只有14 169.9亿元，R&D强度只有2.07%，低于发达国家和新兴的工业化国家3%~4%的水平。《科技进步法》要求国家财政用于科学技术经费的增长幅度高于财政经常性收入的增长幅度，与此相比，我国科技投入仍然存在着较大的差距。近年来，我国财政科技支出占财政总支出的比重往往在3.5%左右徘徊，且呈现不断下降之势，甚至达不到20世纪90年代的水平。企业作为与市场距离最近的主体，是技术创新的积极参与者，应当成为政府投入激励的重点。过低的比重减弱了对企业技术创新的激励效果，阻碍了我国建设创新型国家的进程。

2. 企业技术创新“融资难”未得到实质性解决

创新资金是企业进行技术创新的重要物质基础，没有资金的支持，一切创新活动都将成为“无源之水”。企业技术创新活动存在高风险，决定了其获得银行正常信贷支持的可能较小。同时，主要靠技术成功研发获取利润的企业有形资产少、金额低，无法满足抵押、质押贷款的资产要求。由于政府性技术创新投入资金相对缺位，面对与日俱增的企业资金需求，国家设立的企业创新基金显然杯水车薪，企业信用担保体系发展滞后，① 使得企业的融资瓶颈仍然存在，其发展也是举步维艰。

3. 技术中介服务发展滞后

目前，我国的技术中介服务机构整体发展困难，不能在科技型企业与市场之间建立稳固桥梁，迫切需要进行要素整合和全面升级。如我国技术中介服务机构主要依靠政府资助，大部分属于事业单位，而营利性中介机构数量少、规模小、人才匮乏、服务被动，经营状况不容乐观。同时，技术中介服务发展地区差距明显，中西部地区与东部地区有较大差距，导致本来就缺乏创新激励的中西部地区技术周期被进一步拉长，整体效益更差。

4. 政府采购制度存在缺陷

我国的政府采购制度存在以下缺陷：一是缺乏明确创新目标。许多国家的经验表明，政府采购的一个重要目标是采购企业拥有自主知识产权的技术创新产品，以激励企业技术创新活动。但是，我国一直缺乏明确的政府采购目标，或者以节约资金作为单一目标而忽视了对创新型产品的扶持②，通过政府采购的形式拉动技术创新产品需求，进而促进企业技术创新的目的难以实现。为加入 WTO，我国承诺最迟在 2020 年之前，根据无歧视性原则，开放国内政府采购市场。在此背景下，我国现有的模糊、简短、争议性强的有关政府采购政策的法律法规，将无法持续有效地支持我国企业技术创新活动，使政府采购促进企业技术创新活动的目标更难得以实现。

二是缺乏详细的政府采购实施细则。当前政府采购除了在采购企业技术

---

① 近几年来，我国也陆续建立了一些中小企业信用担保机构，但政府投入资金较少，还不能提供规模性的服务。政府和中小企业信用担保机构的关系也没有理顺，导致企业信用担保发展举步维艰。

② 从历年《中国政府采购年鉴》中可看出，各省每年都会公布政府采购的节资率数据，并以此作为衡量当年政府采购的绩效标准。对比政府采购节资率数据的统计，我国全面统计采购政策作用发挥的数据却非常少。

创新产品上制定了最基本和最宽泛的原则规定以外，并未如同国外那些成熟的政府采购制度一样拥有细化的实施方式。在现实采购过程中，大多数政府采购代理机构并没有把企业技术创新产品作为采购的重点，财政部门在制定政府采购资金预算时也并没有把企业技术创新产品采购作为拨付预算的前提和计划，也没有明确规定要优先采购企业技术创新的产品或是给予一定的优惠。

三是缺乏自主创新产品认证制度。自主创新产品认证制度包括产品的认证标准和产品的评价体系，这是政府采购中小企业自主创新产品的基础。试想，若缺少一个统一明确的自主创新产品认证制度，那么，在看似简单实则复杂的自主创新产品认定上必然会遭遇各个利益主体为谋求各自利益最大化而产生的争议和纠纷，原本希望达到的公平、公开、公正的政府采购政策状态也将消失，这当然不符合政府采购政策制定的初衷。而在政府现实采购实践中却遭遇了这样的尴尬，一方面，中小企业自主创新产品缺乏相应的认定标准和评价体系；另一方面，政府想要通过政府采购政策来拉动对中小企业自主创新产品的市场需求，这有点天方夜谭。事实上这也成了中小企业自主创新产品在政府采购活动中占据优势地位的重要障碍因素。

四是政府采购法律程序缺失，违规操作屡禁不止。财政部作为政府采购监督管理机关，虽然颁发了《政府采购货物和服务招标投标管理办法》，但对这些采购方式和相应程序没有出台具体的行为规范和实施细则，导致政府采购违规操作屡禁不止。包括：第一，政府采购信息面向群体过窄，尤其是势力单薄的技术创新型企业很难得到比较对称的采购信息，以致形式上就缺乏竞争机制；第二，政府采购缺乏明确的统计标准，各地对于政府采购规模、结构等各有章法，难以在全国范围内进行分类汇总和评价，以致统计评价的结果也千差万别；第三，由于地方经济发展政绩考核压力，政府采购地方保护主义倾向严重，使得很多符合条件的技术创新型产品难以获得政府采购的订单。

5. 风险投资发展整体滞后

我国风险投资整体发展缓慢，风险投资体制不畅，导致投资对象效率低下、社会服务机制不健全等。第一，我国风险投资资本来源匮乏。风险投资机构组织形式主要为国有独资和参股等形式，居民私有资金很少进入风险投资行业，面对全国巨大的企业技术创新资金需求，国家资金独木难支。第二，我国技术创新企业内部管理效率低下，在无形中增大了风险资本的投资风险，削弱了风险投资意愿。第三，我国风险投资中介服务机构数量少、服务质量差。特别是内资企业，在纳税咨询、会计服务、知识产权评估、信用评级等服务方面还无法与国际水平相媲美，其沟通信息和缓冲投资风险的作用亟待完善。第四，当前我国风险投资的内部结构有待调整优化。一方面是对传统产业领域投入较高，而对一些尖端领域的高风险产业和中西部地区的风险投资极度匮乏。另一方面是对不同阶段的企业投资额度不合理。处于种子期或创建期的企业，很难实现上市融资，最现实的股权融资方式还是风险投资。但我国风险投资主要集中在企业的成长期和成熟期，基本占比为60%~70%（见表3-18、图3-8），甚至风险投资的资金从种子期逐渐转入起步期，造成种子期的企业出现融资的“死亡峡谷”。

表3-18　2005—2015年我国创业风险投资阶段结构

年份	种子期/%	起步期/%	成长期/%	成熟期/%	重建期/%
2005	15.4	30.1	41.0	11.9	1.6
2006	37.4	21.3	30.0	7.7	3.6
2007	26.6	18.9	36.6	12.4	5.4
2008	19.3	30.2	34.0	12.1	4.4
2009	32.2	20.3	35.2	9.0	3.4
2010	19.9	27.1	40.9	10.0	2.2
2011	9.7	22.7	48.3	16.7	2.6
2012	12.3	28.7	45.0	13.2	0.8
2013	18.4	32.5	38.2	10.0	1.0
2014	5.6	25.2	59.0	10.1	0.1
2015	8.1	21.5	54.4	15.2	0.7

数据来源：历年《中国创业风险投资统计分析》。

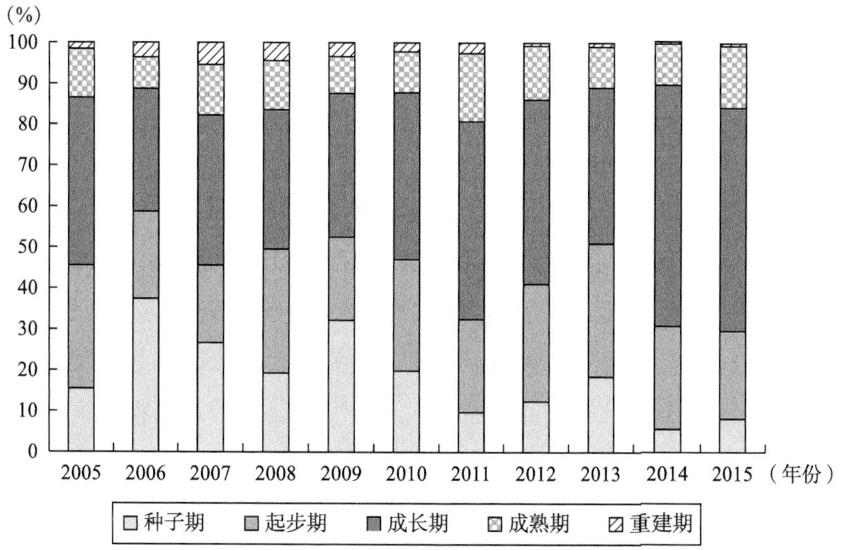

图 3-8　2005—2015 年我国创业风险投资阶段结构

（二）税收政策

我国企业技术创新税收支持政策设计还存在诸多缺陷，体现在税收优惠政策法律层次低；仍偏重于税率式的直接优惠方式，对于加速折旧、投资抵免等税基式优惠方式运用较少；优惠对象主要是企业与单位，对研发项目以及人力资本的优惠较少；优惠环节更倾向于研发创新成功企业的终端环节；政策的导向机制不健全和不明确；等等。亟待在未来税制改革和政策调整中进一步完善。

1. 税收法律层次较低，缺乏稳定性

党的十八届三中全会明确提出“落实税收法定原则”，2015 年《立法法》修正案进一步明确、细化了税收法定原则，规定“税种的设立、税率的确定和税收征收管理等税收基本制度”只能制定法律，这在税收法制化进程中无疑具有里程碑意义。但是，由于长期以来忽视这一原则，现有的税收规范文件法律层次较低，从近两年国际原油价格下跌，但石油消费税税率被国务院随意提高并未让利给消费者可见一斑。在现行税制中，真正通过全国人民代表大会或者全国人民代表大会常务委员会制定的法律只有《企业所得税法》

《个人所得税法》《车船法》《税收征收管理法》《车辆购置税法》，大多数税收政策都是由国务院、财政部、国家税务总局颁布实施的；从税收政策的表现形式来看，绝大多数税收政策是以通知、函、答复等形式来体现的。

如图 3-9 所示，截至 2016 年 12 月，我国国家层面颁布的支持企业技术创新的税收法律法规有 200 余项，其中国务院颁布的税收法规 95 项，占比 43.94%；由财政部和国家税务总局颁布的部门规章 112 项，占比 51.52%；而由全国人民代表大会制定的税收法律仅有 10 项，所占比例只有 4.54%。① 也就是说，在我国支持企业技术创新的税收政策中，90%以上是以国务院、财政部以及国家税务总局的文件、通知、函等形式存在的。税收政策的立法层次不高，导致现行税收优惠政策尚且存在多、散、乱等混乱现象。税收优惠政策行政色彩过浓，法律层次较低，政策的系统性和稳定性较差，部分政策相互冲突，使得人们难以全面把握政策，更难以明确和统一认识；在实际操作上，自由裁量权过大，既损害了税法的统一性和严肃性，也不利于税收政策对于企业技术创新作用的发挥。

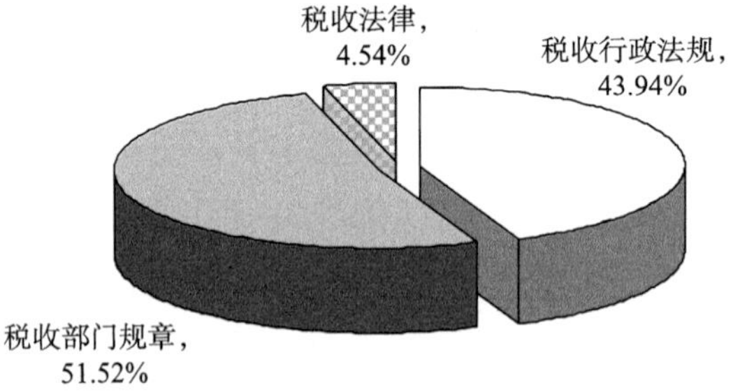

图 3-9　支持企业技术创新税收政策法律层级构成

2. 税收优惠门槛过高，优惠政策落实不到位

通过税收优惠政策来引导和鼓励企业增加研究开发投入已成为我国企业技术创新税收激励政策的重要内容，我国在制定鼓励企业进行技术创新的税收支持政策时初衷是好的，但由于在政策执行中设置了很多限制性的条

① 见《国家科技创新政策法规》，http：//www.szsti.gov.cn/info/policy/cn。

件，表现为部分政策标准太高，使用范围窄，申请和办理程序复杂、手续烦琐，纳税人认知度低等，削弱了政策效力。如在行业限制方面，很多政策都集中于工业企业，极少惠及大量的服务性行业。或者税务部门对可扣除项目的认定标准、扣除费用内容的认识模糊，程序不清，甚至政府相关部门之间相互推诿。特别是当税收优惠力度、范围与地方财政收入相互冲突时，审核机构会有意无意地放大自身权力，设置关卡，限制企业执行税收优惠政策。

3. *以直接优惠为主，弱化了对中小企业的税收激励*

如前所述，对企业技术创新的税收优惠有直接优惠①和间接优惠两种方式，两种方式各具特点，应协调运用。比较而言，直接优惠方式具有透明度高、激励性强的特点，但其受益对象具有局限性，主要是那些已经和能够获得技术开发收益的企业，而对那些尚未或正在进行研究开发的企业则无税收激励可言，不利于激励企业技术创新活动。间接优惠侧重于税前优惠，能充分调动企业从事科研和技术开发主体的资金来源，充分体现政府支持技术创新的政策取向，也是美国、欧盟等西方发达国家和地区所采用的主要方式。我国目前的技术创新税收支持政策以直接优惠为主，偏重于税率式优惠与税额式优惠，而在研发费用扣除、固定资产折旧、投资减免、延期纳税等方面缺乏实质性的优惠，不利于鼓励企业资金更多用于科技投入和设备更新（见图 3-10）。

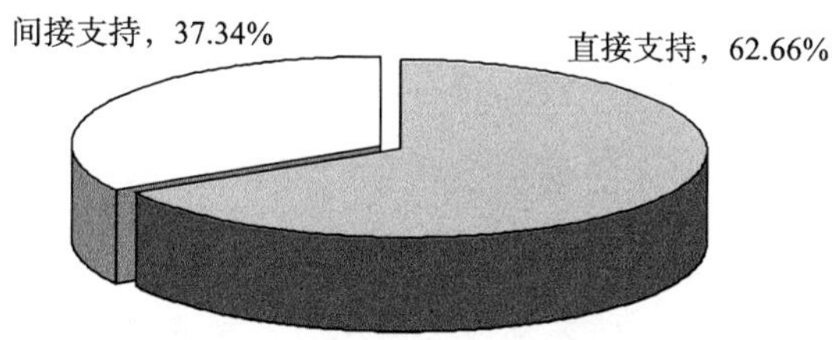

图 3-10　支持自主创新税收政策中直接和间接方式比重

① 直接优惠主要有税率式优惠与税额式优惠等，而税基式优惠、间接优惠主要有加速折旧、投资抵免、税前列支等。

4. 优惠环节重点在产业链下游，抑制了企业技术创新积极性

企业技术创新具有显著的高风险性，在技术创新的各个环节（研发、成果转化、中试和产业化等）中，创新活动越处于上游环节风险性就越大。税收优惠政策应作用于企业技术创新各个环节，在初期能推进技术创新方向的调整，在中期积极刺激研发主体的资金等投入力度，在后期有效促进企业创新技术的转移和自主创新成果的转让，并鼓励技术成果的工业化和商品化等。长期以来，我国激励企业技术创新的税收优惠政策集中于技术创新的后期，集中在企业生产链的下游，偏重于技术成果的使用和新产品的生产，即对科技成果的优惠，而对事前的技术创新活动本身或技术创新活动过程在税收上支持不够。技术创新活动的实践证明，其在实验室中的试验阶段风险较大，而收益甚少或根本没有收益，因而应该是政府支持的重点，但我国现行的科技税收政策却很少考虑和顾及这个问题。

5. 缺少对科技人才的税收激励，降低科技人才的创新动力

与贡献相匹配的待遇是吸引人才、留住人才的基本保证，税收对个人可支配收入产生重要影响。我国现行税收政策中，一是对于从事技术创新的人才税收激励严重不足，如个人所得税中，仅对省级政府、国务院部委及解放军军级以上单位颁发的科技奖励给予免征，却忽视了企业自身对技术人才的奖励；二是没有考虑到科技人才为创新成果产业化和应用化所付出的努力，尤其是对高科技人才创新发明所获得的收入更是缺乏税收优惠，对高科技人才的“技术入股”“期权”等问题也没有有力的税收措施；三是现行税制对从事技术创新的科技人才的创造发明等收益征税，这也从一定程度上削弱了科技人才从事技术创新和科技成果转化的积极性和热情。实践证明，若科技人才技术创新动力不足，较容易成为中小企业技术创新的瓶颈。

（三）财政科技管理体制

我国现行财政科技管理体制与科技发展、企业技术创新的要求，还存在着诸多不相适应之处，表现为政府职能定位不清、企业技术创新缺乏长效发展机制、社会化服务机构行政色彩太浓、科技资源配置与评价制度等不能适

应科技发展的要求等，需要进一步厘清优化。

1. 政府职能定位不清，缺乏约束机制

目前，我国科技管理制度不健全，体现为政府权力过大，缺乏资金使用约束机制。一方面，政府干预科技项目评审。很多情况下，不具备技术专业知识的政府官员可以直接参与甚至直接决定科技项目的设立和经费的安排，以及评审专家的选择等。政府官员这种超越自身专长的安排和评审，势必造成科技资源利用的随意性和无效性。而真正具备专业知识的科技专家和科技人员却落于学术政治之中。科技专家的评审依附于政治，那些真正有价值、有潜力的技术创新项目，却因为研究者不懂政治运作而得不到经费支持，而那些有着良好政治关系的人则可以拿到大笔科研经费。另一方面，自上而下的行政管理制度导致科技管理过程也是自上而下，从立项、审批到真正执行的时间周期长。此外，项目执行中缺乏有效的监管措施，政府管理人员的“重申报，轻管理”① 行为严重，对企业技术创新投入主要以计划项目的形式实施。由于科技项目往往重立项、轻验收，管理方式对项目承担单位也没有经济约束，易形成“软约束机制下的机会主义倾向”，导致企业对科技资金使用效益没有实质上的关心，造成财政资金使用的低效益，也不易带动社会资金的投入。

2. 企业技术创新缺乏长效发展机制

一是缺乏宏观管理机构来进行“顶层设计”。国家没有实际专属的科技统筹协调管理部门（科技部虽然有这方面的职能，但是它同时又承担科技经费分配的管理职能，过于关注微观职能，而宏观职能弱化），缺少国家宏观层次上的统筹规划和协调，导致各类科技计划存在着边界模糊、交叉重叠、科技项目重复严重、资金浪费严重等诸多现象。

二是多层次、多部门的科技管理体系导致规范性弱、效率低下。我国现行的科技管理体制分为国家、地方、单位三个管理层次，同时每个层次又由

① 即只要申报成功的项目，无论执行结果如何，均可通过验收，单位自己请专家进行验收，政府人员就算检查也因无专业知识沦为走过场的形式。

多个部门和机构组成，这样就形成了一个多层次、多部门的纵横交叉的科技管理体系。而且各部门和机构的经费由各部门自行管理，并自行出台一系列关于如何使用科技经费的部门政策，规范性弱，这就形成了部门分割的现象，有时部门间制定的政策甚至存在冲突。一方面，在中国科技经费总量不足的情况下，经费又被强制分解到各个部门，各个部门又分解到各个计划，同时缺乏部门之间的协调管理机制，导致各部门之间的科技经费不合理重复，形成资源浪费的局面。如同类型科技研究，科研资金却分散在多个省份、多个项目中，并且还分由各个不同单位、不同研究人员进行小额度资金的低水平研究，造成资金分散化严重，项目完成质量极差。又如同一个项目可以得到不同计划的支持，有的项目无法获得资金支持，而有的项目可以通过各种计划获得的资金总量超过其所需资金。另一方面，这种多层次、多部门的管理体系导致一些重大科研项目或跨部门的科研项目无法获得统筹规划和协调，达不到有限的科技经费在全局的范围内优化配置的效果。

3. 社会化服务机构行政色彩太浓

目前，企业技术创新服务机构的管理体制和运行机制不能适应形势发展以及服务机构自身发展的需要，过分依赖政府支持，同时许多行业协会、商会和非营利组织的工作人员都来自政府部门，具有行政级别，仍在沿用行政机构的办法对服务机构进行管理。政府对企业技术创新服务机构的规划多属临时性的，即相关法律法规出台时狠抓一下，事后又不理不问，这就造成服务体系建设的缓慢和资源的浪费，在一定程度上削弱了社会化服务机构自身的独立性和选择性，导致这些机构行政色彩较浓，服务意识不够强。

第四章
企业技术创新基金绩效评价

随着国家对技术创新工作的日益重视，并制定实施了创新驱动发展战略，财税支持企业技术创新的力度也在不断加大，覆盖范围不断拓宽，取得的效果也日益显著。为了客观、科学地考察我国政府资金支持企业技术创新的实施效果，本章以科技创新基金为例，将构建的科技创新基金绩效评价体系运用于武汉东湖高新区，通过数据包络分析法（DEA）对企业技术创新资金进行绩效评价，并得出相应结论。

第一节　绩效评价的发展与存在的问题

一、绩效评价的发展

科技创新基金绩效评价是从科技创新基金投资的规模、结构、方式入手，深入分析被资助项目的各项基金指标，依据实际取得的数据资料，采用科学、规范的评价方法，分析计算各项财务和非财务指标值，并对照一定的评价标准，如项目立项时的原设计目标或期望目标、国家政策法规、行业经验数据等，对资助项目达到的效率、效果、预期、有效性、行为过程的合法合规性以及项目管理水平、项目验收等做出全面、客观、公正的评判。科技创新基金有三种资助方式，即贷款贴息、无偿资助和资本金投入。目前，覆盖全国的科技创新基金运行机制逐步完善，以科技型中小企业技术创新基金（以下简称“技术创新基金”）为例，截至2016年底，技术创新基金共立项

61 276项，资助金额共计 475. 15 亿元。① 1999—2016 年，科技创新基金无论是从年度批准立项数方面还是从年度立项申请数方面，总体上都呈现稳步上升趋势，尤其是2009 年及以后，增速明显提高；平均立项率在科技创新基金步入稳定状态之后，也保持平稳增长趋势，且平均立项率从 2000 年的17. 53%提高到 2013 年的 49. 01%（见表 4-1、图 4-1）。

表 4-1　1999—2016 年科技创新基金总体情况

年份	批准立项数/项	立项申请数/项	平均立项率/%	资助金额/万元	项目平均支持强度/万元
1999	1 089	3 329	32. 71	81 635	74. 96
2000	872	4 974	17. 53	65 900	75. 57
2001	1 008	3 682	27. 38	78 330	77. 70
2002	780	4 215	18. 51	54 024	69. 26
2003	1 197	4 249	28. 17	66 382	55. 46
2004	1 464	4 925	29. 73	82 719	56. 50
2005	1 552	5 406	28. 71	98 848	63. 69
2006	1 905	6 399	29. 77	84 288	44. 25
2007	2 113	3 120	36. 89	125 620	59. 45
2008	2 470	6 765	36. 51	146 209	59. 19
2009	5 855	10 343	56. 61	348 357	59. 50
2010	5 544	11 517	48. 14	429 709	77. 51
2011	6 545	9 124	71. 73	463 999	70. 89
2012	7 436	12 574	59. 14	513 385	69. 04
2013	6 446	13 152	49. 01	512 117	79. 45
2014	6 841	15 527	44. 06	558 651	81. 66
2015	7 050	18 757	37. 59	605 549	85. 89
2016	7 244	17 846	40. 59	635 231	87. 69
合计	67 411	155 904	43. 24	4 950 953	73. 44

① 《中华人民共和国科学技术部：统计报告》，http：//www. most. gov. cn/kjtj/tjbg/。

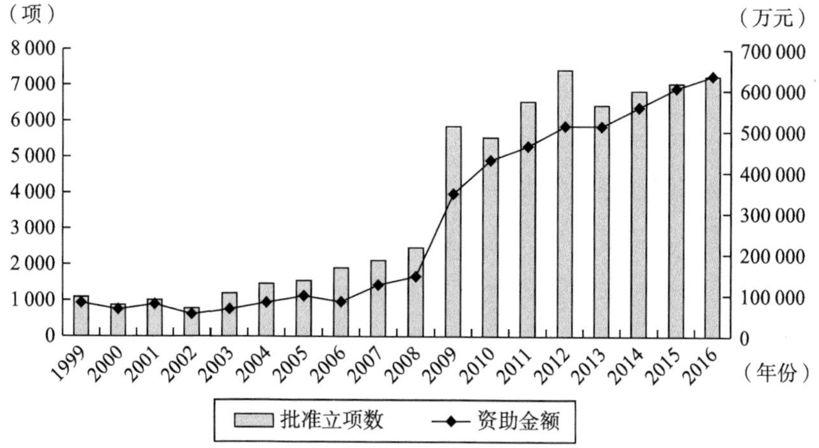

图 4-1　1999—2016 年科技创新基金总体情况

数据来源：《1999—2016 年科技型中小企业技术创新基金年度报告》，http：//www. innofund. gov. cn/2/ndbg/201409/972000d0e5a343dcb2a5e46438479c51. shtml。

在企业技术创新基金绩效评价研究上，以科技型中小企业技术创新基金为例，自 1999 年正式运行以来，相关研究分为两个阶段。2002 年之前，一方面，由于企业技术创新基金刚刚运行，还处于调整、磨合阶段，所得数据不具备代表性；另一方面，局限于当时互联网的建设水平，缺乏相应的信息交换与信息收集，导致早期学者多以定性分析为主，如资助项目企业后期的经营情况，无形资产与有形资产的变化以及对地方经济、人才结构等方面带来的影响，侧重评价科技创新基金取得的总体效益，采用绩效评价方法研究企业技术创新基金效用的很少。

当前，学术界对企业技术创新基金绩效评价的探索维度更广、方法也更丰富，引入了主成分分析法（Principal Component Analysis，PCA）、数据包络分析法（DEA）、层次分析法（Analytic Hierarchy Process，AHP）、随机前沿分析法（Stochastic Frontier Analysis，SFA）等方法。相关绩效评价的研究可分为两类：一类是评价企业技术创新基金发展水平指标体系的构建和综合评价，另一类是运用数学模型来测算企业技术创新基金发展水平。我国学者不断引进企业技术创新基金绩效评价的新理论、新思路、新方法，目前，企业技术创新基金绩效评价中已经运用到的方法有：投影分析法、平衡计分卡法、因子分析法、层次分析法和模糊数学原理、团队绩效评价法等，学者们还在不断探求绩效评价理论与实践相结合的方式，试图总结出适应中国实际的企业技术创新基金绩效评价方法。

从我国科技创新基金实践来看，绩效评价方法不仅激励了企业技术创新活动，提升了企业科技水平，也提高了地方技术创新能力，带动了区域经济发展。地方政府也越来越重视企业技术创新基金的管理与运用。如长春高新技术产业开发区运用层次分析法对区内企业技术创新基金项目效果进行评价；广东省科学评价研究所对企业技术创新基金在广东省的总体情况进行评价；天津市科学学研究所对该市企业技术创新基金绩效评价指标体系进行研究，侧重运用层次分析法进行绩效评价时权重的设置；珠海市生产力促进中心对珠海市企业技术创新基金进行了绩效评价，认为企业技术创新基金对该市的杠杆效应显著等。

二、绩效评价存在的问题

虽然近些年来绩效评价理论研究取得了长足的进步，但相对于企业技术创新基金的蓬勃发展，相关研究还处于探索阶段，体现为评价体系滞后、评价方法与研究内容不科学，以及实际中评价结果缺乏约束力等。

（一）评价体系的滞后

在企业技术创新基金绩效评价体系研究中，绝大多数是工作总结或是引进国外方法，真正的基础理论和方法研究很少，很多学者甚至对企业技术创新基金绩效评价的内涵认识模糊，常常把绩效评价与其他类型的评估混为一谈，也没有形成一个系统、详细的论证体系，虽然企业技术创新基金绩效评价能够借鉴其评价结构、分析方法，但由于基金性质的独特性，并不能完全照搬其他评价体系。同时，数据的搜集也是企业技术创新基金绩效评价体系滞后的原因。一方面，企业技术创新基金历年的主要相关数据没有及时公开，没有形成一个完整的数据库，使得其绩效评价既不能依托专业的行业数据采集和分析，又不能通过市场获取，数据的缺失使得企业技术创新基金绩效评价难以进行；另一方面，根据企业技术创新基金项目的《专项审计报告》《项目验收申请表》和《项目验收意见表》，考察《科技型中小企业技术创新基金项目验收评价表》，现有的企业技术创新基金申报和管理程序存在一定问题，影响了数据的真实性。

（二）评价方法与研究内容不科学

在企业技术创新基金绩效评价指标选取方面：一是过分注重静态科技投入指标，忽视动态科技投入指标。二是过分注重科技投入所产生的产出数量指标，相对忽视企业技术创新基金产出的质量指标；过分注重企业技术创新基金的直接经济效益，相对忽视其产生的社会效益。三是企业技术创新基金绩效评价过分注重所支持科技项目的评价，相对忽视对人才结构带来的变化与影响。四是在选择评价单元时，未深入考虑支持项目间的行业差异、企业差异等。

现有文献对我国财政企业技术创新基金研究未能消除外部环境和随机误差，因此不能客观地反映企业技术创新基金的发展决策和管理水平，不能定量描述企业技术创新基金所带来的经济效应与社会效应。同时，现有企业技术创新基金绩效评价中，对资助项目的评价主要是采用专家打分法，专家打分法过程相对复杂，因为需要召集众多专家集中评议，同时也会造成人力、物力的过多支持，并且专家打分法以专家的主观认知为依据，由于各专家观点、专业背景及考虑问题的侧重点不同，其评价结果欠缺客观性和科学性。

（三）评价结果缺乏约束力

在发达国家，绩效评价是财政科技投入制度不可或缺的一部分，评价过程必须履行，评价结果具有一定的法律效力。而我国企业技术创新基金绩效评价工作多是自上而下，以政府主导为主，通过成立相关评价部门、与评估机构合作、委托评估机构进行绩效评价工作展开。由于评估经费主要来源于政府，所以大多数评估机构都与政府的管理部门有着千丝万缕的联系，而没有真正实现市场化和社会化，在开展评估工作时往往会因受到一定的行政干扰而偏离评估方向和目的，难以做到评估结果的客观性、公正性、科学性。

第二节　企业技术创新基金绩效评价体系的构建

企业技术创新绩效评价需要遵循一定的原则，本书认为系统性原则、客观性原则、可比性原则、实用性原则、简易性原则是要重点考虑的，并在此基础上构建出我国企业技术创新项目绩效评价指标体系。对企业技术创新的绩效进行评价的目的就是要提高其技术创新的绩效从而提高其竞争能力，为达到这一目的，需将目标进行分解，转化成若干个分目标。

一、评价方法的选择

近年来，随着评估技术进步，各种类型的绩效评价方法也相继受到人们的关注，包括主成分分析法、层次分析法、模糊数学法、数据包络分析方法等。

主成分分析法（Principal Component Analysis，PCA）也称主分量分析，旨在利用降维的思想，把多指标转化为少数几个综合指标。主成分分析的基本思路为：在设计指标体系时选择所有相关的可能指标，然后根据这些指标的特点综合而成少数几个新的指标，这几个新指标能够尽可能多地反映原来的指标信息，且彼此间差异显著。数学原理对主成分分析法的解释为：假设有 p 个原始指标：X_1，X_2，…，X_n，来评价 n 个单位，总共评价数据为 np。主成分分析法的目的是将以上的原始指标重新组合成为相互独立的综合评价指标：y_1，y_2，…，y_n，而这些综合指标是由原指标经过线性变化得来的：

$$y_1 = I_{11}X_1 + I_{12}X_2 + \cdots + I_{1p}X_p$$

$$y_2 = I_{21}X_1 + I_{22}X_2 + \cdots + I_{2p}X_p$$

$$\vdots$$

$$y_p = I_{p1}X_1 + I_{p2}X_2 + \cdots + I_{pp}X_p$$

模糊数学法（Fuzzy Mathematics Method）是一种处理模糊信息的工具。它用数学的方法抽象描述模糊现象，揭示模糊现象的本质和规律。模糊数学的方法，克服了层次分析法更多地依赖权重的弱点，在一定程度上减弱了人为因素的影响，适合于评价对象中很多模糊、灰色、难以量化的因素。

随机前沿分析法（Stochastic Frontier Analysis，SFA）反映了在具体的技术条件和给定生产要素的组合下，企业各投入组合与最大产出量之间的函数关系。通过比较各企业实际产出与理想最优产出之间的差距可以得出企业的综合效率。它的优点是考虑随机误差的干扰，技术效率测算更准确，并且能够将低效率残差作为因变量进行多因素分析，它的缺点是随机误差和低效率的分布确定仅凭经验，产出变量只能是单一的，并且需要提前设定函数关系式。

数据包络分析法（Data Envelopment Analysis，DEA）是以相对效率概念为基础，以凸分析和线性规划为工具的一种评价方法，属于多投入多产出的绩效评价。针对企业技术创新基金绩效评价的特征，综合考虑不同绩效评价方法的优缺点，本书选择数据包络分析法（DEA）进行科技创新基金的绩效评估。

二、DEA 模型的方法及应用

（一）DEA 模型简介

数据包络分析法（Data Envelopment Analysis，DEA）由 A. Charnes 和 W. W. Cooper（1978）开发，是一种评价效率的有效方法，它以相对效率概念为基础，DEA 模型源于 CCR 模型（规模报酬不变）和 BCC 模型（规模报酬可变），该模型以生产函数为背景，专门用来分析具有多个输入与输出类别的投入产出效应。

DEA 可以看作一种新的统计分析方法，它是基于一套“输入—输出”系统，① 观测估计有效生产前沿。该方法不仅可以用线性规划来确定决策单元对应点的有效生产前沿，而且还可以得到很多有用的信息管理。因此，在效率评价应用中，该方法应用得更为广泛。

从 DEA 方法评估过程来看，主要有三个方面：

第一，保持评估单位的投入或者产出不变，并采用线性规划方法来确定所有评估单位的投入产出生产函数的最优边界。

第二，建立每个评估单位投入产出生产函数的边界。

第三，通过比较每个评估单位生产函数的边界与生产函数的最优边界的程度来衡量每个评估单位的相对有效性。

（二）DEA 模型的优点

（1）适用于“多输出—多输入”有效性综合评价问题，在处理“多输入—多输出”效果评价方面具有绝对优势。

（2）数据包络分析方法并不直接对数据进行综合，决定了单元最佳效率指标和输入值与输出值是独立的，用数据包络分析方法建立模型前无须对数据进行无量纲化处理。

（3）无任何权重假设，能赋予单元的输入和输出数据最优权值，检验结果更具客观性。

（三）DEA 模型的基本原理和模型

1. DEA 模型的构建

$$
\begin{array}{ccccccccc}
 & & 1 & 2 & 3 & \cdots & j & \cdots & n \\
v_1 & 1 & x_{11} & x_{12} & x_{13} & \cdots & x_{1j} & \cdots & x_{1n} \\
v_2 & 2 & x_{21} & x_{22} & x_{23} & \cdots & x_{2j} & \cdots & x_{2n} \\
. & . & . & . & \cdots & . & \cdots & . & \\
v_i & . & . & . & . & \cdots & x_{ij} & \cdots & .
\end{array}
$$

① 输入数据是一个决策单元在一些活动中需要消耗一定数量的输入，如总投资金额、总劳动力、占地面积等；输出数据是一个决策单元经过一定的输入产生的结果、某些活动的信息，如不同类型的产品、产品质量、经济效益等。

.	.	.	.	…	.	…	.			
v_m	m	x_{m1}	x_{m2}	x_{m3}	…	x_{mj}	…	x_{mn}		
		y_{11}	y_{12}	y_{13}	…	y_{1j}	…	y_{1n}	1	u_1
		y_{21}	y_{22}	y_{23}	…	y_{2j}	…	y_{2n}	2	u_2
		.	.	.	…	.	…	.	.	
		.	.	.	…	y_{rj}	…	.	.	u_r
		.	.	.	…	.	…	.	.	
		y_{s1}	y_{s2}	y_{s3}	…	y_{sj}	…	y_{sn}	s	u_s

各字母定义如下：

X_{ij}——第 j 个决策单元对第 i 种类型输入的投入总量，$X_{ij}>0$。

Y_{rj}——第 j 个决策单元对第 r 种类型输出的产出总量，$Y_{rj}>0$。

V_i——对第 i 种类型输入的一种度量，权系数。

U_r——对第 r 种类型输出的一种度量，权系数。

对于每一个决策单元 DMU（J）都有相应的效率评价指数：

$$h_j = \frac{u^T y_i}{v^T x_j} = \frac{\sum_{r=1}^{s} u_r y_{rj}}{\sum_{i=1}^{mn} v_i x_{ij}},\ j = 1,\ 2,\ \cdots,\ n \tag{4-1}$$

对于上述公式，我们可以适当地取权系数 v 和 u，使得 $h_j \leqslant 1$，$j = 1$，2，…，n。

如以第 j_0 个决策单元的效率指数为目标，以所有决策单元的效率指数为约束，就构造了如下的 CCR（C^2R）模型：

$$\max h_j = \frac{\sum_{r=1}^{s} u_r y_{rj}}{\sum_{i=1}^{m} v_i x_{ij}} \tag{4-2}$$

$$\text{s. t. } \frac{\sum_{r=1}^{s} u_r y_{rj}}{\sum_{i=1}^{m} v_i x_{ij}} \leqslant 1,\ j = 1,\ 2,\ \cdots,\ n \tag{4-3}$$

$$u \geqslant 0,\ v \geqslant 0$$

为了讨论和计算应用方便，进一步引入松弛变量 s^+ 以及剩余变量 s^-，将上面的不等式约束变为等式约束，可变成：

$$\min\theta$$

$$\text{s. t.} \quad \sum_{j=1}^{n} \lambda_j x_j + s^+ = \theta x_0 \tag{4-4}$$

$$\sum_{j=1}^{n} \lambda_j x_j - s^- = \theta y_0$$

$$\lambda_j \geqslant 0,\ j=1,\ 2,\ \cdots,\ n$$

其中，θ 无约束，$s^+ \geqslant 0$，$s^- \leqslant 0$。

2. DEA 的有效性定义

根据上述 DEA 评价原理，我们能够用 CCR 模型判定是否同时技术有效和规模有效。

（1）$\theta^* = 1$，且 $S^{*+} = 0$，$S^{*-} = 0$，则决策单元 j_0 为 DEA 有效，决策单位经济活动的同时，达到技术效率与规模效率。

（2）$\theta^* = 1$，但应至少某个输入或者输出大于 0，则决策单元 j_0 为弱 DEA 有效，决策单位的经济活动不在同一时间，达到最好的规模效率和最好的技术效率。

（3）$\theta^* < 1$，决策单元 j_0 不是 DEA 有效，经济活动既不是技术效率最佳，也不是规模最佳。

三、评价指标的选择

技术创新是一个复杂的系统，根据相关性、便利性、重要性等指标遴选原则，本书选取了代表性指标，包括技术创新投入指标、技术创新产出指标两大类型（见表 4-2）。

表 4-2　企业技术创新基金评价指标体系

指标类型	指标名称	定义
创新投入指标	A11R&D 经费投入强度/%	R&D 经费/主营业务收入
	A12 研发设备资产比重/%	企业研发设备资产总额/企业固定资产总额
	A13R&D 人员比重/%	研发人员/企业职工总人数
	A14 大专以上学历比重/%	大专以上学历的研发人数/研发总人数
创新产出指标	A21 专利授权数/件	企业所获专利授权数
	A22 技术获奖数/件	地市级技术获奖数量
	A23 新产品销售率/%	创新产品销售收入/主营业务收入
	A24 新产品市场占有率/%	本企业新产品销售额/市场同类产品总销售额

（一）技术创新投入指标

项目所需的内部和外部集成的技术，设备和技术的实施需要一定的资金和人员投入，技术创新的投入程度是考察一个企业技术创新绩效的标准。

1. R&D 经费投入强度

对企业而言，各种来源的企业技术创新基金，包括自有资金、创新基金、其他政府拨款、金融机构贷款等，为项目的运行提供了必要的资金支持。开发项目所需的内外部技术的整合情况，设备技术的落实情况都需要一定的资金投入，科研费用是评价一个企业一个项目高技术含量的标准之一，此处用 R&D 投入经费、财政资金到位率、配套资金到位率等指标。

2. 研发设备资产比重

研发设备资产是企业进行技术创新活动的物质基础，企业要进行高效的研发活动，离不开先进研发设备的支持，通过设备融合国内外先进技术，根据市场需求不断提升产品结构性能，形成了企业特色的技术创新产品，对于提高企业核心竞争力具有重要意义。

3. R&D 人员比重

科学和技术人员的数量增加可以保证企业的技术实力，能产生更具有附加值的产品，迅速占领市场。针对有效的科研项目成本增加科研人员，是保证项目的技术创新和成熟的胜利，生产高技术含量产品，使工程尽快通过验收，最终实现产业化的一个重要指标。此处用研发活动人员数、科技人员占从业人员的比重、大专以上人数占项目参加人员的比重来衡量人员投入情况。

4. 大专以上学历比重

企业技术创新活动属于知识密集型活动，较高学历的研发人员是有效进行技术创新的必要保证，很难想象一个学历层次很低的团队会有创新性、革命性的科研成果，故此处也选择了大专以上学历比重来衡量研发人员素质及投入情况。

（二）技术创新产出指标

企业技术创新基金项目涉及技术创新，创新基金项目运行一段时间后，带来技术的进步，包括新技术、新工艺、新材料、新产品。技术创新产出指标主要从科技成果和经济效益两类指标来衡量。衡量科技成果的指标包括：项目发明专利数、发表科技论文数、获得各级科技成果奖励、获得软件著作权证书。衡量经济效益的指标包括：项目实现产值、项目实现利润和新增就业人数。

1. 专利和专有技术数

已获得的专利和专有技术等知识产权，是项目能够获得垄断利润的保证，反映了项目无形资产的竞争力。一个项目拥有的专利和专有技术越多，则表明企业技术水平越高，基金的产出效果越明显。

2. 技术获奖数

技术获奖包括科学技术奖、自然科学奖、技术发明奖、科学技术进步奖、科学技术合作奖等。企业技术获奖是对企业在技术研究开发、技术创新、成果推广应用以及完成重大科技工程等方面做出创造性贡献的肯定，技术获奖是显示企业技术创新成果的重要指标，获奖数量反映出一个企业的技术创新能力。

3. 创新产品销售收入

企业技术创新产品总产值的变化，可以衡量企业技术创新活动实施阶段经济效益。企业技术水平提升，将提高企业产品市场占有率，增加产品的销售数量，意味着实现更多的销售收入，获取更多的利润。此处用创新产品销售份额来表示。

4. 新产品市场占有率

企业研发活动要通过研发产品来实现，市场占有率反映了企业创新产品的市场竞争力状况以及企业技术创新时效。

第三节　企业技术创新基金绩效评价实证分析——以武汉东湖新技术开发区为例

一、武汉东湖新技术开发区简介

武汉东湖新技术开发区（以下简称“东湖高新区”）成立于1988年，1991年被国务院批准为首批国家高新区，2001年被批准为国家光电子产业基地，即“中国光谷”，2007年被批准为国家生物产业基地，2009年被批准为国家自主创新示范区，2016年被批准为国家首批双创示范基地。东湖高新区是我国第二大科技资源密集的高新区，区内规划面积518平方公里，技术创新氛围浓厚，有8大产业园区（光谷生物城、武汉未来科技城、东湖综合保税区、光谷软件园、光谷金融港、大学科技园、富士康科技园、佛祖岭产业园等）。截至2016年底，区内有注册企业4.7万家，其中世界500强企业65家。区内科技资源密集，集聚了42所高等院校、56个国家及省部级科研院所、20多万各类专业技术人员和80多万在校大学生、66名两院院士。自2009年以来，专利申请量保持年均20%以上的增速，2016年申请专利2万件，增长30%以上，主导制定了国际标准19项、国家标准321项、行业标准413项。① 中国光谷在光通信、激光、空间地理信息系统、能源环保、数控系统等领域，代表了国内最高水平，在国际竞争中赢得了话语权，成为中国在

① 走进光谷［EB/OL］. 武汉东湖新技术开发区官方网站，http：//www. wehdz. gov. cn/kfq. htm.

光电子信息领域参与国际竞争的知名品牌。

武汉东湖新技术开发区以建设国家自主创新示范区为中心，扎实推进各项工作。近几年来，在企业营业收入、净利润、上缴税费等方面都取得了长足的进步。同时，高新区区域创新能力进一步提升，创新条件平台、公共服务平台建设不断完善，区域创新体系不断完善，技术创新成果不断涌现（见表4-3）。

表4-3　2010—2015年东湖高新区主要经济指标

年份	企业营业收入/亿元	工业总产值/亿元	工业增加值/亿元	净利润/亿元	上缴税费总额/亿元
2010	2 926.14	2 508.78	860	176.67	161.27
2011	3 810.06	3 191.37	1 084	237.58	208.92
2012	5 006.36	4 012.22	1 373	303.24	258.49
2013	6 517.21	5 086.17	1 758	394.68	320.86
2014	8 526.10	6 412.30	2 176	489.96	390.51
2015	10 062.15	7 389.31	2 520	561.66	450.48
“十二五”年均增长率/%	28.02	24.12	23.98	26.03	22.81

二、武汉东湖高新区企业技术创新基金发展现状

（一）企业技术创新基金发展历程

为了充分发挥财政资金在营造研发环境、促进企业技术创新水平等方面的作用，2002年3月，东湖高新区设立“东湖新技术开发区企业技术创新基金”，通过企业广泛参与、竞争择优的方式，在全区选择技术创新水平高、创业团队有活力、有望形成产业规模的创新创业平台建设项目、创新创业项目、产业化项目及专利与标准项目等，通过企业技术创新基金进行重点支持。

东湖高新区企业技术创新基金是一种引导性资金，本着择优支持、重点扶持的原则，主要用于支持先进、成熟、适用的，能形成规模效益的技术创

新项目，并与科技部科技型中小企业技术创新基金等匹配。基金主要采取投资入股、周转金及结合无偿资助、贷款贴息的方式进行。投资后可享受该项目的分红，且可转让股权，其本金及收益将进入基金专户，用于基金的滚动发展。

武汉东湖高新区企业技术创新基金自设立以来，始终围绕落实扶持、促进东湖开发区科技型中小企业的技术创新活动，加快高新技术产业发展展开工作。2006—2015 年，企业技术创新基金共支持立项了 1 300 多个项目，涉及 1 000 多家企业。投入范围涉及通信产业、软件及服务外包业、光电子产业、环保及生物医药、现代装备制造业、汽车电子产业、半导体及消费光电子产业、各类专项等十多个产业类型，重点支持光电子信息、生物制药、环保、现代装备制造和现代服务业五大行业领域。此处采用分层抽样的方法从立项支持的诸多企业中按八大产业类型划分为八层，并在每个产业中随机抽出 40 家企业，作为本次分析的样本。分层抽样减小了各抽样层变异性的影响，抽样保证了所抽取的样本具有足够的代表性。

（二）武汉东湖高新区企业技术创新基金投入总量

2006—2015 年，武汉东湖高新区企业技术创新基金投入整体稳步上升，由 2006 年的 5 595 万元增加到 2015 年的 126 900 万元，而且增速在 2011 年以后更高，显示出对企业技术创新的引导支持力度不断加大。表 4-4 列示了 2006—2015 年东湖高新区企业技术创新基金投入规模。

表 4-4　东湖高新区企业技术创新基金投入规模

年份	投入金额/万元	增长率/%	年份	投入金额/万元	增长率/%
2006	5 595	—	2008	5 000	4.17
2007	4 800	-14.21	2009	8 100	62
2010	9 000	11.1	2013	50 000	46.20
2011	15 800	75.56	2014	84 000	68.00
2012	34 200	116.46	2015	126 900	51.07

数据来源：武汉东湖新技术开发区政务网，http：//www.wehdz.gov.cn/。

三、企业技术创新基金绩效评价过程及结果分析

（一）样本企业基本信息

此处选择园区内典型企业，对企业技术创新基金的使用绩效进行分析，在遴选时注意到了覆盖各个行业类型以及各个规模类型，具体见表 4-5。

表 4-5　样本企业基本信息统计

企业类型	分类	企业个数/个	比例/%
企业规模	大型企业（>401 人）	8	20
	中型企业（101~400 人）	11	28
	小型企业（<100 人）	21	53
所属行业	光电子产业	13	33
	生物技术	10	25
	信息与研发	11	28
	现代装备制造	6	15

数据来源：武汉东湖新技术开发区政务网，http：//www. wehdz. gov. cn/。

由样本数据可以看出，本次调研的企业涉及光电子产业、生物技术、现代装备制造、信息与研发等产业，包含大中小型 3 类企业，共有 40 家企业。

（二）项目产出评价——主成分分析评价模型

在前面的基金绩效评价指标体系中，涉及投入产出的多个指标，且单位各不相同。为了消除单位对分析结果造成的影响，首先将数据进行无量纲化处理。根据第二章之无量纲化处理方法，得到无量纲化后的数据。为了解决评价指标数量过多的问题，还需要通过主成分分析方法降低指标数量。当选取 4 个主成分时，主成分累计贡献率达到 80. 672%，能解释 8 个评价指标的大部分变量，因此被选作主成分。利用 4 个主成分进行分析时，结果显示各个因子载荷矩阵是不唯一的，所以应该对因子载荷矩阵进行旋转，目的是使因子载荷矩阵的结构简化，使载荷矩阵每列或行的元素平方值向 0 和 1 两极分化。此处选取的是正交旋转法，结果见表 4-6。

表 4-6　旋转后的成分载荷矩阵

评价指标	主成分			
主成分层级	1	2	3	4
R&D 经费投入强度 X_1	0.664	-0.098	0.399	0.227
研发设备资产比重 X_2	0.252	0.627	0.417	0.365
R&D 人员比重 X_3	0.173	-0.211	0.335	0.673
大专以上学历比重 X_4	0.205	0.624	-0.007	-0.503
专利授权数 X_5	0.170	-0.090	0.812	-0.148
技术获奖数 X_6	0.882	-0.072	0.129	0.022
新产品销售率 X_7	0.717	-0.011	0.229	0.297
新产品市场占有率 X_8	0.865	0.127	0.310	0.009

以各主成分的载荷系数为权重，构造 4 个主成分的评价模型，计算各自主成分得分，主成分评价方程如下：

$$I_1 = \frac{0.664X_1 + 0.882X_6 + 0.717X_7 + 0.865X_8}{0.664 + 0.882 + 0.717 + 0.865} \tag{4-5}$$

$$I_2 = \frac{0.627X_2 + 0.624X_4}{0.627 + 0.624} \tag{4-6}$$

$$I_3 = X_5 \tag{4-7}$$

$$I_4 = X_3 \tag{4-8}$$

再根据各主成分的得分，构造综合主成分的得分模型。方程如下：

$$I = \frac{0.403I_1 + 0.119I_2 + 0.148I_3 + 0.138I_4}{0.403 + 0.119 + 0.148 + 0.138} \tag{4-9}$$

通过对做主成分分析的各个项目按照综合得分进行排序，得出经营绩效的排名。根据表 4-7 可以看出样本 40 个项目中有 14 个项目综合得分为正，代表其经营是有效的；在这 14 家企业中有 7 家得分比较高，说明其经营效率很高。同时，通过四个主成分能够确定影响项目绩效的几个主要因素。项目产值、利税率、新增就业人数、研发经费、财政资金到位率、科技人员数、所获科技成果数等都是影响绩效的重要因素。在今后的评价过程中，可以重点关注这些因素。通过主成分分析法可以看到，企业技术创新基金的社会效益突出，通过对科技指标、新增就业人数、利税率等因素的指标输入可以得出，企业技术创新基金对企业技术创新能力以及社会的就业有积极的促进作用。

表 4-7　主成分得分和项目综合得分

项目	主成分一得分	主成分二得分	主成分三得分	主成分四得分	综合得分
项目 1	2.09	1.04	0.07	-0.06	1.22
项目 2	2.12	0.13	0.19	-0.23	1.06
项目 3	1.98	1.19	-0.05	-0.11	1.02
项目 4	1.77	1.87	-0.35	0.52	1.24
项目 5	2.37	-0.30	-0.51	0.05	1.07
项目 6	2.26	-0.25	-0.81	-0.09	0.97
项目 7	-0.77	-0.58	-0.53	0.58	-0.44
项目 8	-0.58	0.84	-0.14	-2.19	-0.43
项目 9	-0.65	0.84	0.06	-1.20	-0.32
项目 10	-0.66	1.05	0.16	-0.19	-0.19
项目 11	-0.52	-0.33	-0.61	-0.42	-0.37
项目 12	-0.14	-1.45	0.73	-0.37	-0.19
项目 13	-0.79	0.64	-0.38	0.01	-0.37
项目 14	-0.15	1.45	0.61	0.07	0.25
项目 15	-0.29	0.14	-0.37	0.61	-0.04
项目 16	0.42	-0.84	0.26	1.17	0.28
项目 17	0.86	-0.45	1.87	1.19	0.75
项目 18	0.09	-0.87	-1.94	-2.11	-0.65
项目 19	-0.83	1.57	-0.44	-1.34	-0.38
项目 20	-0.35	-0.82	-0,76	0.55	-0.29
项目 21	-0.91	1.84	-0.83	-0.19	-0.29
项目 22	-0.27	-1.75	-0.70	0.11	-0.45
项目 23	-0.59	-0.80	1.47	-0.91	-0.30
项目 24	-0.58	-0.81	0.15	1.19	-0.23

续表

项目	主成分一得分	主成分二得分	主成分三得分	主成分四得分	综合得分
项目 25	-0.22	-0.18	-0.45	-2.44	-0.47
项目 26	-0.64	0.22	-0.03	1.07	-0.11
项目 27	-0.16	1.15	1.64	0.20	0.32
项目 28	-0.99	0.75	-1.47	1.65	-0.49
项目 29	-0.82	0.63	0.06	1.40	-0.09
项目 30	-0.94	-0.18	-0.63	0.62	-0.46
项目 31	-0.44	1.04	-0.01	-0.20	-0.11
项目 32	-0.45	-0.10	0.24	0.96	-0.04
项目 33	-0.44	-0.65	-1.11	0.33	-0.36
项目 34	0.06	0.04	1.47	1.05	0.41
项目 35	-0.10	-1.55	-0.77	-0.79	-0.46
项目 36	1.12	-2.01	-1.12	0.62	0.20
项目 37	0.15	-1.37	2.41	-1.96	0.00
项目 38	-0.73	-0.35	-0.52	0.67	-0.36
项目 39	-0.69	-0.50	0.36	0.22	-0.93
项目 40	-0.56	-0.27	2.76	-0.07	0.02

数据来源：根据式（4-5）至式（4-9）计算整理得出。

（三）项目有效性评价——DEA 模型评价

利用主成分分析得出的重要因素，根据 DEA 运行要求，我们选取项目产值、利税率、新增就业人数作为输出指标，选取研发经费、财政资金到位率、科技人员比例、大专以上人员比例和研发活动人数作为输入指标进行数据包络分析。

表 4-8 为 DEA 模型结果，主要分析了企业技术创新基金的经济性与有效性。从 DEA 模型结果来看，有 14 个项目的技术绩效是相对有效的，即这些项目的经营绩效都达到了最优化，其他项目都没有同时达到技术有效和规模有效。同时也可以发现，虽然其他项目并没有达到最优化，但随着外部环境的变化，这些项目的生产规模仍在不断增加，或者生产效率不断改善，可以预

见，未来项目综合效率将不断提升。

表 4-8　DEA 模型结果

样本次序	综合效率 crste	纯技术效率 vrste	规模效率 scale	规模收益递增/递减 IRS/DRS
项目 1	0.400	0.400	1.000	规模报酬不变
项目 2	0.334	0.334	1.000	规模报酬不变
项目 3	1.000	1.000	1.000	规模报酬不变
项目 4	1.000	1.000	1.000	规模报酬不变
项目 5	1.000	1.000	1.000	规模报酬不变
项目 6	0.407	0.407	1.000	规模报酬不变
项目 7	0.614	0.707	0.868	规模收益递增
项目 8	0.444	0.962	0.462	规模报酬递增
项目 9	0.765	1.000	0.765	规模报酬递增
项目 10	0.600	0.636	0.943	规模报酬递增
项目 11	0.227	0.278	0.814	规模报酬递增
项目 12	0.941	0.941	1.000	规模报酬不变
项目 13	0.290	0.413	0.703	规模报酬递增
项目 14	0.471	0.551	0.853	规模报酬递增
项目 15	0.326	0.459	0.710	规模报酬递增
项目 16	1.000	1.000	1.000	规模报酬不变
项目 17	1.000	1.000	1.000	规模报酬不变
项目 18	1.000	1.000	1.000	规模报酬不变
项目 19	0.546	1.000	0.546	规模报酬递增
项目 20	0.634	0.731	0.867	规模报酬递增
项目 21	0.211	0.212	0.999	规模报酬不变
项目 22	1.000	1.000	1.000	规模报酬不变
项目 23	1.000	1.000	1.000	规模报酬不变
项目 24	0.646	0.717	0.901	规模报酬递增
项目 25	1.000	1.000	1.000	规模报酬不变
项目 26	0.430	0.430	1.000	规模报酬不变

续表

样本次序	综合效率 crste	纯技术效率 vrste	规模效率 scale	规模收益递增/递减 IRS/DRS
项目 27	1.000	1.000	1.000	规模报酬不变
项目 28	0.396	1.000	0.396	规模报酬递增
项目 29	1.000	1.000	1.000	规模报酬不变
项目 30	0.705	1.000	0.705	规模报酬递增
项目 31	0.558	0.578	0.966	规模报酬递增
项目 32	0.397	0.397	1.000	规模报酬不变
项目 33	0.125	0.125	1.000	规模报酬不变
项目 34	1.000	1.000	1.000	规模报酬不变
项目 35	0.490	1.000	0.490	规模报酬递增
项目 36	1.000	1.000	1.000	规模报酬不变
项目 37	1.000	1.000	1.000	规模报酬不变
项目 38	0.278	0.295	0.943	规模报酬递增
项目 39	0.764	0.985	0.776	规模报酬递增
项目 40	0.351	0.351	1.000	规模报酬不变

数据来源：根据式（4-5）至式（4-9）及 DEA 软件计算整理得出。

第四节　主要结论与优化绩效评价建议

一、企业技术创新基金积极作用

（一）提升了科技型中小企业技术创新能力

武汉东湖高新区科技型中小企业技术创新基金实施 10 年来（2006—2015 年），积极鼓励创新，支持创业，对技术创新和科技成果转化起到了重要的促进作用。由于创新基金的扶持，东湖高新区科技型中小企业成长迅速，也极大地促进了科技成果转化的步伐，不断提升武汉东湖高新区技术创新能力。

DEA 模型评价显示，在 40 家抽样企业中有 14 家企业的经营绩效达到最优，这表明企业技术创新基金对这些企业的创新发展起到了重要的促进作用。

（二）一定程度上缓解了科技型中小企业资金短缺问题

企业技术创新基金不仅解了企业资金不足的燃眉之急，还为企业的快速发展注入强大动力，带动企业走向发展快车道。如武汉畅想光电科技有限公司到目前为止尚未有销售收入，主要原因是公司产品尚未投产，但公司核心技术前景十分可观，现在公司主要靠创新基金维持基本生存。

（三）规范了企业内部的运营管理

企业通过承担企业技术创新基金项目，使内部运营得到了有力的规范。同时也加强了企业的市场开拓，使得企业运作更加合理。通过层次分析法结果可知，科技型中小企业在申请企业技术创新基金后，企业的财务制度建设和企业内部规章制度建设能力都得到了提高。无论在申请企业技术创新基金的前期准备工作还是在后续的项目对接工作上，都需要企业能够提供翔实的材料，从侧面激励企业不断完善自身组织结构、内部财务制度，促进企业的现代企业制度建设，实现企业技术创新基金目标与企业成才目标的双赢。

二、企业技术创新基金现存问题

（一）企业技术创新基金投入力度不够

在 DEA 规模效率分析中，有 14 个 DMU 规模效益递增，即如果继续增加政府财政科技投入，将会使产出增加更多，直到投入和产出之间达到最优状态，这说明大部分年份政府在财政科技投入方面的投资力度不够。

（二）对社会资金的引导作用不强

企业技术创新基金确实具备一定的示范带动和导向作用，其他资金如风险投资、银行贷款等，倾向于支持国家创新基金支持过的项目和企业。并且，国家和省、市经信、科技和发改等部门各类资源如攻关计划、重点技术创新计划、成果转化工程计划、火炬计划、产业化示范工程、新产品计划、名牌产品计划等均向创新基金计划项目重点倾斜。

本书经过 DEA 模型分析，发现在大部分年份中，武汉东湖高新区经费筹集中的科技型中小企业资金不足，从而导致了企业技术创新基金绩效较低。也就是说，企业技术创新基金投入所带动社会后续资金流入是不足的，这反映出武汉东湖高新区企业技术创新基金引导作用不强。

（三）基础研究投入不足

在 DEA 模型分析和主成分分析模型中我们看到，产出指标中“技术获奖数”指标严重不足。这体现出企业技术创新基金在选择资助企业与资助项目时存在注重短期效益的可能，对于基础性、公益性的研究项目和企业的资助力度不够，也存在企业在申请立项与项目审批过程中的信息不对称的可能性，致使资助项目或企业基础研究不足。

三、完善绩效评价建议

（一）加快科技创新基金绩效评价体系的建设

1. 界定绩效评价的范围

科技创新基金的投入产出具有非对称性，科技创新基金的绩效评价也具有一定的滞后性。本书所构建的绩效评价指标体系主要用于测算科技创新基金实施后验收阶段的效用，评价指标偏重静态评价，即考察一段时期内科技创新基金所产生的各种绩效。要完善科技创新基金绩效评价体系，就需要构建一个更广的绩效评价维度，不单单考察科技创新基金实施后的验收阶段绩效，还应该分时期、分时段进行跟踪评价，因为按评价阶段来划分，科技创新基金活动可以分为“事前评价、事中评价、事后评价”三个部分。尽管这是一项拓展性、复杂性的工作，需要投入大量的人力、物力和财力，但却能帮助科技创新基金项目申请者与相应主管部门获得有效的知识积累与经验总结，因为这些经验与积累是他们无法从项目执行过程中有效获得的，有利于培养科技项目管理人才。

2. 丰富科技创新基金绩效评价机制

对于科技创新基金绩效评价指标的选取，不仅要考虑经济效益指标和财务指标，更应该将社会效益指标和生态效益指标纳入进来，全面考虑科技创新基金对企业、社会及社会成员的影响。另外，我们应该以长远的眼光看待科技创新基金的投资回报率，以动态、发展的观点衡量科技创新基金的投入产出比。因为科技创新具有外部性和初期投入较大的特点，尤其是新兴领域存在的风险大，但同时如果此项技术对社会发展与社会成员福利的提升有较大的促进作用，那么就不应该静态地考虑投入产出比，而应侧重于评价其溢出效应和衍生效应。并且，在定量评价过程中，在对不同指标赋予权重时要考虑其内部差异性，例如专利指标中，发明专利、实用新型专利和外观设计专利的科技含量是依次递减的，其产出绩效也不同。

3. 加强绩效评价理论方法与实践的探索

科技创新基金绩效评价是依据一套比较完整的技术标准和规范对科技创新基金及其相关活动进行科学、独立、客观、公正的评价。目前，科技创新基金绩效评价主要采用定性与定量相结合的方式，在定性分析的基础上，以定量分析为主要研究手段，即在专家评议的基础上，运用计量经济学等方法进一步分析。目前，我国绩效评价体系还未成形，也没有一套有效的评价方法，在科技绩效评价的基础理论方面，传统的同行评议和文献计量方法通常是我国学者研究基础性绩效的主要方式。然而，由于所评估对象的复杂性，绩效评价作为一种科学的评价方法不可能适用于所有的科技活动，每一种评价方法只能适用于特定的环境、特定的对象和特定的评估目标，并各有利弊。因此，对于科技创新基金绩效评价的理论和方法，要不断地研究、发展和创新，要根据实际情况，针对研究对象的差异性和多样性、技术指标的复杂性，探索科技创新基金绩效评价的一般规律，使其既缜密可靠又具备良好的适用性。

4. 扩大科技创新基金的规模

一是以多种方式吸收社会资金，扩大基金来源，形成中央政府、地方政府财政和社会捐助相结合的基金筹集模式。要进一步推进科技型中小企业信用担保体系建设。二是强化创新基金的引导和示范，利用创新基金和政策带动更多的社会资金向科技型中小企业投资，探索资助孵化器为中小企业投资公司提供融资杠杆的机制。三是进一步加大财政对科技创新基金的投入力度，构建省、市、区多层次分级的地方科技创新基金体系。

（二）建立科技创新基金绩效评价信息反馈机制

对于科技创新基金绩效评价的结论，应当予以公开（涉及保密内容的除外），一方面保证了财政的透明，另一方面也鼓励更多的主体来关注科技创新基金的管理与运行，公开形式灵活多样，可以公布在报刊、网络等媒体上，加强公众对科技管理工作的了解和监督，最大限度地发挥财政科技投入绩效评估的作用。

（三）完善科技创新基金绩效评价的相关法律体系

目前，我国科技创新基金没有形成统一的、行之有效的绩效评价体系与政府没有明确规定必须将绩效评价纳入其日常管理有关。因此，我们在加快科技创新基金绩效评价体系建设的过程中，通过立法的完善，提高科技创新基金绩效评价的层次和地位，将其与对科技创新基金的绩效监督工作有机结合起来，使之能够较快地实现制度化、科学化、系统化和规范化。

四、完善科技创新基金绩效评价体系的配套措施

（一）建立相对完备、权威的科技创新基金绩效评价数据库

完备、翔实、准确的权威数据是保证科技创新基金绩效评价结果全面、客观、公正、准确的基础。但我国尚未建立科技创新基金相关数据的信息采集与整理体系，没有一个切实可行的信息交流与反馈渠道，因此数据的收集工作是科技创新基金绩效评价的一大难题。从国外财政科技投入绩效评价体系完善的国家中的经验来看，构建权威的科技创新基金相关数据库和资源共享平台至关重要。首先，要划分科技创新基金支持项目的行业与类型，做好

初始数据源收集、分类管理工作；其次，制定不同类别、行业科技创新基金绩效评价的分类标准，并在此基础上扩大数据的采集范围，然后确立绩效评价相关数据采集的方法，以科技创新基金实施过程为线索；最后，运用数据处理软件，将数据信息进行分类汇总，为科技创新基金绩效评价指标的选取与评价提供依据。

（二）建立跨部门合作机制，成立综合绩效评价部门

科技创新基金绩效评价工作的顺利开展离不开各部门的协同合作，因为在指标选取与数据收集的过程中，需要各个部门的配合与支持，因此，加强各部门的沟通、协作，提高部门间的办事效率尤为重要。通过建立跨部门的综合绩效评价部门专门负责科技创新基金的绩效评价工作，既缩短了绩效评价的时间，避免了各部门在配合工作过程中产生的摩擦，又提高了绩效评价的效率，保证了绩效评价的质量。

同时，科技创新基金绩效评价的过程中会涉及大量数据，要求绩效评价的参与人必须具备过硬的专业知识。在不断完善科技创新基金绩效评价制度的同时，也应当注重对专业人才的吸收，不断提高绩效评价队伍的整体人员素质，保障人力资源的丰富。通过设计专门绩效评价机构或部门，既可以使得人力资源得到充分有效的合理配置，同时又能够促进绩效评价体系的完善，丰富绩效评价的方法，保证了绩效评价的效率与质量。

（三）加大对基础理论和方法研究的支持和投入

一方面要引导参与科技创新基金绩效评价的人员、机构重视理论研究，在开展绩效评价的同时，鼓励评价参与者及时总结提炼相关理论成果；另一方面要采取措施，提高科技创新基金绩效评价基础理论和方法研究人员的待遇。科技创新基金绩效评价理论研究中的基础理论和方法研究是科技创新基金绩效评价理论的基础和支撑，但由于理论研究短期经济效益的不显著性，研究人员投入的精力多而收益小，因而不能吸引更多的研究人员投入其基础理论与方法研究中去，也不能鼓励从事理论研究的人员持之以恒地将这些研究进行下去。因此，要保证科技创新基金绩效评价的理论研究能够不断

完善、创新，政府应当多鼓励科研人员投入基础理论研究中，通过货币补贴、资金支持、物质奖励等方式，提高这部分科研人员的收入，并给予在基础理论和方法研究中取得重大成果的人员奖励，调动相关科研人员和机构开展理论和方法研究的主动性、积极性，以便为今后科技创新基金绩效评价理论体系的建设输送人才。

第五章
我国技术创新财税政策实施效果的实证分析

为了客观、合理地考察我国财税支持政策在促进企业技术创新方面的实施效果，还有必要针对现行财税支持政策对企业技术创新的激励效果进行实证分析。本章实证分析分为宏观层面和微观层面两个部分。

第一节　我国全要素生产率的估算

一、计量模型的选定

全要素生产率的测算方法主要有索洛残差法、代数指数法①、隐性变量法②和潜在产出法③。从测算实践来看，索洛残差法仍是最基本和使用最广泛的全要素生产率的测算方法，因此本书仍采用索洛残差法来测算我国的全要素生产率。

该方法选用了柯布—道格拉斯生产函数：

---

① 代数指数法最早由艾布拉姆威兹（Abramvitz，1956）提出，其基本思想是把全要素生产率表示为产出数量指数与所有投入要素加权指数的比率。

② 隐性变量法（Latent Variable Approach）的基本思路是，将全要素生产率视为一个隐性变量即未观测变量，从而借助状态空间模型（State Space Model）利用极大似然估计给出全要素生产率估算。

③ 潜在产出法（Potential Output Approach，POA）也称边界生产函数法（Frontier Production Function），其基本思路是遵循法雷尔（Farrell，1957）的思想，将经济增长归为要素投入增长、技术进步和能力实现改善（技术效率提升）三部分，全要素生产率增长就等于技术进步率与能力实现率改善之和；估算出能力实现率和技术进步率，便能得出全要素生产率增长率。

$$Y_t = A_t K_t^{\alpha} N_t^{\beta} \tag{5-1}$$

其中，Y 为产出量，K 为资本存量投入，N 为劳动力投入，A 为技术进步，也叫全要素生产率（TFP），α 为平均资本产出份额，β 为平均劳动产出份额，t 就是时间序列的第 t 年。

因为 A_t（TFP_t）各年不一样，给 α，β 的估计带来了困难，所以我们假设：

$$A_t = A_0 e^{\lambda t} \tag{5-2}$$

代入式（5-1）可得：

$$Y_t = A_0 e^{\lambda t} K_t^{\alpha} N_t^{\beta} \tag{5-3}$$

取对数：

$$\ln Y_t = \ln A_0 + \lambda t + \alpha \ln K_t + \beta \ln N_t \tag{5-4}$$

因为假设规模报酬不变，所以 $\alpha + \beta = 1$，式（5-4）变为：

$$\ln (Y_t/N_t) = \ln A_0 + \lambda t + \alpha \ln (K_t/N_t) \tag{5-5}$$

令 $y_t = Y_t/N_t$，$k_t = K_t/N_t$

$$\ln y_t = \ln A_0 + \lambda t + \alpha \ln k_t \tag{5-6}$$

所以 y_t，k_t 的经济学意义分别是人均产出量和人均资本存量。通过选取合适的数据，利用 OLS 回归测算出 λ，α，就可以算出各年的全要素生产率，即技术进步率。这就是索洛残差法的应用。

二、样本数据介绍

本部分主要采用了中国 30 个省（自治区、直辖市）① 的相关数据进行分析。本研究的研究区间设定为 2009—2014 年，其中，y_{it}和 k_{it}分别表示第 t 年 i 地区人均生产总值和人均资本存量。资本存量根据永续盘存法计算，借鉴张军等（2004）的研究成果，取整后资产折旧率定为 10%，并将其估算序列延展到 2014 年；劳动力人数采用各年年初与各年年末就业人数的算术平均数。由于同时涉及横截面数据和时间序列数据，故此处采用面板数据模型。

① 因西藏难以获得资本存量数据，故不采用。

本研究选取的主要变量见表 5-1。

表 5-1　模型变量基本统计描述（2009—2014 年）

变量	样本数	标准差	均值	最大值	最小值
劳动力/万人	180	1 962. 076	3 319. 814	8 153. 189	407. 100
人均 *GDP*/元	180	24 758. 22	53 896. 73	133 178. 1	15 107. 34
人均资本存量 *K*/元	180	65 045. 4	136 706. 2	401 704. 8	34 734. 1
ln*GDP*	180	0. 4450	10. 7962	11. 7994	9. 6229
ln*K*	180	0. 4700	11. 7179	12. 9035	10. 4555

数据来源：2010—2015 年《中国统计年鉴》分省份数据。

1. 参数估计

以我国省级面板数据为基础，考虑到不同地区的技术创新能力差异，建立了因变量 ln*GDP* 和自变量 ln*K* 之间的变截距固定效应模型，并运用 EViews6. 0 软件进行了回归分析，结果如表 5-2 所示。

表 5-2　固定效应面板数据模型估计结果

变量	系数	标准差	T 统计值	概率值
C	1. 906514	0. 127108	14. 99912	0. 0000
log*K*?	0. 758850	0. 010847	69. 95908	0. 0000

固定效应影响（截面）			
北京	0. 343997	河南	−0. 137350
天津	0. 137337	湖北	0. 071486
河北	−0. 013616	湖南	0. 054458
山西	−0. 126502	广东	0. 368498
内蒙古	−0. 054763	广西	−0. 154804
辽宁	0. 030610	海南	−0. 092276
吉林	−0. 201192	重庆	0. 032235
黑龙江	−0. 028102	四川	0. 002339
上海	0. 309500	贵州	−0. 109215
江苏	0. 211384	云南	−0. 229066
浙江	0. 201428	陕西	−0. 079806

续表

固定效应影响（截面）					
安徽	0.040272		甘肃	-0.127949	
福建	0.157703		青海	-0.292161	
江西	0.010496		宁夏	-0.261930	
山东	0.101420		新疆	-0.164430	
调整后的 R^2 值	0.991158	F 统计	669.8442	标准误	0.0418

数据来源：2010—2015 年《中国统计年鉴》分省份数据并根据 EViews 统计软件计算得出。

2. 回归结果

由式（5-3）可知，$\ln TFP_{it} = \ln A_{it} = \ln y_{it} - \alpha_i \ln k_{it} - (1-\alpha)\ln l_{it}$，$TFP_{it} = \exp(\ln TFP_{it})$。根据式（5-4）估计结果，可得到各省份在 2009—2014 年的 TFP 数值，表 5-3 和图 5-1 分别报告了各省份的 TFP 平均值和分年度值。

表 5-3　2009—2014 年我国省级区域 TFP 值

地区	2009 年	2010 年	2011 年	2012 年	2013 年	2014 年
北京	1.364832	1.38835	1.420304	1.424949	1.43899	1.427489
天津	1.176904	1.166744	1.166989	1.148536	1.119521	1.106418
河北	0.981374	1.007637	1.032619	1.006021	0.972997	0.92201
山西	0.776757	0.888263	0.949974	0.907246	0.844718	0.931965
内蒙古	0.849811	0.990503	0.999577	0.952242	0.883467	1.017152
辽宁	0.998946	1.042165	1.001665	1.049196	1.035392	1.060745
吉林	0.798005	0.79729	0.824482	0.826147	0.819003	0.842566
黑龙江	0.903144	1.005107	1.030132	0.998353	0.934108	0.968831
上海	1.366237	1.351056	1.348808	1.358761	1.386648	1.465321
江苏	1.186872	1.219696	1.235903	1.25174	1.259047	1.320766
浙江	1.167938	1.223531	1.239418	1.217699	1.249835	1.242348
安徽	0.979297	1.032028	1.06832	1.064385	1.056744	1.04848
福建	1.138885	1.17153	1.180915	1.186446	1.171194	1.176581
江西	0.951814	1.009014	0.964341	1.044186	1.050866	1.04799
山东	1.086868	1.121507	1.110813	1.104161	1.097569	1.119962
河南	0.818796	0.921868	0.890259	0.855881	0.828543	0.920477

续表

地区	2009 年	2010 年	2011 年	2012 年	2013 年	2014 年
湖北	1. 008879	1. 05992	1. 089049	1. 083589	1. 069525	1. 137832
湖南	1. 026493	1. 058736	1. 049753	1. 072616	1. 045834	1. 083378
广东	1. 424591	1. 395265	1. 386265	1. 491424	1. 491434	1. 488747
广西	0. 818931	0. 895977	0. 869783	0. 830036	0. 825026	0. 903876
海南	0. 862599	0. 92243	0. 90943	0. 925249	0. 900682	0. 953274
重庆	0. 93809	0. 981002	1. 052574	1. 079884	1. 06594	1. 088261
四川	0. 902851	0. 970621	1. 025285	1. 038341	1. 046443	1. 038816
贵州	0. 804351	0. 851236	0. 897961	0. 928451	0. 929618	0. 978587
云南	0. 778249	0. 79522	0. 804778	0. 796889	0. 784181	0. 812858
陕西	0. 878437	0. 914069	0. 94659	0. 943982	0. 927071	0. 931351
甘肃	0. 809181	0. 869394	0. 889073	0. 90604	0. 897776	0. 912205
青海	0. 700879	0. 693887	0. 800919	0. 758367	0. 74548	0. 786818
宁夏	0. 751285	0. 77705	0. 74119	0. 784206	0. 76314	0. 80217
新疆	0. 769775	0. 855136	0. 890124	0. 88197	0. 845044	0. 853804

数据来源：根据 2010—2015 年《中国统计年鉴》分省份数据及式（5-3）计算得出。

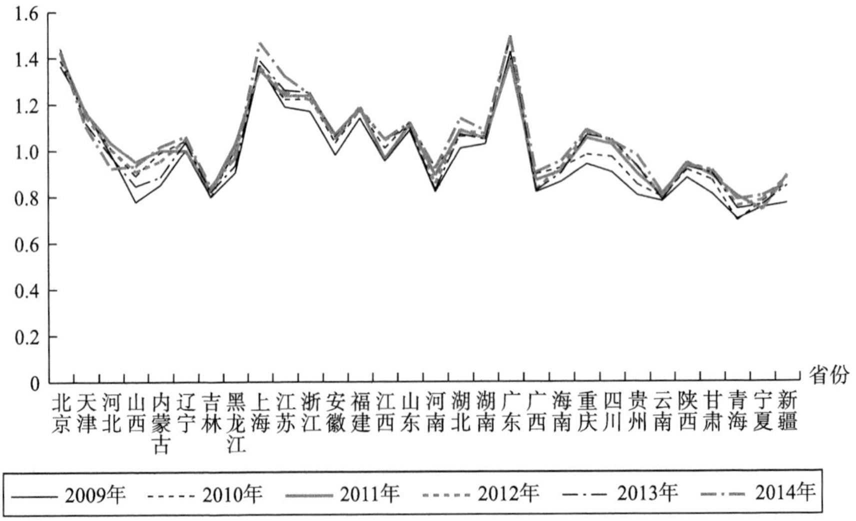

图 5-1　2009—2014 年我国 30 个省份实际 TFP 值

数据来源：根据 2010—2015 年《中国统计年鉴》分省份数据及式（5-3）计算得出。

由图 5-1 可以看出，2009—2014 年科技创新综合水平平均值较高的地区为广东、上海、北京、江苏等地区，科技创新综合水平平均值较低的地区为青海、宁夏、云南、吉林、新疆等地区。

从表 5-4 来看，东部、中部和西部地区 2009—2014 年平均全要素生产率呈现递减的趋势，东部平均水平最高，为 1.159915，中部次之，为 0.964402，西部仅为 0.878091，表明东部到西部技术创新在地区经济发展的贡献程度依次递减。进一步分析其密度函数可知，中部和西部地区密度函数曲线波峰峰值整体出现降低，而东部地区密度函数曲线波峰峰值整体出现提高。表明中部和西部地区科技创新综合水平差异都呈现缩小态势，而东部地区科技创新综合水平差异则呈现扩大态势。

表 5-4　2009—2014 年分地区省份平均全要素生产率

东部地区		中部地区		西部地区	
省份	TFP-M	省份	TFP-M	省份	TFP-M
北京	1.410819	山西	0.883154	重庆	1.034292
天津	1.147519	内蒙古	0.948792	四川	1.003726
河北	0.98711	安徽	1.041542	贵州	0.898367
辽宁	1.031352	江西	1.011369	云南	0.795363
上海	1.379472	吉林	0.817916	陕西	0.923583
江苏	1.245671	黑龙江	0.973279	甘肃	0.880612
浙江	1.223462	河南	0.872637	青海	0.747725
福建	1.170925	湖北	1.074799	宁夏	0.76984
山东	1.106813	湖南	1.056135	新疆	0.849309
广东	1.446288	—	—	—	—
广西	0.857272	—	—	—	—
海南	0.912277	—	—	—	—
东部平均	1.159915	中部平均	0.964402	西部平均	0.878091

数据来源：根据 2010—2015 年《中国统计年鉴》分省份数据及式（5-3）计算得出。

从三大区域极化趋势来看，2009—2014 年东部地区科技创新综合水平波峰峰值变得陡峭，即东部地区的区域内部极化程度出现增强趋势。与此同时，中部和西部地区科技创新综合水平波峰峰值变得平缓，即中部和西部地区的区域内部极化程度出现减弱趋势。

第二节　财税政策支持技术创新效力的宏观分析

上一节通过索洛余值法对我国省级的TFP值进行了测算，更早之前也对财政政策影响技术创新的作用机制进行了说明。需要指出的是，对技术创新的财政支持同样存在“政府失灵”的可能，因此，更有必要通过实证分析来检验财政科技投入对技术创新是否真正存在促进作用。

一、变量选择

1. 被解释变量与解释变量

本节以前文索洛余值法计算的各省份全要素生产率（*TFP*）为被解释变量，同时，为考察回归结果的稳健性，选择三项专利授权量（*Patent*）作为被解释变量的替代指标。根据研究目的与对象，以地方财政科技投入（*Fiscal*）作为解释变量。财政科技支出对企业的研发阶段提供财力支持，是企业进行技术创新资金保障的必备条件。政府通过对基础研究和对国民经济发展有重大推动作用的应用研究进行财政科技投入，有效降低了企业开展技术创新的成本，进而促进企业加大技术创新研究。

2. 控制变量

为控制其他因素的影响，本节以规模以上企业R&D投入（*RD*）、外商直接投资（*FDI*）和技术合同成交额（*Ttrade*）作为控制变量。①企业R&D投入指标是国际上通行的评价科技投入强度和科技进步程度的核心指标，是促进技术进步的物质基础；②国家间的经济交往会带来技术的扩散，*FDI*的技术溢出效应是作为科技发展中国家的我国促进技术进步的主要形式之一；③技术交易是科技成果转化的重要衡量指标，技术研发的成功能够给创新主体带来经济利益，因此技术合同成交金额能够激励技术创新。

二、模型设定

与前文相同，此处研究对象为 2009—2014 年我国大陆除西藏以外的其他 30 个省级地区，共 180 个观测值。由于基本涵盖到我国大陆各个省份和不同时期，并通过 Hausman 检验，应选择固定效应面板数据模型。同时，为了消除数据的波动性，本书采取多元对数回归模型进行分析。考虑到财政科技投入对技术创新影响的滞后性，将财政科技投入的一期滞后变量作为自变量。根据前述分析，得到回归方程如下：

$$\ln Y_{it} = \alpha_i + \beta \ln FISCAL_{it-1} + \sum_{j=1}^{n} \gamma_i Control_{it} + \varepsilon_{it} \tag{5-7}$$

其中，i，t 分别表示地区和年度，Y_{it} 是被解释变量，表示技术创新能力，可用前文所述全要素生产率表示；*FISCAL* 是解释变量，表示财政科技投入。*Control* 为影响技术创新的控制变量，包括企业 R&D 投入（*RD*）、外商直接投资（*FDI*）和技术合同成交额（*Ttrade*）；ε_{it} 为随机误差项。系数 α、β 和 γ 分别表示不同省份创新能力的截距项、创新能力对于财政科技投入的弹性、创新能力对于控制变量的弹性。

三、实证结果及检验

1. 描述性统计

在回归分析前，首先需要对各变量序列进行平稳性检验，通过 EViews6.0 统计软件的单位根检验，表明在 5%显著性水平下，各变量取自然对数后一阶差分后平稳，即序列 ln*TFP*、ln*RD*……均为 I（1）序列。其次进行协整检验，根据 Johansen 协整检验结果，变量间存在协整关系，因此可以进行后续实证分析。劳动力人数、人均 GDP 和人均资本存量指标已在表 5-1 中进行了统计性描述，表 5-5 报告了其他变量的描述性统计结果。

表 5-5　模型变量说明与基本统计描述（2009—2014 年）

变量名称	变量说明	样本数	均值	标准差	最大值	最小值
TFP	全要素生产率	180	1.0158	0.1847	1.4914	0.6939
PATENT	专利授权数/个	180	31 173.2	48 910.4	269 944	264
FISCAL	地方财政科技投入/亿元	180	69.991	73.837	344.94	3.76
FDI	外商直接投资/亿美元	180	1 011.81	1 448.39	7 181	23
RD	规模以上企业研发投入/亿元	180	211.07	278.85	1 376.54	1.44
TTRADE	技术合同成交额/亿元	180	177.71	420.13	3 137.19	0.56

数据来源：2010—2015 年《中国统计年鉴》《中国科技统计年鉴》。

2. 面板数据回归结果

表 5-6 报告了式（5-7）在没有控制变量下的估计结果。

表 5-6　财政科技投入对地区 TFP 作用模型的估计结果

<table>
<tr><th>变量</th><th>系数</th><th>标准差</th><th>T 统计值</th><th>概率值</th></tr>
<tr><td>C</td><td>1.127423</td><td>0.032230</td><td>34.98013</td><td>0.0000</td></tr>
<tr><td>FISCAL?（-1）</td><td>0.028919</td><td>0.008711</td><td>3.320017</td><td>0.0 012</td></tr>
<tr><td colspan="5">固定效应影响（截面）</td></tr>
</table>

<table>
<tr><td>北京</td><td>0.442927</td><td>河南</td><td>-0.148499</td></tr>
<tr><td>天津</td><td>0.131387</td><td>湖北</td><td>0.069109</td></tr>
<tr><td>河北</td><td>-0.035779</td><td>湖南</td><td>0.042061</td></tr>
<tr><td>山西</td><td>-0.148085</td><td>广东</td><td>0.466953</td></tr>
<tr><td>内蒙古</td><td>-0.099360</td><td>广西</td><td>-0.180780</td></tr>
<tr><td>辽宁</td><td>0.038517</td><td>海南</td><td>-0.140337</td></tr>
<tr><td>吉林</td><td>-0.214246</td><td>重庆</td><td>0.018073</td></tr>
<tr><td>黑龙江</td><td>-0.054350</td><td>四川</td><td>0.006665</td></tr>
<tr><td>上海</td><td>0.391567</td><td>贵州</td><td>-0.120900</td></tr>
<tr><td>江苏</td><td>0.270707</td><td>云南</td><td>-0.239606</td></tr>
<tr><td>浙江</td><td>0.250209</td><td>陕西</td><td>-0.097498</td></tr>
<tr><td>安徽</td><td>0.049549</td><td>甘肃</td><td>-0.157000</td></tr>
</table>

续表

<table>
<tr><th colspan="8">固定效应影响（截面）</th></tr>
<tr><td colspan="2">福建</td><td colspan="2">0.156854</td><td colspan="2">青海</td><td colspan="2">−0.330702</td></tr>
<tr><td colspan="2">江西</td><td colspan="2">−0.013281</td><td colspan="2">宁夏</td><td colspan="2">−0.296248</td></tr>
<tr><td colspan="2">山东</td><td colspan="2">0.110352</td><td colspan="2">新疆</td><td colspan="2">−0.168261</td></tr>
<tr><td>调整后 R^2 值</td><td colspan="2">0.968756</td><td>F 统计</td><td colspan="2">318.4599</td><td>标准误</td><td>0.0843</td></tr>
</table>

数据来源：2010—2015 年《中国统计年鉴》《中国科技统计年鉴》。

地方财政科技投入对 TFP 虽然产生了一定的促进作用，但影响系数值较小，表明政府财政科技投入对技术创新没能发挥出预期的促进效果，可能由以下因素导致：首先，财政支持对象存在信息不对称。由于信息“搜寻成本”较高，政府在面对众多申请财政支持的创新主体时，并不清楚创新主体真实的技术创新需求和发展潜力，导致选择资助对象时缺乏合理性。其次，财政投入整体效率不高。由于财政资金具有无偿性，而且整体上缺乏对支出结果的绩效评估，经费的分配和使用存在浪费和支出结构不合理等无效率现象。比如，经费使用单位行政性冗员过多、设备更新换代过于频繁、会议安排过于奢侈等。再次，存在政府寻租现象。政府在掌握了公共权力和公共资源之后，一旦缺乏有效监督机制，容易被特殊利益集团所俘获，使得财政科技资金分配效率低下，而且对创新主体的创新积极性带来了巨大伤害。最后，预算管理体制不健全。财政科技支出和其他预算支出一样，都采用“基数增长法”，固化了财政的支出结构、供给范围和利益分配格局，使得原来不合理的支出结构得以延续。

第三节　财税政策支持企业技术创新效力的微观分析

上一节在利用索洛余值法对我国地区全要素生产率进行估算的基础上，检验了财政政策促进技术创新的宏观效力。为使分析更加完整，还需要进行微观层面的分析。为鼓励企业技术创新活动，我国制定了许多财税优惠条款尤其是税收政策，这是推进国家自主创新重大战略举措，也是加快创新型国家建设的必由之路。这些财税优惠政策是否对高新技术企业的经营活动产生影响并促进其发展，如何测算其对企业技术创新活动的激励效应，并发现其不足，促进国家税收制度的优化，对于提升企业技术水平及进一步优化我国财税政策具有重要意义。

一、财政科技支出规模对企业技术创新的影响

（一）指标选取与模型构建

财政科技支出对企业科技创新进行的前期投入，能够调动企业对科技创新的积极性。本节用定量分析的方法实证检验定性分析结论正确与否。本次实证检验同样选取规模以上工业企业作为研究对象，原因是规模以上工业企业虽然没有涵盖规模以下的工业企业，但是规模以上工业企业有固定的生产线，并且可以代表其科技创新水平的 R&D 经费占全国 R&D 经费的 70.67%①，而其他的产业不一定齐全。因此，在实证过程中，本书将规模以上工业企业作为企业的代表，研究其科技创新与财政科技支出之间的关系。

财政科技支出规模对企业科技创新的影响分析指标如表 5-7 所示。

表 5-7　模型变量说明

变量类型	变量名称
被解释变量	各省规模以上工业企业专利申请量（*PN*）
解释变量	各省投入到企业的财政科技支出（*FST*）
控制变量	各省规模以上工业企业 R&D 经费支出企业资金占比（*RD*）
	各省规模以上工业企业引进技术经费支出（*EIT*）
	各省规模以上工业企业 R&D 人员全时当量（*RDP*）
	各省规模以上工业企业有 R&D 活动的企业数（*RDN*）

各省规模以上工业企业专利申请量（*PN*）：近年来国内有不少学者，如：刘伟、黎园（2015），顾国爱、魏法杰、单伟（2012）等均使用专利申请量来

① 根据《2015 年全国科技经费投入统计公报》公布数据计算而得。

表示企业的科技创新能力，使用专利申请量来表示企业的科技创新水平是根据企业科技创新的产出成果确定的。根据《中国统计年鉴》中的解释，专利是专利权的简称，是对发明人的发明创造经审查合格后，由专利局依据专利法授予发明人和设计人对该项发明创造享有的专有权，包括发明、实用新型和外观设计，反映拥有自主知识产权的科技和设计成果情况。由这一解释，参考众多学者的研究，同时考虑到数据的可获得性，选择了规模以上工业企业的专利申请量作为被解释变量，代表企业的科技创新程度。此外，选择各省规模以上工业企业 R&D 经费支出企业资金占比、各省规模以上工业企业引进技术经费支出、各省规模以上工业企业 R&D 人员全时当量、各省规模以上工业企业有 R&D 活动的企业数作为控制变量。

各省投入到企业的财政科技支出（*FST*）：是本书的主要研究对象，财政在科技上的投入越多，也就是财政科技支出越多，投入到企业科技创新方面的资金也就越多，企业进行科技创新活动的动力就越充足。

各省规模以上工业企业 R&D 经费支出企业资金占比（*RD*）：这一指标可以体现规模以上工业企业对于企业的科技创新的投入程度，以至于直接影响企业的科技创新活动，以及影响企业科技创新产品的生产，以至于影响企业的专利申请。

各省规模以上工业企业引进技术经费支出（*EIT*）：企业的技术水平可以影响企业的科技创新程度，将这一指标作为控制变量，可以控制企业的技术水平。

各省规模以上工业企业 R&D 人员全时当量（*RDP*）：R&D 人员全时当量是全时人员与非全时人员按实际工作时间计算的工作量之和，其中全时人员指全年从事 R&D 活动累积工作时间占全部工作时间 90%以上的人员。可以用这一指标衡量企业对科技创新活动的劳动力投入。这一指标对企业的专利申请量会产生影响，故将其作为控制变量放入模型当中。

各省规模以上工业企业有 R&D 活动的企业数（*RDN*）：有 R&D 活动的企业越多，则该地区的竞争水平、科技创新水平可能越高，将这个指标作为控制变量，则可以排除由于地方的发展差异对企业科技创新的影响程度。

由于研究的是财政支出规模对企业科技创新的影响，属于投入产出的范畴，所以采用 Cobb-Douglas 生产函数，最终构建的模型如下：

$$\ln PN_{it}=\alpha_i+\beta_t+\lambda\ln FST_{it}+\varphi RD+\gamma\ln EIT_{it}+\chi\ln RDP_{it}+\varphi\ln RDN_{it}+\varepsilon_{it} \quad (5-8)$$

其中，i 代表地区，即 30 个省（自治区、直辖市）；t 代表时间；λ、φ、γ、χ、φ 分别是各个变量的系数，α_i 是地区个体效应，β_t 是时间效应，ε_{it}是随机扰动项。

（二）数据来源说明与描述

由于研究的是财政科技支出对企业科技创新的效应，所以选取的研究对象是我国的各省市区。由于西藏地区的数据以及某些年份数据的缺失，本节选取 2009—2015 年作为研究时间区间，使用除西藏外的 30 个省份的数据作为实证检验数据。

本书变量的描述性统计见表 5-8。

表 5-8　变量的描述性统计

变量	观测数	均值	标准差	最小值	最大值
PN/项	210	15 702. 93	23 658. 63	114	119 927
FST/亿元	210	14. 15785	13. 92744	0. 3514	58. 7305
RD/%	210	0. 9256866	0. 0453997	0. 746317	0. 9771721
EIT/亿元	208	13. 92385	17. 9919	0. 03015	87. 30129
RDP/人年	210	71 885. 67	94 240. 96	1 045. 8	441 304
RDN/个	210	1 666. 69	2 736. 244	23	16 369

数据来源：根据 2010—2015 年《中国统计年鉴》《中国科技统计年鉴》整理得出。

（三）计量结果分析

为了消除异方差性，本书将各省规模以上工业企业专利申请量、各省投入到企业的财政科技支出、各省规模以上工业企业引进技术经费支出、各省规模以上工业企业 R&D 人员全时当量、各省规模以上工业企业有 R&D 活动的企业量的数据取对数处理。对数据进行单位根检验，检验结果如表 5-9 所示。被解释变量和解释变量数据均通过了 LLC 检验、ADF 检验和 PP 检验，均为零阶单整，即不存在单位根。

表 5-9　单位根检验结果

变量	LLC 检验	ADF 检验	PP 检验	结论
lnPN	-15.0861***	94.3354***	175.607***	平稳
	(0.0000)	(0.0031)	(0.0000)	
lnFST	-7.33771***	78.7860*	121.939***	平稳
	(0.0000)	(0.0524)	(0.0000)	
RD	-14.4138***	92.6959***	121.906***	平稳
	(0.0000)	(0.0043)	(0.0000)	
lnEIT	-4.42039***	106.618***	121.921***	平稳
	(0.0000)	(0.0002)	(0.0000)	
lnRDP	-12.0251***	100.512***	189.983***	平稳
	(0.0000)	(0.0008)	(0.0000)	
lnRDN	-3.20968***	81.2363**	80.3593**	平稳
	(0.0007)	(0.0354)	(0.0408)	

注：括号内为 p 值，***、** 和 * 分别表示在 1%、5%、和 10%的显著水平下拒绝原假设。

单位根检验之后，还需进行协整检验，采用 Kao 检验方法，得出的结果在 10%的显著水平下拒绝原假设，说明对于规模以上工业企业来说，财政科技支出和作为控制变量的 R&D 经费支出企业资金占比、引进技术经费支出、R&D 人员全时当量、有 R&D 活动的企业数存在稳定的协整关系。

关于模型的选择。面板数据模型有随机效应模型和固定效应模型两种，我们可以通过 Hausman 检验确定适用哪一种模型。经过检验，适用固定效应模型。

具体的回归结果如表 5-10 所示。

表 5-10　模型估计结果

解释变量					观测数	截面数	调整后 R^2	面板模型
ln*FST*	*RD*	ln*EIT*	ln*RDP*	ln*RDN*				
0.2567*** (3.15)	0.7258 (0.78)	−0.0057 (−0.22)	0.6744*** (5.37)	0.4309*** (5.50)	208	30	0.7641	F

注：括号中为 t 值，*** 表示 1%以下的显著性水平。

根据估计结果，模型的拟合优度 R^2 达到 0.7641，说明模型的拟合优度较好，解释变量能够很好地解释被解释变量。解释变量和被解释变量之间的关系大致符合理论分析的结果。

对于目标解释变量各省政府投入到企业的财政科技支出（*FST*）来说，回归结果中对数形式的财政科技支出的系数为影响被解释变量的弹性系数，表明当各省财政科技支出增加 1%时，各省规模以上工业企业专利申请量将会增加 0.2567%，说明增加对企业的科技投入，对企业会产生较大的积极影响。

关于模型中的控制变量，各省规模以上工业企业 R&D 人员全时当量（*RDP*）和有 R&D 活动的企业数（*RDN*）通过了显著性检验，说明各省规模以上工业企业 R&D 人员全时当量以及有 R&D 活动的企业数对企业最终的专利申请量有影响，系数均为正，说明是正向的影响。实证的结果也说明了理论上的结果。从数值上来看，各省规模以上工业企业 R&D 人员全时当量增加 1%时，各省规模以上工业企业专利申请量将会增加 0.6744%；有 R&D 活动的企业数增加 1%时，各省规模以上工业企业专利申请量将会增加 0.4309%。

另外两个控制变量各省规模以上工业企业 R&D 经费支出企业资金占比（*RD*）和引进技术经费支出（*EIT*）没有通过显著性检验，出现这种结果的原因可能是，这两个控制变量作用于企业的过程存在时滞性，这里的数据使用的是当期数据，并没有做滞后的处理，对回归的结果有可能产生影响。另外，还有可能是因为这两个变量对被解释变量专利申请量的影响并没有解释变量投入到企业的财政科技支出对被解释变量的影响效果明显。

为了更好地检验模型的稳健性，本书将解释变量滞后一期进行回归分析，检验步骤同上文，回归结果如表 5-11 所示。发现目标解释变量的显著性和符号均未改变，这说明模型是稳健的。

表 5-11 模型稳健性检验

解释变量					观测数	截面数	调整后 R^2	面板模型
ln*FST*	*RD*	ln*EIT*	ln*RDP*	ln*RDN*				
0.2796*** (3.05)	0.7468 (0.72)	0.0176 (0.54)	0.6913*** (4.77)	0.1410* (1.37)	179	30	0.6437	F

注：*、*** 分别表示在 10%和 1%显著性水平下显著，括号内为 t 值。

二、财政科技支出结构对企业技术创新的影响

（一）指标选取与模型构建

讨论财政科技支出结构对企业科技创新的影响，主要是讨论财政科技支出的内部结构与企业科技创新之间的关系，从企业角度出发，财政科技支出主要投入到企业的 R&D 活动中。根据企业 R&D 活动的分类，并且综合以往众多学者的研究，将财政科技支出细分成基础研究支出、应用研究支出、试验发展支出三类，所以，就是要探讨财政科技支出细分成的三类支出对企业科技创新的影响。通过上文的理论分析，可以得出财政科技支出对企业的科技创新活动具有促进作用的结论。模型变量说明见表 5-12。

表 5-12 模型变量说明

变量类型	变量名称
被解释变量	各省规模以上工业企业专利申请量（*PN*）
解释变量	基础研究支出（X_1）
	应用研究支出（X_2）
	试验发展支出（X_3）

续表

变量类型	变量名称
控制变量	各省规模以上工业企业 R&D 经费支出企业资金占比（*RD*）
	各省规模以上工业企业引进技术经费支出（*EIT*）
	各省规模以上工业企业 R&D 人员全时当量（*RDP*）
	各省规模以上工业企业有 R&D 活动的企业数（*RDN*）

由于财政科技支出的分类在 2007 年前后有了较大变化，统计口径有了很大不同，为使研究具有现实意义，选择 2007 年之后时间段的财政科技支出分类的各支出进行研究，根据数据的可获得性，选择 2009 年至 2015 年的全国省级面板数据，研究的主体仍旧选择规模以上工业企业作为具备科技创新能力的企业的代表。被解释变量可以沿用上文所用变量，即企业专利申请数（*PN*）作为衡量企业科技创新能力的指标。而财政科技支出细分成的三类支出基础研究支出（X_1）、应用研究支出（X_2）、试验发展支出（X_3）作为解释变量。

研究财政科技支出结构对企业科技创新的影响，仍然采用 Cobb-Douglas 生产函数。为了消除异方差，对除 R&D 经费支出企业资金占比以外的变量取自然对数。和上文模型类似，建立模型如下：

$$\ln PN_{it}=\alpha_i+\beta_t+\lambda\ln X_{nit}+\varphi RD+\gamma\ln EIT_{it}+\chi\ln RDP_{it}+\varphi\ln RDN_{it}+\varepsilon_{it} \tag{5-9}$$

其中，X_n代表需要研究的三类支出，$n=1$，2，3；i 代表地区，即 30 个省（自治区、直辖市）；t 代表时间；λ、φ、γ、χ、φ 分别是各个变量的系数，α_i 是地区个体效应，β_t 是时间效应，ε_{it}是随机扰动项。

（二）数据来源说明与描述

专利申请数、企业 R&D 支出企业资金占比以及企业 R&D 人员全时当量来源于相应年份的《中国统计年鉴》的数据整理和计算，基础研究、应用研究和试验发展三类支出由《中国科技统计年鉴》数据整理，并通过一定方法计算获得。变量的描述性统计如表 5-13 所示。

表 5-13　变量的描述性统计

变量	观测数	均值	标准差	最小值	最大值
PN/项	210	15 702. 93	23 658. 63	114	119 927
X_1/亿元	210	0. 0556431	0. 1022206	0. 0000937	0. 6377542
X_2/亿元	210	0. 5731397	0. 7002594	0. 0202195	3. 937881
X_3/亿元	210	13. 52906	13. 29951	0. 2832909	54. 59916
RD/比值	210	0. 9256866	0. 0453997	0. 746317	0. 9771721
EIT/亿元	208	13. 92385	17. 9919	0. 03015	87. 30129
RDP/人年	210	71 885. 67	94 240. 96	1 045. 8	44 1304
RDN/个	210	1 666. 69	2 736. 244	23	16 369

数据来源：根据 2010—2015 年《中国统计年鉴》、2010—2015 年《中国科技统计年鉴》统计整理得出。

（三）计量结果分析

对数据进行单位根检验，检验结果如表 5-14 所示。各个变量均通过了 LLC 检验、ADF 检验和 PP 检验，均为零阶单整，即不存在单位根。

表 5-14　单位根检验结果

变量	LLC 检验	ADF 检验	PP 检验	结论
ln*PN*	-15. 0861 *** (0. 0000)	94. 3354 *** (0. 0031)	175. 607 *** (0. 0000)	平稳
lnX_1	-13. 6611 *** (0. 0000)	95. 1647 *** (0. 0026)	102. 665 *** (0. 0005)	平稳
lnX_2	-20. 3809 *** (0. 0000)	107. 820 *** (0. 0002)	139. 575 *** (0. 0000)	平稳
lnX_3	-7. 39294 *** (0. 0000)	79. 8042 ** (0. 0446)	120. 379 *** (0. 0000)	平稳
RD	-14. 4138 *** (0. 0000)	92. 6959 *** (0. 0043)	121. 906 *** (0. 0000)	平稳
ln*EIT*	-4. 42039 *** (0. 0000)	106. 618 *** (0. 0002)	121. 921 *** (0. 0000)	平稳

续表

变量	LLC 检验	ADF 检验	PP 检验	结论
ln*RDP*	-12.0251*** (0.0000)	100.512*** (0.0008)	189.983*** (0.0000)	平稳
ln*RDN*	-3.20968*** (0.0007)	81.2363** (0.0354)	80.3593** (0.0408)	平稳

注：括号内为 p 值，***、** 分别表示在 1%、5%的显著水平下拒绝原假设。

关于模型的选择。面板数据模型有随机效应模型和固定效应模型两种模型，我们可以通过 Hausman 检验确定适用哪一种模型。经过检验，三类财政科技支出的模型均适用固定效应模型。

表 5-15　模型估计结果

解释变量	ln*PN*		
	(1)	(2)	(3)
$\ln X_1$	-0.0088 (-0.40)	—	—
$\ln X_2$	—	0.0280 (0.80)	—
$\ln X_3$	—	—	0.2630*** (3.37)
RD	-0.4610 (-0.53)	-0.2445 (-0.27)	0.6778 (0.75)
ln*EIT*	-0.0183 (-0.67)	-0.0145 (-0.54)	-0.0059 (-0.22)
ln*RDP*	0.9397*** (9.35)	0.9121*** (9.03)	0.6596*** (5.29)
ln*RDN*	0.4547*** (5.65)	0.4548*** (5.68)	0.4286*** (5.49)
观测数	208	208	208
截面数	30	30	30
调整后的 R^2	0.7508	0.7515	0.7660
面板模型	F	F	F

注：括号中为 t 值，*** 表示 1%以下的显著性水平。

由表 5-15 的回归结果可知，解释变量仅有 X_3，即试验发展支出通过了显著性检验，且模型拟合度较好，说明政府向企业投入的试验发展支出和规模以上工业企业的专利申请量之间存在线性关系，系数为正表明，这一项支出对规模以上工业企业的专利申请量有正向的影响。并且通过回归结果可以得知，当试验发展支出增加 1%时，企业的专利申请量将会增加 0.2630%。而其他两个解释变量，即基础研究支出和应用研究支出均未通过显著性检验，由回归结果得到这两项支出与规模以上工业企业的专利申请量不存在线性关系。四个控制变量中，仅有各省规模以上工业企业 RD 经费支出企业资金占比和各省规模以上工业企业引进技术经费支出在三个回归模型中均未通过显著性检验，说明这一控制变量与被解释变量没有线性关系，可能的原因是技术引进对企业专利申请的作用效果并不是当期就会表现出来，存在一定的时滞性，在一定的时间，方能对企业的专利申请量产生一定的作用。其他两个控制变量在三个回归模型中均通过了显著性检验，并且均对企业的专利申请量产生正向的影响。

但是，从理论分析上来说，三个解释变量应当均与被解释变量，即规模以上工业企业的专利申请量存在正向的关系。基础研究是科技创新的前提条件，对基础研究进行资金支持，能够促进企业增强科技创新的理论研究，从而对企业的科技创新产生影响。应用研究就是将基础研究的理论成果应用于实际，检验基础研究成果的有效性和适用性，这一将理论转为实际的过程正是企业生产的过程。应用研究支出的增加为企业带来了资金的助力，直接投资于企业的生产创新过程，从而能够产生新专利。但是，以上产生的回归结果与理论分析的结果有一定差异，可能是由我国现行的促进企业科技创新的财政支出政策所引起的，由上文的现状分析可知，无论是国家财政投入还是企业自身的投入，对三项促进企业科技创新的财政支出的投入都不均，试验发展支出的投入量远大于基础研究支出和应用研究支出两项，甚至比这两项支出的总和都要大，可以说，基础研究支出与应用研究支出两项的投入量是微乎其微的。在如此巨大的投入差异中，基础研究支出和应用研究支出对规模以上工业企业的专利申请量的影响也将微乎其微，同时比较财政支出的规模与结构两项回归结果，各省投入到企业的财政科技支出和试验发展支出的系数十分接近，可以认为试验发展支出将在投入到企业的促进科技创新的财政支出中起到最主要的作用，所以会产生以上和理论分析结果有差异的回归结果。

此外，通过上文的理论分析，从符号上看，政府财政科技支出分别作用于三类活动，应当均有正向影响，结合我国财政科技支出的投入现状，在数值上，政府财政支出作用于试验发展上产生的影响效果要大于作用于应用研究上产生的影响，也要大于财政科技支出对基础研究的作用效果。产生这种现象的原因之一可能是企业自身是市场主要的生产者，企业最主要的活动就是进行生产，即属于试验发展的一种活动，政府提供资金，企业能够迅速反应过来，充分利用资金，完善企业的生产过程和技术，从而对企业的专利申请量会产生较大的影响。同时，政府采购可以为企业生产的新产品解决市场问题，使得政府的试验发展支出所体现出来的效果要大一些。而其他的两项支出，同样对企业有着促进作用，产生的效果却没有试验发展支出那样大。可能的原因是，基础研究和应用研究均需要大量的时间进行研究与开发，政府财政科技支出投入到这两项活动中的资金，并不能即时获得回报，存在时滞性问题。通过上文对财政科技支出结构的现状进行分析，另外的原因是，政府财政科技支出对企业的基础研究、应用研究活动，确实产生了影响，但是由于政府科技支出在这两方面的投入规模远没有投入到试验发展活动中的规模大，所以，产生的影响效果也不明显。除此之外，可能的原因还有财政科技支出作用于几类支出后，由于其资金的使用效率不高，资金使用的绩效无法合理地界定。

通过实证检验，发现检验结果与理论分析结果不一致，结合相关现状，进一步说明了财政科技支出的内部结构存在不合理之处，财政科技支出的绩效评价缺位，没有达到促进企业科技创新的目的，需要进行完善，使财政科技支出对企业的科技创新发挥真正的促进作用。

为了更好地检验模型的稳健性，采用更换被解释变量的方法进行回归分析，使用上文所提的企业科技创新的另外一种产出形式，即新产品的销售收入（IC）。检验步骤同上文，回归结果如表 5-16 所示。发现目标解释变量的显著性和符号均未改变，这说明模型是稳健的。

表 5-16　模型稳健性检验

解释变量	ln*IC*		
	(1)	(2)	(3)
$\ln X_1$	-0.0193 (-0.71)	—	—
$\ln X_2$	—	-0.0187 (-0.44)	—
$\ln X_3$	—	—	0.3014*** (3.16)
RD	3.1868*** (2.99)	3.1445*** (2.87)	4.5288*** (4.09)
ln*EIT*	-0.0503 (-1.52)	-0.0483 (-1.46)	-0.0345 (-1.07)
ln*RDP*	0.8319*** (6.81)	0.8264*** (6.72)	0.5024*** (3.30)
ln*RDN*	0.1945** (1.99)	0.2029** (2.08)	0.1677* (1.76)
观测数	208	208	208
截面数	30	30	30
调整后的 R^2	0.5395	0.5387	0.5634
面板模型	F	F	F

注：括号中为 t 值，***、**、* 分别表示 1%、5%、10%以下的显著性水平。

三、技术创新税收政策对企业技术创新的影响

此处将以税收政策为例，以上市公司为研究对象，对财税政策支持企业技术创新的效力展开实证分析。

（一）研究假设及变量选取

1. 研究假设

技术创新活动具有显著的正外部性，如果由市场来调节供给规模，会存在技术创新投资不足的情况，政府通过财政补贴或税收优惠等干预措施，减少企业从事技术创新活动的成本和收益，分担投资风险，有利于矫正市场失灵。尤其在当前经济处于“提质升级”的新常态下，对于企业技术创新的要求更加紧迫。但是，目前相关的税收优惠政策不系统、政府采购不完善、知识产权保护不力，对企业技术创新活动的整体激励不足。

除财税政策激励外，企业技术创新能力还受到自身规模和盈利能力等内部因素的影响。企业盈利能力越强，就越有动力和能力增加技术创新投入，提升企业技术创新水平。而企业规模对企业技术创新水平的影响因其行业特征等因素会有所不同。

2. 变量选取

（1）被解释变量

此处根据前文所建立的企业技术创新能力评价体系，将企业技术创新指数值作为被解释变量，以 *ETI* 表示。

（2）解释变量

税收优惠（Tax Preference），以 *TP* 表示。税收优惠额以企业当年利润总额与优惠税率（名义所得税税率-实际所得税税率）的乘积来衡量，即：

税收优惠额=利润总额×所得税优惠税率

=利润总额×（名义所得税税率-实际所得税税率）

其中，样本公司的名义税率，统一适用25%的所得税税率，与各样本公司当年所负担的实际所得税税负率相减，反映各样本公司所享受的所得税税收优惠比率，从而将高新技术企业、软件企业等享受的税率式优惠以及普遍适用的税前扣除等税基式优惠综合考虑进来，体现各公司优惠程度的差异。

对于企业所负担的实际所得税税率（Effective Tax Rate，ETR）的衡量，国外学者的研究中已形成不同的计算方法，例如：

①ETR=所得税费用/息税前利润（Porcano，1986）。

②ETR=（所得税费用-递延所得税费用）/（税前利润-递延税款费用/法定税率）（Shevlin，1987）。

③ETR=（所得税费用-递延所得税费用）/经营活动现金净流量（Zimmerman，1983）。

总的来说，各种方法都是基于对“ETR=所得税费用/税前利润”这个基本公式的分子分母进行调整而得。本书参考李增福（2010）对于所得税实际税负的研究，采用递延所得税费用对基本公式的分子分母加以调整，使用公式：

$$ETR=\frac{\text{所得税费用}+\text{递延所得税资产}-\text{递延所得税负债}}{\text{税前利润}+(\text{递延所得税资产}-\text{递延所得税负债})/\text{法定税率}}$$

在利用该公式计算各样本公司实际税率时，法定税率取自各样本公司年报中所披露适用的名义所得税税率。

表5-17显示了2009—2013年样本企业税收优惠水平的平均情况。不难看出，我国高新技术企业的名义税收优惠率在2009—2010年略有下降，而在2011年有了大幅度的提高，并且2011—2013年保持了上升的趋势。实际优惠率在2009—2013年处于不断波动的状态，但总体上呈现下降趋势。税费返还率较平稳，说明我国高新技术企业以税费返还的形式获得的税收优惠相对稳定。

表5-17　2009—2013年我国企业税收优惠水平的平均情况

变量	2009年	2010年	2011年	2012年	2013年	平均
名义优惠率/%	5.57	5.23	8.68	8.88	9.15	7.56
实际优惠率/%	11.72	9.68	10.13	9.31	8.31	10.69
税费返还率/%	12.93	16.73	14.37	13.16	14.18	14.41

（3）控制变量

①公司规模（$SIZE$）

公司规模通过上市公司年末总资产衡量，用$SIZE$表示。不同学者对公司规模与企业技术创新水平的相关性持不同观点。Fishman和Bob（1999）认为规模大的企业比小企业更有能力进行研发活动，使得技术创新水平更高。Bound 等（1982）认为两者之间是 U 形的关系，大公司与小公司相比所有公司的平均水平具有更高的研发投入密度和技术创新水平。王任飞（2005）认为小企业创新机制更灵活，反而有利于提升其技术创新水平。本书预测样本公司研发投入与资产规模呈正相关关系。

②公司盈利能力（*PROF*）

公司盈利能力通过息税前利润①与资产总额的比率来衡量，以 *PROF* 表示。相比外部融资，企业内部盈利能力越强，进行技术创新投资的能力越强，技术创新水平越高。同时，企业盈利能力越强，说明企业产品市场竞争能力越强，为保持这种竞争优势，企业也会投入更多的 R&D 支出，进一步提升其技术创新水平。本书预测样本公司技术创新水平与盈利能力呈正相关关系。

（二）研究模型

利用前文对 22 个行业沪深两市 A 股的 227 家上市公司②的企业技术创新指数评价结果，建立面板数据模型，检验 2009—2013 年这些样本公司技术创新水平与所得税优惠额之间的弹性关系，即所得税优惠增加 1%会带来多少比例的研发费用变动，并将公司规模、盈利能力这两个影响企业技术创新支出的主要因素作为控制变量加入面板模型中。由于企业的技术创新活动决策可能受到各因素的滞后影响，对解释变量取前一年（即 2008—2012 年）数据体现被解释变量 *ETI* 与各解释变量的滞后关系，建立如下回归模型：

$$\ln ETI_{t}=\alpha_0+\alpha_1\ln TP_{t-1}+\alpha_2\ln SIZE_{t-1}+\alpha_3 PROF_{t-1}+u_t \qquad (5-10)$$

其中，*ETI*、*TP*、*SIZE*、*PROF* 分别表示样本公司的技术创新指数、税收优惠额、公司规模以及公司盈利能力。为了消除价格因素和异方差的影

① 使用“息税前利润”反映样本上市公司当年的盈利情况，以排除所得税因素和负债水平因素对当年盈利水平的影响，避免解释变量之间变化趋势的相互影响。

② 筛选标准如下：a. 剔除此间退市或新入市的公司；b. 剔除被 ST 的公司；c. 剔除没有对研发费用进行披露的公司；d. 剔除其他解释变量在此期间有缺失值的公司；e. 剔除当年利润总额为负数的公司；f. 将计算的实际所得税税率大于 25%或小于 0 的公司作为异常值剔除。

响，此处对价值变量（*TP*、*SIZE*）取对数处理。主要变量定义见表 5-18。

表 5-18　主要变量定义

变量类型	变量名称	简写	定义
被解释变量	企业技术创新指数	*ETI*	企业技术创新能力评价体系评价结果
解释变量	税收优惠	*TP*	税收优惠额=税前利润×（所得税费用-递延所得税费用）/（税前利润-递延所得税费用/法定税率）（亿元）
控制变量	公司规模	*SIZE*	公司年末总资产（亿元）
	公司盈利能力	*PROF*	息税前利润与资产总额的比率

（三）检验结果及分析

1. 整体评价

本部分对 227 家上市公司 2009—2013 年的面板数据进行实证分析。由于影响企业技术创新水平的因素很多，不仅包括税收激励、产权制度等外部环境因素，还包括企业自身行业特征、资本结构、现金状况、营收能力等内部因素，不同企业在自身内部因素上的差异是随机的。同时，此处属于长面板数据，所以采用随机效应模型比较合适，回归结果见表 5-19。

表 5-19　税收优惠政策对企业技术创新水平的回归分析

解释变量	系数	标准误差	t 值	p 值
C	-1.904209	0.737980	-2.580298	0.010100
Ln*TP*	0.079817	0.037795	2.111832	0.035100
Ln*SIZE*	0.751805	0.070687	10.635720	0.000000
PROF	1.045152	0.727467	1.436701	0.151300
R^2	0.633382			
调整后的 R^2	0.591128	DW 值	1.494217	
F 值	52.205670	obs.	681	
Prob（F）	0.000000	面板类型	随机效应	

实证结果显示，模型的拟合优度为0.633，方程的拟合效果较好。F统计值的伴随概率为0，说明整个方程是显著的。

税收优惠政策对企业技术创新水平的激励效应在5%的水平上显著为正，估计的系数值为0.0798，反映样本公司享受的所得税优惠额每上升1%，其企业技术创新指数上升0.0798%，这说明我国以所得税为主的税收优惠政策对企业技术创新水平存在着正的激励效应，但短期内只产生微小的影响。另外，企业技术创新水平提升还受自身资产状况、盈利能力和负债情况的影响。

企业资产规模与企业技术创新指数在1%的显著性水平上正相关，系数为0.7518，反映随着样本公司资产规模每扩大1%，其企业技术创新指数增加0.7518%。企业的盈利能力和负债水平分别与其技术创新指数呈现正相关和负相关的关系，系数分别为1.0452和-0.4863，表明企业获利能力和偿债能力越强，对R&D活动的投入也越多，符合本书之前的预测。

2. 稳健性检验

为了证明回归结果的可靠性，还需要进行稳健性检验。企业技术创新水平除了受到税收优惠的影响外，政府补助（*GSUB*）作为政府财税政策重要工具，也会引导企业技术创新行为，可以作为解释变量进行分析。政府补助是企业无偿从政府方面取得的资产，广义上的政府补助包括财政拨款、财政贴息、税收返还以及无偿划拨非货币性资产。本书所指政府补助是企业年报中“营业外收入”部分会批注“计入当期损益的政府补助”，包括递延收益摊销、奖励、专项与其他补助。

因此，在稳健性检验中，重新构建回归方程。被解释变量仍为企业技术创新指数*ETI*，解释变量替换为政府补助（*GSUB*）。同时，在方程中加上几个能影响企业技术创新活动的其他因素并分析其影响程度。一是资产负债率（*DAR*），资产负债率表示资本结构，当负债产生的节税收益及资本运营收益大于负债成本时，资产负债率较高，表明资本利用充分，经营扩张的可能性强，但当该数值过高时，表明企业背负债务过重，会对企业技术研发活动产生不利影响，进而降低企业技术创新水平；二是产权比率（*RLE*），衡量企业长期偿债能力，偿债能力越强，越能吸引资本的投入，为技术创新人才引进提供保障；三是长期资产投资增长率（*GLA*），企业用于购建固定资产、无形资产和其他长期资产支付的现金越多，其可持续发展能力和企业技术创新能力越强；四是债务筹资比率（*RCB*），高新技术企业需要的资金巨大，如果债务筹资比率大，取得借款收到的现金多，说明筹资环境优良，但同时也需要承担一定的债务成本，对企业技术创新行为产生负效应；五是净资产利润率（*ROE*），反映企业获利能力，获利能力提升使得企业拥有更多的资源投入到R&D 活动中，提升企业技术创新能力；六是大专以上学历员工比例（*DZX*），反映企业人力资本构成，比例越高，企业进行研发的力量越强，企业技术创新能力越高。

以上数据来自巨潮资讯网和国泰安 CSMAR 数据库。各变量类型、名称、定义见表 5-20。模型具体设计如下：

$$ETI=\beta_0+\beta_1 GSUB+\beta_2 DAR+\beta_3 RLE+\beta_4 GLA+\beta_5 RCB+\beta_6 ROE+\beta_7 DZX+\upsilon_1$$

其中，β_0 为常数，β_1、β_2、β_3、β_4、β_5、β_6、β_7 为回归模型系数，υ 为随机扰动项。同样，为了消除价格因素和异方差的影响，此处对价值变量取对数处理。

表 5-20　模型变量说明

变量类型	变量名称	简写	变量定义	预期符号
被解释变量	企业技术创新指数	*ETI*	企业技术创新能力评价体系评价结果	
解释变量	政府补助	*GSUB*	企业年报中披露的“计入当期损益的政府补助”	+
控制变量	资产负债率	*DAR*	债务总额/资产总额	—
	产权比率	*RLE*	负债总额/所得者权益总额	—
	长期资产投资增长率	*GLA*	构建固定资产等支付现金增长额/期初支付现金额	+
	债务筹资比率	*RCB*	取得借款收到的现金/筹资活动现金流入	—

续表

变量类型	变量名称	简写	变量定义	预期符号
控制变量	净资产利润率	*ROE*	净利润/所有者权益平均余额	+
	大专以上学历员工比例	*DZX*	大专以上员工人数/总人数	+

表 5-21 为模型稳健性检验结果，从中可以看出：在 10%的显著性水平下，财政补助与企业技术创新水平成正比。政府补助每提升 1 个百分点，相应企业技术创新指数提升 0. 3291 个百分点，作用方向与前面税收优惠的作用方向相同，从而检验了前面回归方程结果具有稳健性。*DAR*、*RLE* 和 *RCB* 与企业技术创新能力负相关，证明了企业负债规模过大、负债率过高会阻碍企业将资金投向研发领域，制约其技术创新水平的提升。而 *GLA*、*ROE* 和 *DZX* 与企业技术创新水平成正比，也与前面假设一致，说明企业利润率和高学历人才有助于企业技术水平提升，但 *GLA* 未通过 10%的显著性检验，表明企业投资增长并未相应带动企业技术水平提升，需要进一步检讨当前的投资政策及投资领域。

表 5-21 模型稳健性检验结果

变量	参数估计值	参数标准误差	T 统计值	P 值
C	0. 022755	0. 069293	0. 296	0. 7876
GSUB	0. 3291	0. 0200	1. 719	0. 0845
DAR	-0. 20934	0. 1010	-2. 045	0. 021
RLE	-0. 10653	0. 046	-2. 673	0. 003
GLA	0. 00832	0. 00431	1. 3977	0. 1574
RCB	-0. 1676	0. 0615	-2. 39	0. 0065
ROE	0. 41459	0. 1988	2. 72	0. 018
DZX	0. 04311	0. 08246	0. 49023	0. 626
adj. R^2	0. 41984			
F-STATISTIC	6. 894			

（四）回归结论

通过前面的回归分析及稳健性检验结果可知，我国企业所得税税收优惠政策有助于提升企业技术创新水平，但激励效果较弱，这与税收优惠政策效应发挥的长期性、滞后性特点以及我国税收优惠政策的缺陷有关。相对于政府直接财政资助针对性强、反应迅速的特点，政府税收优惠政策是通过税收手段调节纳税主体的收入从而间接影响纳税主体的行为，更侧重长期的激励与引导，并强调在政府宏观调控的框架下企业的主动性。而企业作为市场微观经济主体，其经营活动完全基于自身经营状况和经济利益的判断，使得税收优惠政策效果的发挥因企业自身特点而异。企业税收优惠政策更多的是一种事后支持，只有当企业的技术创新经济行为符合优惠条件或者产生创新成果时才能得到税收的优惠，而优惠的获益与技术创新活动的成本收益及风险之间的权衡，也是企业技术创新活动决策的重要考虑因素。这都使得税收优惠政策效用的发挥滞后，短期效果较差。另外，我国的税收体系是以流转税为主，企业承担的流转税税负重于所得税，而企业技术创新税收优惠是以所得税为主，不足以刺激企业技术创新投入的动力，从而失去了提升企业技术创新能力的基础；优惠方式重点在减免税及优惠税率的直接方式上，间接优惠方式设计不够全面，优惠对象侧重特定企业而非项目，使得我国技术创新税收优惠政策效用的发挥在企业范围上受限，优惠程度大大削弱。

本书对我国企业技术创新水平与技术创新税收优惠政策现状、存在的主要问题进行了全面分析，得出的主要研究结论如下：

第一，近年来，通过企业技术创新指数的变化，发现我国企业技术创新水平不断提升，表现为投入能力、产出能力、管理能力等不断提升，但与发达国家相比，我国企业的技术创新能力相对不足，表现为企业 R&D 经费、人力投入规模和强度仍处于较低的水平；我国对基础研究的投入长期偏低，投入结构亟须优化；企业发明专利拥有量不够，对外技术依存度高。综合来看，我国企业特别是广大中小企业的 R&D 投入在财力、人力上都还不足，对技术成果的转化能力不够。同时，通过对现行技术创新税收优惠政策的归纳、梳理，本书认为，我国技术创新税收优惠政策体系存在诸多缺陷：法律层次低，缺乏稳定性和权威性；优惠方式偏重对税率的直接优惠，不利于对中小企业技术创新的激励；优惠税种偏重企业所得税，与我国主体税种不相符；

优惠对象是以企业和特定产业为主，对研发项目以及人力资本的优惠较少；优惠环节设计不科学，更倾向于研发创新成功企业的终端环节。

第二，本书筛选出 227 家上市公司并收集相关数据，建立样本公司 2009—2013 年技术创新指数与 2008—2012 年各公司所得税优惠额、资产规模、负债水平、盈利能力的面板数据模型，反映样本公司技术创新水平与其前一年享受所得税优惠额的弹性关系，模型结果显示：企业税收优惠有助于提升其技术创新水平，样本公司享受的所得税优惠额每上升 1%，其技术创新指数上升 0.0798%；样本公司技术创新水平与其总资产和盈利能力呈正相关，与负债水平呈负相关。检验结果说明，我国以所得税为主的税收优惠政策对企业技术创新水平存在着正的激励效应，但短期内只产生微小的影响；企业技术创新水平还受自身资产状况、盈利能力和负债情况的影响。

第三，基于对我国企业技术创新水平、R&D 税收优惠政策现状的分析与实证分析结果，本书提出完善我国技术创新税收优惠政策的思路：加快立法进程，提高技术创新税收优惠政策法律位阶；以“普惠制”取代“特惠制”，进一步扩大技术创新税收优惠政策适用范围；实现直接优惠方式向间接优惠方式转变，强化对中小企业税收激励；调整技术创新税收优惠政策税种结构，适当加大流转税对企业技术创新活动的优惠力度。在优化思路的基础上，本书在第七章提出了具体的完善我国技术创新税收优惠政策对策建议。

第六章
国外财税政策的措施及经验启示

财税政策作为国家宏观调控的重要手段，在刺激企业增加科技投入、促进企业技术创新过程中被各国广泛运用，具体有如下形式：一种是直接支出，即通过财政资金进行直接投资、财政补贴、政府采购等；另一种是间接投入，即政府通过税收优惠政策，如减免税、加速折旧、费用扣除、投资抵免等，将本来应上缴财政的部分资金留给企业。同时，西方国家还致力于优化财税政策，以营造良好的企业技术创新社会环境。本章将对国外激励企业进行技术创新的做法进行介绍，并概括出对我国的启示。

第一节　财政类政策

在企业技术创新水平较高的国家与地区，政府注重财政政策的支持鼓励，一般而言，财政的 R&D 经费投入占到全社会 R&D 经费投入的 20%～30%，并更加注重财政资金的引导作用。财政政策工具包括政策性贷款、风险投资、财政补贴、政府采购等。

一、财政补贴

国外政府对企业的补贴通常有两种形式，一种是对符合标准的企业进行直接补助，另一种是政府设立基金，并由这些基金对符合要求的企业进行补助，属于间接补助。

在财政补贴方面做得最好的是日本。日本政府专门设立了奖励和促进民营企业、科研所等从事技术研发的财政补助金。该类补助金实质上是财政资金专项补贴给从事科学技术研究的各类单位，如日本通产省的重要技术研究开发费补助金、厚生省的科学实验研究费补助金等。这类财政补贴分布广泛，能够实现对各科研领域的对口支持。企业进行技术研究、应用研究的经费或研究开发所必需的设备费和运转费中有一半是由政府提供的补贴。如“战后”日本政府先后向企业提供了工矿业重要技术研究开发费补助金（1967年）、民间运输机械开发补助金（1968年）、促进电子计算机技术开发补助金（1972年）、能源技术开发补助金（1973年以后）、下一代产业基础技术研究开发委托费（1981）等。这些政策为日本企业在技术上赶超先进国家起到了重要的推动作用。

韩国政府对于私营企业承担或参与核心技术开发、基础技术开发、产业技术开发、替代能源开发的国家研究开发项目任务的，给予研究开发经费50%的补贴。对于个人或小企业从事新技术商业化的，给予总经费80%～90%的资助。

二、政策性贷款

美国国家科学基金会1977年和1982年分别设立“SBIR”（小企业创新研究）和“STTR”（小企业基础转移计划）两项贷款计划，旨在为那些在技术创新等方面具有潜质的企业提供开发资金，帮助其创新。这两项计划迄今为止已经资助了数千个小型高技术公司的创新活动。

英国的政府贷款保障计划规定，金融机构对中小企业80%的中期贷款由政府担保。政府对科技型中小企业的短期支持资金允许通过银行信贷、财产抵押、发行股票等方式取得。同时，为支持国民创办科技型中小企业，英国政府通过财政投融资直接向中小企业注入资金，支持企业创办和发展。

日本的《高技术工业密集区开发促进法》中规定各类金融机构和基金会对开发区的项目提供优惠信贷。如日本开发银行对高技术企业的贷款年限可长达25年，贷款额50%的利息可以按照低利率计算，小企业金融公库还对技术型小企业发放期限25年，年利率大约为正常利率1/3的特别贷款。另外，日本通产省和邮政省还成立了基础技术研究促进中心，向从事技术研究开发的小企业提供有条件的无息贷款。

德国联邦政府出资与州政府合作创办了政策性银行，专门为中小企业提供资金和融资服务，如复兴银行和平衡银行。政府每年会从税收中安排一部分资金充实这两家银行的资本金，使其资本金从开办时的 20 亿马克，发展到现在的 230 亿马克（资本自我滚动发展 72 亿马克，实际增资 138 亿马克），从而不断增强对中小企业的融资能力。

三、风险投资

风险投资起源于 1946 年的美国。美国的风险投资业十分发达，1999 年，美国的风险投资额高达 400 亿美元，受益企业为 1 190 家，90%的资金用于生物、通信、计算机、电子、环保、医疗器械、半导体、软件和信息等产业，这与美国大力支持风险投资的财税政策密不可分。一方面，加大财政资金参与的风险投资力度；另一方面，降低风险投资企业的所得税税率，从 20 世纪 80 年代开始，美国政府就开始降低资本收益税的税率，目前为 20%（最早为 49%）。同时采取相应的减免税政策，对于风险投资企业的 60%的所得额予以免税，剩余的部分减半征收。就政府而言，美国政府下设的中小企业管理局通过执行“小企业投资公司计划”，使风险投资成为政府行为的一部分，为初创期和成长期的小型公司提供了关键资金援助。同时，美国政府也为风险投资公司提供贷款担保及减税等政策支持。这直接刺激了大量资金涌入高新技术领域，风险投资资本在 20 世纪 80 年代初大约以每年 46%的速度激增，1980 年达 6. 8 亿元，1983 年就超过了 334 亿元。而正是风险投资资本的迅猛发展，促进了美国高技术企业的发展。像微软、英特尔、苹果这些著名的高科技公司都是依靠风险投资成长起来的。

印度对从事风险投资的资本利得给予免征税。印度的红利收入是免税的，也就是说，风险投资企业和风险投资者基本上是享受免税待遇的。尤其是软件、信息技术、生物技术、专利产品生产等重要的行业，资本利得和红利收入长期免税。印度颁布了《印度—毛里求斯税收条约》来刺激海外投资者的风险投资，吸引了越来越多的海外风险投资基金。

法国建立了比较规范的风险投资体系和风险担保体系用以对科技型中小企业实施资金援助。如政府通过下设的“创新财务公司”购买有价证券、分担贷款利息，以此为科技型中小企业减轻资金负担。针对研发失败可能导致的损失，法国对科技型中小企业实施政府信用的风险保证，减轻了金融机构的后顾之忧。同时法国政府成立了“风险资本联合基金”，直接对技术型公司提供创新资金。此外，法国政府不断在所得税和资本利得税等方面采取降低税率、提高 R&D 支出扣除比例等优惠措施，尽可能降低企业税收负担。针对直接投向科技型中小企业的风险投资基金，法国税法在基金交易和收益过程中实施税收优惠，以鼓励基金投向技术型公司。

四、政府采购

随着技术创新在全球政治、经济、军事竞争中战略地位的提升，各国政府纷纷加大对技术创新的政府采购比例，在这方面最成功的范例是美国。

一是为促进本国企业技术创新而优先购买本国产品。美国 1933 年颁布的《购买美国产品法》中明确规定，“政府采购时要保护本国工业”，要求联邦政府在实施政府采购时，要采购一定比例的美国原材料和产品。美国政府每年要开支上千亿美元采购本国企业的高新技术产品，包括计算机、通信设备、新型飞机等，极大地补充了计算机工业、半导体、集成电路等产业在发展初期不成熟的市场需求。政府将这些产品大胆应用于航空和国防等领域，将高新技术转化为有形优势，有力地证明了产品的可靠性，加速了新技术在流通领域的扩散。

二是完善采购制度，对本国高新技术产品实行首购政策。美国不断完善采购制度，包括五个方面：招标制度、作业标准化制度、供应商评审制度、审计监察制度和交货追查制度。为了执行这项制度，美国专门设立了美国事务管理总署，并且还下设与之配套的联邦供应局。为了扶持和发展本国的计算机、集成电路、航空航天和生物制药等高新技术，对本国高新技术产品实行首购政策，通过首购政策的实施，推动了美国高新技术产业的发展，使美国高新技术产业处于世界领先地位。同时，注重对中小企业技术创新的支持。美国于 1983 年启动了中小企业创新工程（SBIR），为了支持中小企业进行技术创新活动，美国政府规定在政府采购过程中优先考虑中小企业技术创新活动的产品和服务，这些产品和服务涵盖了美国民用和军用的各个领域，极大地解决了中小企业技术创新产品和服务销路问题，使美国的中小企业得到充分的发展。

三是加强政府采购的审计与监督。美国政府采购政策的审计非常严格，规定也非常详细，包括：对采购合同金额审计、对采购项目程序审计，以及对相关采购信息审计。无论是采购合同项目程序还是采购资料，都必须由专业人员进行严格审查，以确保采购事项的真实。美国还有一项与政府采购政策的审计制度相匹配的申诉制度。

法国的政府采购监督体系十分健全，包括议会监督、部级委员会监督、司法监督和公共会计监督。议会对政府采购计划、项目、标准及决算实施全过程监督；部级委员会对政府采购的执行过程行使监督权，审计法院审定采购事项支出账目和决策者决策行为的合法性，公共会计则通过公共支出的具体执行环节对政府采购行为及决策实施监督。

第二节　税收类政策

一、税收减免

税收减免是直接从应纳税额中进行减免，是一种税额式减免措施。税收减免能很好地体现国家对企业技术创新的支持导向，通常有免税期优惠、对特定收入免税和实行低税率优惠①等做法。税收减免可减轻企业的税收负

① 免税期即企业在一定期间内的收益不缴纳所得税，包括企业的创业期免税和对特定种类的所得实行免税期等做法。而低税率，即对一些特定部门或地区的企业实行较低的优惠税率，包括所得税和流转税的税率优惠，一般情况下以所得税税率优惠居多。

担，以此调动企业的技术创新热情，增强企业技术研究与开发的资金支持。

美国在实行税收减免促进技术创新方面做得比较成功。美国通过《1981年经济振兴税务法》首次提出了企业技术创新税收优惠措施。对与高新技术有关的 R&D 支出可直接税前扣除，而不必作为资本项目逐期进行扣除。如果当年 R&D 支出超过前 3 年的平均水平，其多余的部分给予 25%的税收抵免。如果企业当年没有盈利，或没有应纳所得税额，则其抵免额可以向前追溯，向后结转，其年限分别是 3 年和 7 年，共计 10 年。企业对于高校和非营利机构捐赠的仪器作为慈善捐赠，允许在税前扣除。对于企业技术更新改造的设备投资，可按其投资额的 10%抵免当年应纳所得税额；新购买的资本设备，如法定使用年限在 5 年以上，其购入价格的 10%可抵免当年的应纳所得税额，如法定使用年限为 3 年，抵免额为购入价格的 6%。1986 年的税制改革方案规定，对于通过合同委托大学帮助自己完成基础研究课题的公司，允许将其科研费用的 20%抵免应纳税款。另外，美国的减税政策不只针对本国科技型中小企业，也面向风险投资公司，增强了技术创新整体实力。从克林顿政府至今，美国采取的减税政策使科技型中小企业在 10 年间受惠数十亿美元。到了 2017 年 12 月，特朗普政府提出了 30 多年来最大减税幅度的税改法案①，这些持续不断的资本减税有效吸引了大量民间资本参与创业投资，减轻了财政负担。

1983 年，法国制定了《技术开发投资税收优惠》，规定特许权使用费和专利权的销售收入如果在 3 年内用于再投资，则免于征税。在鼓励企业职工培训方面，企业人员培训费用较上一年增加额的 25%可抵免应交税款，抵免限额为每年 100 万法郎。凡是研发费用较上一年增加的企业，可按照增加额

① 特朗普政府减税方案未来 10 年大约减免税收 1.4 万亿美元，主要包括个人所得税和企业所得税两个税种，个人所得税从税率（由七档降为四档）、标准抵扣额（单身和夫妇两个标准）、列举抵扣额（保留房产税、房贷利息、慈善捐赠扣除，其他取消）、儿童税收抵扣（提高标准）、遗产税（提高征收门槛，6 年后取消）、替代性最低限额税（取消）等方面进行了调整；企业所得税从公司所得税（由 35%降至 20%，取消企业 AMT）、属地制纳税（设立 10%全球最低税率，国外收入拿回美国不再征收）、海外利润汇回一次性税收政策（一次性征税 12%，再投资为 5%）、投资（允许短期资本投资作为运营费用抵销收入）、边境调节税（取消）等方面进行了调整。

的25%抵免当年企业所得税，后来这一比例提高到50%。从1991年起，税收抵免基点由原来的比上一年研发投入的增加额改为比前两年的研发支出平均数的增加额，但是抵免限额有上限。如果企业研究开发支出下降，则按照其减少额的50%冲减次年的税收抵免限额。

二、费用扣除

费用扣除投资税收抵免一般认为是与固定资产投资相关的另一种税收优惠形式，即企业可以用固定资产投资额的一定比例直接冲减当年应纳所得税税额，而现在延伸到研究开发费用。允许企业将用于技术创新过程中研究、开发与实验的费用在税前部分或全部列支，可以减轻企业税收负担，促进企业加大科研投入和鼓励技术创新。

美国企业R&D费用可通过两种方式扣除：一是资本化，采取类似折旧的办法逐渐扣除，扣除年限一般不少于5年，用于软件的费用可缩短到3年；二是在R&D费用发生当年做一次性扣除。企业如委托大学或科研机构进行基础研究，所支付的研究费用的65%可直接从应纳所得税中抵免，企业该项费用按规定办法计算所增加部分，20%可直接冲减应税所得额；如企业当年没有盈利或没有应纳税所得额，则允许减免额和费用扣除可往前追溯3年，往后结转7年，其中费用扣除最长可顺延15年。

值得一提的还有加拿大的SR&ED①计划，该计划鼓励企业进行R&D活动。计划的内容主要体现在加拿大联邦所得税法及有关条例中。SR&ED计划适用于在加拿大生产经营并从事研究和实验开发的任何企业，以税收抵免优惠为主，对于SR&ED申请人、SR&ED活动及SR&ED费用在税法上进行了严格、明确的定义。SR&ED计划主要由费用税前扣除和税收抵免两部分构成，具体为：

（1）对于符合条件的SR&ED经营性支出和资本性支出，税法规定，在发

---

① SR&ED计划：即科学研究与实验开发税收激励计划（The Scientific Research and Experimental Development tax incentive program）。

生当期立即全额扣除（其他活动的资本性支出都只能通过折旧递延扣除）。

（2）加拿大联邦政府将符合税收抵免申请条件的企业分为三类：加拿大人控股的私营公司（CCPCs）；独资企业、合伙企业以及信托公司；其他公司。不同类型的申请人类型，享受的抵免优惠额度不同。税收抵免以“现金返还”为主要受益方式。抵免基数为企业当年 SR&ED 活动实际支出。在三类公司中，只有“其他公司”没有使用的税收抵免可以在一定限制条件下向前追溯或向后结转，其他公司均不可。表 6-1 归纳了加拿大不同类型企业税收抵免比率和现金返还比率。

表 6-1　加拿大不同类型企业税收抵免比率和现金返还比率

企业类型		SR&ED 费用	税收抵免比率/%	现金返还率	
				经营性支出/%	资本性支出/%
加拿大人控股的私营公司	上一年度应税所得额小于等于 50 万加拿大元，并且以前年度的应税资本小于等于 1 000 万加拿大元	小于费用限额数部分①	35	100	40
		超过费用限额数部分	20	40	40
	上一年度应税所得额大于等于 50 万加拿大元、小于 80 万加拿大元，并且以前年度的应税资本大于 1 000 万加拿大元、小于 5 000万加拿大元	小于费用限额数部分	35	100	40
		超过费用限额数部分	20	0	0
	上一年度应税所得额小于等于 80 万加拿大元，并且以前年度的应税资本大于等于 5 000 万加拿大元	—	20	0	0
独资企业、合伙企业以及信托公司		—	20	0	0
其他公司		—	20	40	40

数据来源：杨博．加拿大企业科学研究与实验开发税收激励计划［J］．会计之友，2012（7）．

① 费用限额根据企业以前年度应税所得额及应税资本计算得出。第一类最多为 300 万加拿大元，第二类逐步减少，第三类为 0。

三、加速折旧

由于高新技术产业投资的正外部性，在完全市场经济条件下，设备投资的社会收益率大于私人收益率，因此，应提倡对设备投资给予特殊优惠待遇。加速折旧就是对原始投资实施税收优惠所采取的一种传统做法。采用加速折旧的方法也可以促进企业技术创新。加速折旧的具体做法各国有不同的规定，最通常的做法是缩短技术型企业使用的固定资产的折旧年限。

如美国对于高新技术行业研发所使用的仪器设备给予 3 年的折旧期，是折旧年限最短的设备。高新技术产业普通生产设备的折旧期为 5 年，年限也较短。设备使用年限在 10 年以下的，可采用双倍余额递减法；10 年以上的，可采用 1.5 倍折旧法。

德国税法规定，对企业购置的用于 R&D 的固定资产，除每年正常提取折旧之外，在资产取得的当年及以后的四年内，每年可追加计提 40%的折旧额。

在日本，研发费用既可以选择资本化处理，也可以选择在当期全额直接税前扣除，同时也允许两者兼用，即按照一定比例直接扣除，其余部分按照递延资产处理。

第三节 管理服务类政策

一、制定技术创新发展规划

在技术创新发展规划方面，不得不首先提及日本。日本在“战后”短短的几十年时间里，就走完了西方国家需要几百年才能完成的技术创新工作，其主要诀窍在于制定了合理的“吸收性发展战略”。该战略的重点是在引进技术的基础上消化吸收并自主创新，最终建立自己的技术创新系统①。20世纪70年代后期，日本为了适应高技术的发展和激烈的市场竞争，确立了以引进技术与独创相结合的科技发展战略，实行了“官、学、民”三位一体的科技管理模式。这种模式把政府、大学和企业的优秀科研人员集中在一起，组成重点项目攻关小组，突出团队意识和民族精神，着眼于挖掘人的智慧和潜能，这种官民结合、市场与等级制组织结合的独特管理模式，使政府能够通过各种方便之门进行有选择的干预。1981年日本政府开始实施“下一代产业基础技术研究开发制度”，“科技政策大纲”不断推陈出新，创新的重点始终集中于高新技术产业。在1996年到2006年，日本政府制定了三个技术创新发展规划。第一个是“以科学技术创造立国”的行动计划，大幅度增加了科技投入，将R&D经费增加了一倍，营造了良好的技术创新环境；第二个是突出重点领域的技术创新投入，并重视对创新人才的培养；第三个是在前两个规划取得成绩的基础上，确定并发展有利于国家发展的重要领域。

美国政府通过提供行业发展环境和政策引导，采用分权型的法律法规及证券、税收、会计、公司研发治理等，重点支持科技型企业的开拓与成长，并保证中小企业发展的良好投资环境。

二、完善对企业技术创新的服务

加大对企业提供技术创新服务力度，是促进企业技术创新活动的重要举措。相关服务包括管理咨询、技术培训、技术信息平台等。在这方面美国、巴西等国的成效尤为显著。在信息服务方面，美国政府有“企业信息中心”来提供给中小企业关于现行最新技术开发的信息咨询服务。另外，还设立了LINKS联系网络机构来进行信息沟通和交流的辅助工作。英国政府主持建立了工商联系网，将原本一盘散沙似的中小企业主们通过现代网络工具集聚起来，发挥抱团效用。在技术咨询和推广方面，美国科技界联合建立各种类型

---

① 有资料表明，日本各产业部门从国外购买专利技术的费用总额与消化吸收经费之比平均为1∶7，而我国1997年大中型企业引进技术经费与消化吸收经费之比为17∶1，二者存在天壤之别。

的有助于推广企业尤其是中小企业科技创新的技术推广中心，进一步促进科技成果的产业化进程。巴西政府设立了微小企业咨询服务台，主要为实力弱、很难获得市场即时信息的微小企业提供相应的技术咨询服务。另外，还设立了制造推广技术中心，有助于中小企业自主创新技术的市场化成果转化。日本则设立了公立试验所，为缺乏高端试验设备但有志于自主创新技术研发的中小企业提供试验场所。在管理咨询服务方面，有美国联邦小企业署（SBA）协助建立的遍及全国各地的“小企业发展中心”、教育界近500所高等院校成立的“小企业院校”退休经理服务团和在职经理服务团。在巴西，政府主持建立了微小企业咨询服务台，以便于微小企业的管理人员可随时对相关培训政策进行咨询。

三、营造良好的创新环境

韩国积极营造创业投资发展的良好市场环境。韩国政府加大对政府所属风险投资公司的支援力度，增加低息贷款专门用于对技术型企业投资。同时韩国所设的中小企业振兴基金还与外国投资者联合成立“韩国风险投资基金”，也能提供资金支持。在行政和服务方面，韩国政府尽可能取消对风险企业的行政限制，执行风险企业认证制度，提供政策咨询等。

英国政府强调创业精神和能力的重要性。英国《建设知识推动的经济》白皮书中强调创业精神对经济增长的重要作用，强调创业能力是能够抓住新商业机遇的能力。英国社会把新思想比喻为知识经济体系下生产用原材料，通过不断宣传知识和技术在全球竞争中的战略重要性来提高全民创新意识，促进科技事业发展。为支持科技型中小企业发展，英国政府在人力资源方面采用了小企业优先的战略。一方面，英国政府通过规定各类高校必须为中小企业提供管理方面的培训，帮助企业优化运营管理机制；另一方面，英国政府还强制规定高校毕业生在正式工作之前必须要在中小企业进行15个星期的商业培训，以此吸引高层次人才到中小企业就职。在沟通与服务方面，英国政府专门成立了培训资源中心，协助中小企业制定发展规划并提供管理、技术、资金等方面的信息咨询服务。同时，英国政府还通过设置各类奖项来鼓励创新，如“出口和技术”女王奖授予对英国工业有杰出贡献的人，麦克罗伯特奖授予在技术创新方面成绩卓越的人等。

日本在营造良好的创新环境方面的表现也是可圈可点，不断培养国民科技忧患意识。日本政府在追赶美国的创新步伐中深感自身创新精神的匮乏，因此日本政府不断改革教育体制和雇佣体制，还通过出台《科技基本法》和《科技基本计划》强调创新精神，在营造国民创新环境方面做出了巨大努力。日本在提升企业技术创新水平方面采取了以下措施：一是提供技术指导，二是提供技术信息，三是提供技术培训，以此来加速先进技术的出现，提升企业的技术创新水平。

第四节　国外企业技术创新财税政策的经验借鉴

通过比较和分析，我们可以发现，尽管各国实行的科技财税政策各异，优惠方式不一，但也有一些共同的经验，可为我们所借鉴。

一、财税支持政策法制化和运行机制化

创新型国家重视科技财税政策的法制化建设和法制化管理，并且这种趋势在近20年得到进一步加强。通过法律法规制定科技税收激励政策，可增强政府政策的严肃性，增强政策本身的刚性，对促进该国经济发展特别是企业技术创新起到了重大作用。如美国，其制定的科技财税政策融汇于《经济复兴税法》《小企业投资法案》《史蒂文森—韦德勒技术创新法》《小企业技术创新发展法》《国家合作研究法》《联邦技术转移法》《技术扩散法》《加强小企业研究发展法》《21世纪纳米技术研究和开发法》等法案，形成了支持技术创新的税收激励政策法律框架。再如日本制定了《促进基础技术研究税则》《增加试验研究费税额扣除制度》，法国制定了《研究开发经费税收抵免制度》等。韩国在《技术开发促进法》中确立“技术开发准备金制度”，并颁布《外资引进法》《税收减免控制法》，以法规形式规定了国家的税收优惠政

策等无不体现出这一特点。

二、加大对技术创新的财政投入

政府财政投入是科技投入的重要来源之一，更重要的是起到了引导和偏好显示的作用。并且，政府财政也向企业提供了一种隐含的政府信用，即政府财政资助的企业技术创新是基于政府层面的信用，所以，其决策风险将大大降低。从国外技术创新的财政投入形式来看，包括财政补贴、财政投融资、政府采购、技术创新基金等，这些形式对我国具有很强的借鉴意义。

财政补贴是国外支持企业技术创新活动的最常见方式，主要是根据企业研究开发支出实施财政扶持；财政科技投融资计划在构成上主要是政府特别支出和政府依靠信用手段筹集的民间资金两部分，通过直接投资、贴息贷款以及信用担保等措施支持企业的技术研发活动；政府采购刺激高新技术产品市场需求，在美国等国家取得了极大成功，极大地促进了本土技术创新；西方国家名目繁多的技术创新基金是企业技术水平提升不可或缺的因素，尤其是要发挥财政出资基金的引导和调节作用。

从各种形式的财政投入绝对规模来看，我国 R&D 经费支出增长幅度还是比较大的，但强度不足，也大幅低于西方发达国家（见表 6-2），主要原因是西方国家在保障技术创新经费的法律制度方面进行了严格的规范，如美国的《国家科学技术政策、组织和重点法》、法国的《研究与技术发展的方针和规划法》和日本的《科学技术基本法》等，而且对其实施细则进行明确的量化管理，增强了法律法规的执行力。反观我国，保障技术创新经费的法律制度不健全，而且执行监督机制不完善，在短期以经济增长为主的政绩考核目标下，地方政府不倾向于增加技术创新财政投入，导致财政科技投入长期不足。

表 6-2　部分国家 R&D 经费支出及经费投入强度

国家	R&D 经费支出				R&D 经费投入强度/%			
	2008 年	2009 年	2010 年	2011 年	2008 年	2009 年	2010 年	2011 年
中国/亿元人民币	4 616	5 802	7 063	8 687	1. 47	1. 70	1. 76	1. 84
美国/亿美元	4 037	4 016	4 087	4 152	2. 84	2. 90	2. 83	2. 77
日本/亿日元	173 772	158 177	156 965	159 451	3. 47	3. 36	3. 26	3. 39
法国/亿欧元	411	427	436	449	2. 12	2. 26	2. 25	2. 25
德国/亿欧元	665	670	699	748	2. 69	2. 82	2. 82	2. 88

数据来源：《中国科技统计年鉴 2013》。

三、重视风险投资的资金扶持作用

世界各国风险投资的发展都离不开政府行为的支持。欧美各国主要以证券市场为融资阵地，风险投资机制是各国促进创新的最主要力量。为支持科技企业迅速发展，世界各国纷纷为风险投资设立流通和退出机制，即创业板市场或二板市场。欧美国家风险投资发展历史较长，其资本市场发育程度也较高，如著名的美国 NASDAQ 市场、英国新市场（AM）、法国新市场（LNA）等。在亚洲经济体中，比较著名的创业板市场有日本 JASDAQ 市场、新加坡 SESDAQ 市场、中国香港创业板市场（GEM）等。创业板市场能给高新技术产业发展创造良好的资本环境，有助于提升国家自主创新实力。如美国的纳斯达克资本市场的交易对象就是高成长的中小企业，其中高科技企业占有绝对比重。事实证明，创业板市场是科技型中小企业投融资体系中的重要一环，对其发展具有不可或缺的作用。

四、实现税收优惠政策工具多样化和规范化

主要国家对其研发活动的税收优惠措施具有多样化的特点，包括税基式（直接扣除、加计扣除、加速折旧）、税率式（低税率、差别税率）、税额式减免（税收抵免、直接税额减免）等措施，其优惠手段多样，并且对不同的企业在不同的时期给予不同的优惠政策。同时，在税种方面，注重直接税与

间接税相结合，以间接税为主。运用最多的是企业所得税、个人所得税和增值税①。实行税收减免等激励政策的其他税种，还包括投资税、财产税、工商税等。以下将以税收抵免和延期纳税为例进行分析。

税收抵免是较为常见的税收激励措施，很多国家都采用税收抵免的措施来鼓励企业的技术创新活动（见表6-3）。与税收扣除额的计算原理相同，税收抵免也有三种方式。

表6-3　采取税收抵免的OECD国家

国家	基于总量	基于增量	中小企业特殊优惠
奥地利	8%	—	—
加拿大	20%	—	总量的35%
法国	5%	45%	—
日本	10%~15%	—	总量的15%
韩国	15%	50%	—
墨西哥	30%	—	—
荷兰	14%	—	总量的42%
美国	—	20%	—
西班牙	30%	50%	—

数据来源：OECD, Main Science and Technology Indicators 2016-2.

法国、奥地利等国家针对投资项目及股票进行税收抵免，而美国和日本等国家则只针对具体的设备进行抵免，这些措施使企业及其他投资者向特定高技术项目或设备投资，有利于获得更多的社会资源，能够从源头上支持高新技术企业的发展。

延期纳税是指以推迟纳税时间的形式来缓解企业的税收负担，按照权责发生制原则，计提折旧的方法应当与其收益实现的时间相匹配，从事技术创新活动的收益应当在之后的各期获得。但是由于高新技术企业技术创新活动的风险性，政府以允许企业对其研发所用机器设备提前进行折旧的方式来鼓励其进行研发活动，许多国家都给予其加速折旧的优惠政策。具体政策分为

① 如采用消费性增值税鼓励企业进行设备改造和技术更新。

如下几类：有的国家允许其发生额全部当年扣除，这种方式下税后 R&D 成本最低；有的国家允许加速折旧，即加快固定资产的折旧速度，这种方式对于发展较快的高新技术企业也会有较好的激励效果。主要国家具体政策如表 6-4 所示。

表 6-4　R&D 税收政策

国家	公司所得税税率 大企业/小企业/%	机器设备折旧方法	建筑折旧方法
澳大利亚	30	0	40 年
奥地利	34	5 年	25 年
加拿大	33. 99	3 年	20 年
法国	34. 33	40%	20 年
德国	38. 99	30%	4%
冰岛	18	10 年	50 年
日本	42/35	18%	50 年
韩国	29. 7/16. 5	5 年	5~20 年
墨西哥	35	35%	20 年
新西兰	33	22%	4%
英国	30/19	100%	100%

数据来源：OECD, Main Science and Technology Indicators 2016-2.

有一些国家并未对 R&D 支出采取税收优惠政策，原因在于遵守税收中性原则，另外，可能是国内有很高的 R&D 投资动机，例如芬兰。还有一些国家通过财政直接补贴等方式扶持企业技术创新活动。

在税收政策的规范方面，主要国家制定了完备的税收优惠法律法规来支持技术创新，这些法律法规贯穿于技术创新体系的各个环节。比如，美国制定了针对研发环节的《研发减税修正法》和成果转化环节的《投资收益减税法案》等；韩国先后制定了《技术开发准备金制度》《外资引进法》和《税收减免控制法》等法律制度，这些税收优惠法律制度的建立，标志着韩国开始从国家层面来激励技术创新活动。

五、支持措施贯穿产业发展各个阶段

主要国家对于其高新技术产业的优惠政策具有产业连续性的特征，即在产业的整个链条下的各个阶段都有相应的税收优惠政策，包括激励研发、激励技术创新投入（风险投资）、激励技术成果转化成新产品、激励高新技术产品的输出等，体现了政策的连续性。

对于研发，包括高校等科研机构、非营利机构的税收优惠，有免税等具体措施。例如，加拿大和美国明确规定非营利机构不用纳税，将研究开发与一般投资进行区别。

对于技术创新投入，主要国家在对资本收益税、固定资产加速折旧以及损失准备金等方面给予优惠，并对风险投资给予特殊优惠，代表国家有美国、日本和韩国。

对于促进成果转化，主要国家采取加速购入设备的折旧、产学研联合等方式给予企业特殊的税收优惠。例如，韩国对开发的新技术实现产业化需要的资产投资进行加速折旧；美国对大学向企业无偿转让设备给予税收减免；日本政府实施对科技成果转化的财政补助制度，特别注重企业与政府研究机构或大学的研发成果的转化补助。

对于高新技术产品的输出，主要国家对于技术输出、高新技术产品输出给予特别扣除，以促使其积极开拓国际市场。美国规定对于此类输出给予免税待遇。丹麦则给予优惠的个人所得税待遇。

在具体产业的选择上，世界各国通行的都是选择本国基础较好以及世界新兴产业作为发展基点，制定某一个或一类产业政策，能够带动上下游产业一并发展。我国各级政府对新能源、生物、电信等技术领域也相当重视，出台了诸多高新技术产业发展规划，取得了较好的成效。

在社会服务政策方面，欧美、日本等发达国家都有较为先进的技术中介服务体系。如美国主要采用国家技术转移中心作为技术中介服务形式，实现世界一流技术实验室与美国工业技术需求的对接，并通过建立技术需求数据库的形式来加强双方合作。欧盟针对中小企业的技术创新活动及其国际合作，根据“创新和中小企业计划”，建立了创新驿站，其主要功能是分析技术创新主体的技术需求并为其技术研发、研产结合提供咨询服务。同时，创新驿站拥有强大的信息交换网络，能够及时向企业提供鼓励技术创新和技术成果转化的政策信息。发达国家在技术中介发展方面具有较成熟的经验，值得我国借鉴学习。

六、注重技术创新人才的作用

创新不是存在于经济活动之外的偶然事件，它需要数量庞大的科研人员的通力合作才能够完成。主要国家在对高新技术企业技术创新活动的税收激励过程中，非常重视创新型人才的作用，并对其给予特别的财税政策激励，体现了对科研工作者创新活动的尊重。例如，法国推行了 30 年颇有成效的产学教育协议制度①（CIFRE），具体为法国政府资助博士生到企业完成博士论文，企业通常与博士生签订完成论文所需的 3 年雇佣合同。企业每雇用 1 名博士生，会获得政府连续 3 年每年 1.4 万欧元的补助，同时享有每年 1.4 万欧元的税收减免，但企业须向博士生支付不低于 23 484 欧元的年薪。韩国则给予外国技术人员免税待遇，美国、英国、加拿大也有类似的规定，这些措施有助于调动技术人员的工作积极性，有利于高新技术企业的发展。

七、加强技术创新项目的绩效评估与监督

推进技术创新项目的绩效评估是有效提高科技项目管理水平、提高科技项目经费使用效益的重要举措。主要国家非常重视科技项目的绩效评估工作，欧洲国家在里斯本的高峰会议每四年制定一次框架计划，对科技项目绩效展开评估。美国按照事前、事中和事后的时间顺序对创新项目进行评估。该模式以项目最终目标为起点，通过事前评估为计划运行提供指导，继而设

① CIFRE（Convention Industrielle de Formation par la Recherche）：博士生在与科研实验室保持密切联系的同时，可以在企业完成博士论文，并且每年至少获得 23 484 欧元的工资（税前）。所有产学研协议均由法国国家研究与科技协会（ANRT）管理。

定事中、事后评估框架。

随着我国经济的快速增长，国家对科技项目投入越来越大，科技项目支出绩效评价体系的建立迫在眉睫。一是要加强对绩效评价科学性研究，建立完善一个符合我国国情的、科学的、实用的、可操作性强的企业科技项目绩效评价指标体系，要兼顾经济效益和创新创造、民生、环境友好等非经济效益。二是可借鉴美国等做法，建立完备的科技项目绩效评价数据库，科技项目绩效评价实施机构应对项目进行跟踪调查，从项目实施的事前、事中、事后各环节进行信息采集，特别是各类与财政科技支出项目效益相关的信息，建立数据库，从源头上提高政府科技项目投入的使用效益。

第七章
完善企业技术创新的财税政策建议

我国现行的 R&D 税收优惠政策对促进企业加大 R&D 投入、提高技术创新能力发挥了一定的积极作用。但现行政策体系存在诸多缺陷，使其在实践中对企业技术创新活动的激励效果不够理想。因此，需要在借鉴国外经验的基础上，进一步优化和完善我国 R&D 税收优惠政策体系。

第一节　财税支持政策目标

我国促进企业技术创新财税政策的目标可概括为：提高国家的国际竞争力、促进企业积极进行科技创新活动、促进相关科技创新产业的发展、降低科技创新市场失灵的程度。

一、提高国家的国际竞争力

国家在国际上的竞争力可以用国家的科技水平进行衡量。而国家的整体科技水平与科技创新的程度关系密切。企业作为社会、市场中的主体之一，也可以说是国家科技创新的主要提供者，是体现整个社会，甚至是国家科技创新的水平的重要一员。因此，促进企业科技创新水平的提高一直是各国重点关注的焦点。而作为财政政策工具的财政支出政策对企业的科技创新可以进行直接的投入和间接的激励。政府应利用财政支出政策的引导激励作用，对具有国际影响、广阔市场前景、有利于供给侧改革、能够强化企业的创新能力建设等方面的企业科技创新项目，加大财政支出力度，引导、调集、整合相关研发机构和高等学校的实力，协同创新提高我国的国际竞争力。

二、促进企业积极进行科技创新活动

科技水平的提高关键在于科技研发的投入，对于企业来说也就是企业的研发经费即 R&D 经费，而这一经费的第二大资金来源是政府的资金，所以说，企业科技创新的水平与政府的财政有着紧密联系。目前，我国企业研发经费支出的主要来源是企业自身，并且占据非常高的比重，这对于企业来说是一笔巨大的成本，而且，科技创新具有巨大的收益不确定性。当然，对于以技术为导向的企业，其自身的经营理念便是科技创新，那么，其对科技创新的投入自然就成为企业的主要投入。但是，对于那些不是以技术为导向的企业来说，以利润为导向的决策者对于科技创新就不那么热衷。政府通过财政支出手段可以对生产性企业的科技创新进行引导激励，促使企业主动进行科技创新。这也是完善促进企业科技创新的财政支出政策的目标之一。提高政府财政支出在 R&D 经费中的比重，强化财政支出资金的引导作用，避免重复投资、重复建设，适当集中财力，提高财政资金的使用效率，促进企业积极进行科技创新活动。

三、促进相关科技创新产业的发展

促进企业科技创新的发展，不仅可以激励企业自身的生产与制造，同时，还可以对与企业经营生产相关产业的发展起到一定的带动作用。所以，通过促进企业的科技创新，带动相关产业的发展，也是完善企业科技创新财政支出政策的目标。一般来说，产业的发展和升级都是以科技发展或创新为前提的，而科技创新与发展大都会将相关的生产变得产业化。政府通过完善政策促进企业进行科技创新活动，可以为企业经营的产业带来变革与发展。另外，以促进产业发展为目标的产业政策，也对企业科技创新有促进作用。可以说，科技的创新与发展能够为企业的产业发展，甚至能够为科技创新相关的产业发展提供方向和推动力；而相关产业的创新与发展也能够带动企业自身的科技创新。二者是相互联系的，也是相互促进的。政府在使用财政支出政策促进企业科技创新时，应多选择能够推动形成产业链、促进上下游协同创新的项目。使财政支出政策在促进企业科技创新的同时，促进相关科技创新产业、产业链、产业化的发展。我国的企业有技术导向型的企业和非技术导向型的企业，我们在促进高新技术产业发展的同时，也不能忽视对传统的产业进行技术创新与发展升级的财政支出政策方面的引导。在追求创造新产业、开辟新市场的同时也需要对传统的产业进行适度的保护。

四、降低科技创新市场失灵的程度

由于科技创新具有公共性、外部性、不确定性和信息不对称的特性，所以，科技创新很容易出现“搭便车”的现象，容易导致市场失灵。政府制定和使用财政支出政策促进企业科技创新时，应该考虑市场失灵和风险的程度。对高风险和高市场失灵的企业科技创新项目，财政支出政策除加大投入干预力度外，政府采购项目中应优先采用企业科技创新项目产品，为科技创新产品提供基本的市场支撑。同时制定相关政策鼓励社会各类风险投资和股权投资基金参与这类企业科技创新项目，加强企业科技创新的知识产权转化和保护，降低科技创新市场失灵的程度。

第二节　财政政策工具的运用

一、促进财政科技支出增量提质

（一）提高财政科技支出规模

国际社会判断一国技术创新能力是否卓越的重要标准就是政府财政科技投入规模。政府应在《科技进步法》和《科技成果转化法》的基础上，尽快制定出台《科技投入法》，建立多元化的科技投入体系，用法律来建立财政科技支出动态增长机制。明确规定财政科技支出占财政总支出的比重，并确保针对科技财政投入的增长比率不低于财政经常性收入的增长，确保到2020年我国全社会研究开发投入占国内生产总值的比例达到2.5%以上。

为了提高企业的持续技术创新能力，加强企业的技术创新驱动力，在支出内容上，一是政府财政投入和补贴应该更多地投入到技术创新投入机制建立和创新投入环境的创造上，同时进一步加大对企业特别是高新技术企业的高风险环节的投入力度，如R&D投入比重和科技成果转化投入比重，目的在于加强企业尤其是高新技术企业技术创新能力的持续性，在政府创新投入的示范效应得到发挥的同时可以进一步引导中小高新技术企业增加自身技术创新资金、科技人才等的投入规模，使财政资金真正地服务于国家未来产业政策的调整和我国产业的进一步转型升级。二是切实保障重大专项的顺利实施。如我国国务院制定的《国家中长期科学和技术发展规划纲要（2006—2020年）》，安排了16个重大专项，涉及核心电子器件、高端通用芯片及基础软件，极大规模集成电路制造技术及成套工艺，新一代宽带无线移动通信、大型飞机，高分辨率对地观测系统，载人航天与探月工程，能有效解决信息、生物等战略产业领域、能源资源环境和人民健康等重大紧迫问题，需要安排专门经费，支持企业和相关技术研究机构重点突破。

（二）优化财政科技支出结构

科技财政投入主要用于支持市场机制不能有效解决的基础研究、前沿技术研究、社会公益研究、重大共性关键技术研究等公共科技活动，加强技术创新平台建设，并引导企业和全社会的科技投入。支出结构包括生产领域科技支出和消费领域科技支出等。

在生产领域科技支出方面，我国应在现有基础上继续加大财政支持科研力度，并逐步拓宽适用范围。首先是加强对企业基础研究的财政支持。基础研究是最基本的科技研究，是一个国家保持科技进步的前提和持久的动力。但是基础研究本身所具有的公共物品性、外部性和风险性等特征①，导致市场

① 见本书第一章关于政府介入科技投入的理论基础的内容。

无法提供或供应不足，所以必须由政府等公共部门来提供。相反，对于那些应用研究和试验发展明显具有排他性的科学研究，则可以交由市场微观主体来提供，发挥竞争机制，反映市场需求。所以，原则上基础研究应由政府来提供，应用领域的科技研发由市场提供。一直以来，发达国家科技投入结构一直体现着科技投入的公共性，以基础研究和应用研究为主。而我国基础研究的投入占全社会 R&D 经费的比例过低，远低于美国、法国、日本、韩国等国家的水平。我国对本应由市场配置的试验发展的科技研究的投入达到了政府科技投入的 70%以上，这与政府进行科技投入的理论基础严重不符。所以，从国家科技战略的长远发展考虑，政府应对基础研究承担更多的责任。一是要大幅度增加对基础研究、前沿技术和社会公益类研究的投入力度，提高基础研究占全社会 R&D 经费比例，由现在的 4%左右提高到 10%~15%。二是要建立与基础研究、前沿技术研究相适应的管理体系。合理界定科研院所的职责，改变现在科研机构职责不清、力量分散以及效率低下的状况，同时建立研究院之间合作交流的运行机制，给予科研院所更大的资金使用权。三是要改革基础研究、前沿技术研究的评价制度。基础研究的产出本来就难以衡量，如果强制执行不间断的所谓的绩效评价，不利于基础研究的顺利进行，所以应设计出与市场导向不同的目标评价体系。

其次是对企业投入应以技术创新成果为依据，有重点、有层次地逐步推开。在补贴对象上，我国目前就业形势相对比较严峻，其中很大一部分就业压力来自高校毕业生，这些人员学历高、知识面广，只是由于缺乏实践经验而就业无门，而他们正是企业技术创新的必需人才。科技型中小企业重视研发的特质实现了知识与实践的无缝对接，能够有效吸纳高学历技能人才就业，应给予重点支持。

为了促进技术创新，我国应将财税政策不断融入终端消费领域，以优化企业技术创新环境。消费补贴的原型在国内已经有了成功的实践。比如 2009 年，国家在新一轮节能减排的活动中推行了“节能产品惠民工程”，其中就有对于节能空调实施每台 300~850 元金额不等的补贴政策，极大地促进了高科技空调的推广①。我国为进一步提高能源利用效率，2009 年 3 月由财政部、国家发展和改革委员会联合下发《高效照明产品推广财政补贴资金管理暂行办法》的通知，对使用高效照明产品的市属大宗用户和城乡居民用户，中央财政按中标价格分别给予 30%和 50%的补贴，以鼓励高效照明产品的推广和使用。经中央财政补贴后的节能灯价格降到了市场价格的 1/3 以下，大大促进了高科技节能产品的推广②。又如，2013 年我国推行的新能源汽车消费补贴，有利于培育战略性新兴产业和加强节能减排工作，使很多新能源汽车生产企业逆势而上，争取尽快研发出适销对路的高新技术产品，使其惠及百姓生活，也能为企业带来丰厚回报。

二、优化财政投融资体制

财政应当在解决企业技术创新融资问题上发挥支持和引导作用，充分发挥财政投融资在风险资本来源上的支持功能。例如，通过企业技术创新基金实施对企业的拨款资助、通过中央和地方预算共同建立政策性银行服务于企业技术创新信贷融资、通过财政出资设立政策性担保基金为科技贷款提供担保等，都是可选择的途径。当前，需要在提升财政科技投融资的稳定性、丰富财政科技投融资内容方面加大力度。在稳定性方面，需要将企业技术创新发展的资金资助项目列入财政预算，通过新制定的《预算法》予以强化。在内容扩充方面，财政科技投资应在直接投资、创新基金、担保基金等基础上发展更多元化的支持方式，鼓励企业从事技术研发和创新。在融资方面，我国应重视财政资金的杠杆和引导作用，通过政府信用筹集民间资金来充实投资资本，实现政府由投资主体向引导角色的转换。

（一）完善企业技术创新风险投资机制

技术研究开发需要市场的调节，同时也离不开政府的支持，在技术创新

---

① 节能空调推广：一年可创造一个三峡水电站［EB/OL］. 腾讯网，http：//cd. qq. com/a/20090624/002613. htm.

② 财政部、国家发改委联合发布《高效照明产品推广财政补贴资金管理暂行办法》［EB/OL］. 中国政府采购网，http：//www. ccgp. gov. cn/zycg/zycgdt/358508. shtml.

过程中，尤其是在初期的新产品、新工艺的构想、研究阶段，政府的参与和支持必不可少。借鉴国外经验，我国可以通过以下几种财政措施促进企业技术创新的发展：一是由国家出资建立政府企业技术创新扶持基金，通过股权出资的方式，为企业中处于产品研发初期的项目提供资金支持，事实上在实际运作过程中，以这种股权融资方式获取的高收益很可能抵消它所带来的高风险。二是国家提供科技贷款担保或者科技贷款贴息等，使得银行增加对企业技术创新投资的资金支持。三是政府补贴资金，政府可以通过资金的投入来降低中小企业技术创新投资的风险性。

（二）构建面向企业的政策性金融支持体系

企业政策性金融体系是由国家和政府通过全资创立、部分参股或保证的，在特定的行业领域内，不以营利为目的的直接或间接地从事政策性融资的活动，是一种由财政支持的特殊的金融制度安排，目的是满足企业融资需求，提高金融运行效率。建立和完善企业技术创新金融支持体系，缓解企业融资缺口，激发企业技术创新活动，已经成为各国政府提升技术创新能力的重要手段。通过借鉴国外经验，结合我国的实际情况，我国的企业技术创新金融支持系统应该包括以下几个方面：一是利用国家政策性银行，如国家开发银行、中国进出口银行、中国农业发展银行等。国家政策性银行开展业务在一定程度上体现国家政策导向和意志，而且较为清楚企业技术创新活动的开展情况和企业产品经营情况，在一定程度上完善了政策性银行和企业之间原先不畅通的沟通渠道，使得银企信息对称成为可能，使国家财政资金投入更有针对性，也更有效率。二是企业政策性信用担保机构，我国可参考国外经验明确规定政策性担保机构设立的目标、职责、经营目标和监管办法等，允许制定和实施针对此类法人机构的特殊的财政投入和税收优惠政策。三是企业技术创新发展基金。企业技术创新发展基金是通过借鉴国外经验而设立的一种基金形式，它在一定程度上有助于企业无后顾之忧地开展各种技术创新活动，有助于刺激企业开发各种新产品，有助于企业服务机构开展人力资本培训等工作。

应该注意的问题是，无论财政直接向企业技术创新活动拨款，还是通过贷款贴息等方式间接支持，都必须考虑信息不对称问题。对资金的惯性追求可能诱使企业隐瞒企业内部信息或采用寻租手段，增加财政投融资的信息成本。因此，执行部门应该通过加大调研力度，严格审批程序、跟踪资金流向等方式予以监督，尽可能降低由信息不对称导致的逆向选择和道德风险问题。

三、加强财政补贴全过程管理

目前，财政补贴政策数额多、条款杂，发放部门分布广泛，上至中央财政部及其他部委，下到省、市、县财政部门，及中央和地方各级政府发展改革、科技、环保等部门。各部门之间信息不对称，或许会出现针对同一项目重复补贴的现象，其补贴数额或许超过项目计划金额，造成财政资金使用效率低下。因此应完善各部门财政补贴的决策机制，建立补贴信息共享系统，在各部门发放补贴前，应将拟发放补贴的公司的名称、补贴的具体项目、被补贴项目预算等信息录入系统。倘若系统显示某公司在某项目上获得了比项目预算更多的财政补贴，再次因相同事宜发放补贴的部门应停止发放该项补贴。

在具体监管方面，一是要加强事前管理。在补助的事前申报阶段，相关部门需要对申报企业提供的资料进行严格的审核，以确定申报资料的真实性、准确性和完整性。尤其是盈利能力较差的企业有较强获取政府补贴的动机，因此对于该类企业需要加强审核。在审核过程中，可以设置前期研发投入、研发人员比例等一系列指标为基础，估量企业所研发的项目是否有前景及价值，确保企业获取政府补贴后用于研发，事先抑制企业投机行为。同时应约定违约标准，对于违规使用政府补贴的行为约定惩罚措施。二是要加强事中管理。要求获得财政补贴的企业定期披露费用支出情况，包括获取的补贴的数额，补贴已经使用的金额，已使用金额所投放的项目，标的项目进展情况等，接受政府及大众监督。三是加强事后管理。主要体现在对财政补贴项目的绩效评估上，政府相关部门应该根据企业的研究成果、项目完成情况等对企业使用资金的效率进行评价，并记录在信用档案中。同时，在企业有多条信用记录后，可以根据信用记录为企业进行政府补助资金信用评级，可为以后向企业提供政府补贴提供依据：倘若该企业政府补助资金使用效率低下，评级较低，则以后对该企业应实施更严格的监督，同时应根据具体情况对其进行相应惩罚。相应地，如果企业能够一直以较高效率使用资金，评级较高，可以考虑给予奖励或对该企业以后申请政府补贴进行较为简单的事前审查程序。

四、完善政府采购制度

政府采购作为基础的财政政策工具，理应在支持企业技术创新中发挥重要作用。在当前中国深入实施创新驱动发展战略，致力于创建创新型国家之际，必须借鉴国际经验，通过政府采购向企业技术创新产品倾斜，加速技术成果转化，实现国内产业与企业群体的共赢。在政府采购政策体系构建方面，可从明确企业创新产品优先导向、健全企业创新产品政府采购投标管理办法、建立激励企业创新产品政府采购实施细则、充分利用政府采购协议例外条款等路径实施（见图 7-1）。

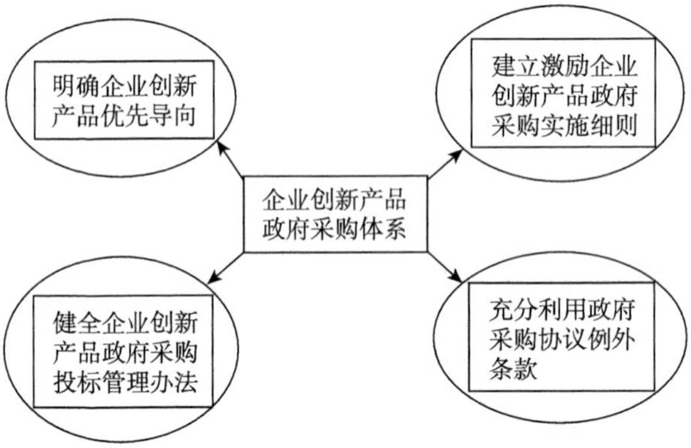

图 7-1　企业技术创新产品政府采购政策系统

（一）明确政府采购的目标

为了充分发挥政府采购在促进企业技术创新方面的作用，政府必须明确激励企业技术创新这个目标在政府采购政策执行目标中的重要位置，同时通过政策立法等方式来进一步细化政策采购过程中针对企业技术创新产品的采购细则和采购制度，以有效地实现激励企业技术创新的目标。在具体做法上：一方面，立法机构应适时调整《政府采购法》的立法目标，将激励企业技术创新明确规定为政府采购制度的目标之一，这有利于长期有效地给市场化初期的创新产品拉动市场需求。另一方面，相关部门尤其是采购部门和各级政府要在采购法律制度框架内，根据自身的实际情况对这一目标规定进行细化，并尽量建立一套完善的配套政策法规体系。

（二）建立健全激励企业技术创新的政府采购实施细则

相比发达国家的政府采购在创新激励方面完善的法律体系和操作流程，我国政府采购制度的历史较短，各级政府的采购制度也比较随意，2011年财政部废除政府采购扶持自主创新的三个文件后，我国在扶持自主创新方面的采购法律建设更加空白。在加入政府采购协议（GPA）的趋势下，必须抓紧建立或修订完善扶持自主创新的政府采购优惠政策及实施细则。政府采购实施细则是国家对政府采购过程实行监督和管理的关键，应当遵循针对企业技术创新产品的各种实施准则。在建立健全企业技术创新产品评价体系和认定制度基础上，一是提高政府采购相关政策规范的法律地位，严格按照《政府采购法》《招标投标法》等规定程序和要求实施政府采购，杜绝暗箱操作和寻租行为。二是在采购信息渠道上，在政府采购过程中，采购部门应将采购信息通过多渠道发布，利用好各类媒介的优势，争取宣传出特点，以吸引更多企业的高新技术产品参与招标。三是遵循优先采购原则。政府采购过程中如果遇到同类的本国企业通过技术创新方式所申请的产品采购额，应当给予一定的优先权。对于掌握国际先进技术的企业可以明确规定采购机关采用限制性招标方式或者单一来源采购方式予以支持。四是遵循优惠采购原则，在招标过程中所采购的通过企业技术创新或是已经获得我国自主知识产权的发明创造专利产品等，要在采购价位上给予一定额度的优惠，使得企业更加积极地参与政府采购的招标活动。五是遵循比例采购原则，政府在采购过程中应当设定并加大对企业技术创新产品采购的固定比例，这有助于通过市场需求推动企业技术创新。

（三）建立健全企业技术创新产品政府采购招标投标管理办法

为了充分发挥政府采购对企业技术创新的激励功能，需要尽快建立和完善自主创新产品政府采购招标投标的管理办法。一是自主创新产品政府采购的招标，采购人可以委托采购代理机构办法自主创新产品招标事宜，也可以自行组织开展自主创新活动的招标活动。二是对企业开发的具有自主产权的高新技术产品，政府实施首购政策。对在国内外具有原创性的产品设备，鼓励企业形成技术标准。三是提高采购招投标的透明度。政府采购除了要对自主创新产品优先采购、优惠采购，还要兼顾营造公平竞争的环境，规范采购招标程序。这样不仅可以避免过度扶持造成供应商的惰性，避免暗箱操作打击供应商参与采购的积极性，还有利于采购人从更广泛的范围获得所需的信息和技术。同时评审专家的选择应当公平，专家可从政府采购部门或是采购代理机构设立的专家资源库中选取。四是自主创新产品招标的评标方法分为最低评标价法、综合评分法和性价比法等评审方法。五是监督采购人扶持企业自主创新义务的履行，同时加强对政府采购供应商的监管。采取内部监督和外部监督相结合的方式，监督政府采购是否发挥了扶持企业自主创新的政策功能，调动起党组织、政府各执行部门、供应商和媒体参与政府采购的积极性。同时，坚决杜绝供应商以非法方式获取标的，结合之前的采购经验和系统评选，建立起优秀的供应商队伍。

（四）充分利用政府采购协议例外条款

《政府采购协议》（GPA）的加入国或地区，如美国、日本和欧盟，政府采购的90%是由国内供应商提供的，GPA加入国一般都巧妙地运用各种方法，在实际采购过程中合法地对本国创新产业给予倾向性采购。也就是说，加入GPA并不意味着不能发挥政府采购扶持企业技术创新的政策功能，并且开放政府采购市场也意味着我国自主创新产品和企业可以“走出去”，在国际竞争中获得更快的成长。

除了坚持非歧视原则和透明度原则，为吸引更多的发展中国家加入

GPA，GPA 给予发展中国家优惠待遇，包括缔约方尽可能购买发展中国家的产品、发达国家在政府采购方面应向发展中国家提供技术援助等；在 GPA 适用例外规定中，也允许将涉及公共秩序、安全、国防等领域的产品排除在协议的适用范围之外等。

为此，我们要做的就是充分利用 GPA 的例外条款和贸易补偿制度，借鉴发达国家的经验，坚持政府采购市场自由化与政府产业政策相结合的原则，制定符合中国国情的《购买中国产品法》和更加科学合理的采购制度，吸取被停止执行的三项文件的教训，即政府采购扶持技术创新的立法应是一种“柔性”的考量，而非刚性条款，以符合 GPA 精神的方式，来实现激励技术创新的采购政策目标。

五、提升技术创新基金效益

企业技术创新基金作为政府设立的政策性基金，在缓解企业技术创新资金匮乏、支持企业技术创新方面的价值毋庸置疑。但是近年来，相对于企业日益增长的资金需要，该创新基金逐步呈现效益递减的态势，一是由于既有的无偿资助、贷款贴息和资本金投入等手段略显僵化，缩小了该基金的作用空间。二是由于该创新基金规模和单项项目资助额度过小，难以有效发挥激励作用。每年该项资金用于技术创新支持的总额只有 5 亿元左右，对平均单个项目的无偿资助或贷款贴息没有超过 200 万元，加之创新基金严格的发放审批程序，对企业资质的苛刻要求，实际促进作用微乎其微。针对这些问题，企业技术创新基金应从明确基金功能定位、提高基金的效益两方面入手。

（一）要进一步明确创新基金功能定位

要发挥好创新基金的资助功能，调节资金投入结构，进一步向基础研发领域倾斜。尤其是支持初创期、成长期的企业基础研发，重点培育具有自主知识产权的创新型项目才是创新基金的首要目标。从深层次来看，创新基金的功能在于依靠导向作用发挥乘数效应，最大限度地吸引社会资金投向高新技术领域。目前，单一的资金来源已经使创新基金显得捉襟见肘，充分吸引社会闲散资金充实创新基金才能够缓解资金匮乏状况，同时也能提高社会投资回报率。因此，应尽快改变目前单一投资主体的格局，出台政策确定按投资比例获得风险收益的激励方式，实现风险共担、利益共享以吸引社会资金。为鼓励风险投资机构、金融、信托、保险等机构向科技型中小企业投入，鼓励各类技术中介机构向企业技术创新活动提供服务，对这些机构配合制定低息、减税等优惠措施也是必要的。

（二）逐步提高创新基金的效益

可以从以下三点入手：第一，创新基金需要有明确的法律法规体系来规范。创新基金作为财政专项资金，其权威性和公共性为法律的规范提供了必要。目前，创新基金管理和执行的依据主要是财政部和科技部的实施办法，缺乏明确的法律实施细则。只有保障创新基金的权威性和稳定性，才能从根本上提高创新基金的效益。因此必须在立法中明确创新基金的法律地位，规范创新基金的资金来源和去向，不断完善各类监管细则，使创新基金的运行有法可依。第二，创新基金需要更灵活的资助方式。“无偿拨款”的输血式支持方式既能提供资金激发创新积极性，又可能令企业主体消极怠工，降低财政资金的使用效益。及时调节资助方式，通过参股的形式注资是当前创新基金的转变方向。通过向市场投资主体角色的转换，创新基金能够建立自身滚动激励机制，更有效地融入市场经济法则当中。国外经验也证明，采取有偿使用、逐年偿还的基金运作模式是基金支持首选的形式。第三，建立由政府资金引导、社会资金参与、专业机构监管的创新基金运作体系。充分发挥财政资金的吸纳能力、完善对基金运作的管理和监控、吸引社会独立机构参与资金效用评估都有助于健全创新基金运作体系。

第三节　税收政策工具的运用

党的十八届三中全会以来，我国进入新一轮税制改革，并将其作为全面深化改革的重要组成部分。借此新一轮税制改革的重要契机，重新审视税收政策在促进结构优化和产业升级方面的职能作用，建立一个能体现国家产业政策和技术经济政策，激励企业技术创新活动，促进技术创新发展的税收制度与政策体系，对我国企业开展技术创新活动，实现科学技术的长远发展，建立创新型国家意义重大。

一、总体思路

技术创新税收政策体系的制定要充分考虑我国的现有国情，提高技术创新税收政策的法律位阶，实施有利于科技人员安心创新的税收政策，优化和协调技术创新税收政策的作用方式。

（一）充分考虑本国国情

在制定技术创新税收政策时，要重新考虑我国国情和发展要求，一切从实际出发，才能取得预期的成效。在技术创新方面，要着重考虑以下两方面的情况。

1. 现行税制角度

目前我国实行的是以流转税为主体的税制结构，增值税占有很大比重。但根据税收基本规律和我国实际，支持企业技术创新的税收政策主要体现在企业所得税的政策规定中，这虽然符合国际上通行的做法，却与我国的税制结构不相吻合，必然导致税收政策对于企业技术创新的支持受到一定限制。因此要加快税制改革步伐，建立以所得税为主体的税制改革。

2. 当前财力角度

企业技术创新的特点决定了包括税收在内的政策支持只有达到一定的力度才能取得较为明显的效果。但是由于目前我国的财政支出压力仍然存在，通过税收手段筹集财政收入的任务仍然十分繁重，在制定支持企业技术创新的税收政策时要遵循适度的原则，不能超过现阶段我国财力的承受能力，要妥善处理好这一问题，实行有增有减的结构性税收调整政策，科学、合理地制定相应的税收政策。

（二）提高技术创新税收政策的法律位阶

我国现行支持技术创新的税收政策法律位阶较低，缺乏系统性，现行税收优惠政策存在多、散、乱等问题，影响了税收政策效果的发挥，有必要在促进税收政策系统化的基础上提升其法制化水平。

1. 促进税收政策的系统化

鉴于现行支持技术创新的税收政策主要散见于财政部、国家税务总局的各种通知和文件中，缺乏系统性和规范性的现状，近期内可以由国务院单独制定一个专门的税收法案，把相关税收政策进行归集、整理和完善，在此基础上以国务院的名义颁布执行。这样做，一方面可以使税务部门和创新个体全面了解和把握相关税收政策的具体内容、办理方法和程序；另一方面也为相关税收政策的法制化打下基础。

2. 提升税收政策的法制化水平

我国实施支持科技进步与创新的税收政策已经多年，有必要加快立法进程，如制定统一的中小企业税收优惠政策，进一步促进中小企业技术创新和高新技术产业的发展，在一定程度上确保政府推行的税收政策内在的规范、统一，同时从形式和内容上共同体现促进现行自主技术创新税收优惠政策的系统性、严肃性和稳定性。从长远角度考虑，国家应制定《国家高技术产业促进法》和《鼓励技术创新和高新技术产业发展的税收优惠法》，从总体上考虑技术创新和高技术产业发展战略以及相关促进政策，并对税收优惠政策的具体项目、范围、内容、方法、审批程序、审批办法、享受的权利与义务和责任等进行全面的、明确的、系统的规定。

（三）实施有利于科技人员安心创新的税收政策

科技人才是企业技术创新的基础和前提，在企业技术创新活动中起根本性作用，强化对科技人才的税收激励有助于我国企业技术创新能力的整体提升，因此应该针对现行税收优惠政策对创新人才的激励不足问题，进一步健全和完善尊重企业创新人才的税收支持政策。

一是提高企业科研人员和职工教育培训费的税前列支比例，允许按一定标准税前列支高新技术企业、科研院所中提供给科研人员的培训费用和科研奖励基金。二是继续推行综合和分类相结合的个人所得税制，大力扩大科技人才技术成果奖励的个人所得税免税范围，并更加重视技术人才个人的自主知识产权转让收入或特许权使用费收入，使其可以享受与稿酬类似的税收征收待遇，甚至更加优惠的税收征收待遇，比如按照应纳税所得额减征 20%～40%。三是扩大科技进步所获奖励的免税范围，对红利所得免税。

（四）优化和协调技术创新税收政策的作用方式

优化和协调技术创新税收政策的作用方式，是完善我国现行税收政策作用方式的必然要求，也是建立既适应企业技术创新要求又符合 WTO 规定的税收政策的客观要求。我国要坚持面向企业的结构性减税方向，逐步将国家对企业技术创新的投入方式转变为以普惠性财税政策为主，不断完善促进企业技术创新的税收优惠体系。

1. 实现税收政策工具多元化，提高税收间接支持比重

我国现行支持企业技术创新的税收政策中，税额减免、优惠税率等直接税收支持①占全部税收政策的比例约为 2/3，存在着明显的直接支持比例偏大、挤占间接支持的问题。这不仅在理论上行不通，也和国外间接与直接税收政策支持并重的做法不相符合。而且直接税收优惠方式主要是在企业进行技术创新活动完成后进行的，一些资金比较雄厚的大型企业有能力进行前期研发投入，这些大型企业是直接税收优惠最主要的受惠者，而那些资金不充足的中小企业，由于前期研发投入不足，则享受税收优惠的额度较少，无法获得公平的优惠待遇。因此，我国应该充分借鉴国外系统的税收优惠经验，逐步将现行的以直接优惠为主的方式转变为以增加加速折旧、投资抵免、亏损结转、费用扣除和技术准备金制度等方式为主的间接支持方式，形成税收直接支持和间接支持政策比例得当、各尽其能、互相配合，共同促进企业技术创新活动的税收优惠体系。

① 直接税收支持强调税额的减免，主要在企业进行科技创新活动完成后进行；间接税收支持强调税基的减免，着重生产经营过程中的激励措施。

2. 扩大支持技术创新的税收优惠范围

我国现有的税收优惠范围比较窄，直接影响了对技术创新的激励效果，可从三个方面予以优化：一是区域范围。目前，我国的税收优惠水平呈现出显著的区域差异，经济越发达的地区税收优惠水平越高，反之越低。尤其是经济不发达地区的很多企业在开展技术创新活动过程中没有享受到应有的税收优惠。要解决这一问题，政府就必须扩大经济不发达地区的企业开展技术创新活动的税收优惠实施范围，从而促进区域间税收优惠水平均衡。二是产业范围。目前，实施企业技术创新税收优惠的行业主要是软件与集成电路产业，其他产业涉及较少。为了激励其他产业的企业参与技术创新活动，政府应该积极将税收优惠政策扩大到其他从事技术创新的产业，激励各个产业开展技术创新。三是企业范围。目前针对技术创新的企业实施税收优惠的主体是高新科技企业，而高新科技企业的认定门槛比较高，很多中小企业由于资金不足、销售收入低、研发人员不足等无法被认定为高新科技企业，以致享受不到税收优惠。政府必须扩大税收优惠的企业范围，建立针对中小企业以及新兴企业的税收优惠政策，充分发挥它们提升技术创新水平的作用。

3. 对技术创新的支持覆盖到各个环节

企业从事技术创新活动具有高风险性的特点，而且创新活动越处于上游其风险越大，而我国税收政策主要针对高新技术企业和技术创新的最终环节，如果企业没有形成创新成果和收益则很难享受到税收优惠，导致企业往往把重点放在引进技术和生产高科技产品上，而技术创新能力则相对不足。因此，应该改进我国现行税收优惠的环节设置，加大对技术创新活动风险最高的研发和研发成果工程化两个上游环节的优惠力度，形成对技术创新活动全过程的支持。这将有助于我国的产业转型升级，有助于企业研究开发具有独立知识产权的技术创新产品，而不是简单将国外的技术、装备进行“移植”，避免越发严重的技术空心化现象，同时也在一定程度上使税收优惠政策适应于建设创新型国家的要求。

二、具体税种的优化

（一）企业所得税

在支持技术创新的企业所得税政策方面，应从减免税、费用扣除和加速折旧等角度予以优化，并应在技术创新的不同阶段采用不同的策略。

1. 关于减免税政策

一是对企业技术转让及相关咨询服务收入的所得税实行减免。《企业所得税法》在2015年发布实施，其中有关“企业技术转让收入在500万元以下部分暂免征收企业所得税”的规定已经与经济的发展和科技进步的现实不符，应进一步提高免税额度。二是加大对科研机构的支持力度，对于独立的科技开发研究机构暂免征收企业所得税。三是对风险投资公司以及投资风险投资公司的所得减半征收企业所得税。

2. 关于费用扣除

根据2015年11月财政部等三部委发布的《关于完善研究开发费用税前加计扣除政策的通知》（财税〔2015〕119号）精神，研发费用加计扣除适用范围有所扩大，具体有一些新的亮点。一是使用行业范围有所扩大，由“高新技术领域行业正列举”变为“七大行业负向清单禁止”，极大地拓宽了行业范围；二是研发活动范围整体扩大，改为“负列举”方式，并针对当前行业发展特点增加了一系列创意设计活动，尤其是将费用分为9类①，并对一些诸如外聘人员劳务费、专家咨询费、试制产品检验费、高新科技研发保险费、研发直接相关的差旅费及会议费等明确了可以给予加计扣除；三是减少审核程序，设置了3年的追溯期，降低项目鉴定要求，而且规定在3年内应享受而未享受的加计扣除待遇，可以追溯3年。这些无疑会提高企业加大研发投入的积极性，值得进一步总结推广，并加快落实。

---

① 9类费用指人员人工、直接投入、折旧费用、无形资产摊销、新产品设计费、新工艺规程制定费、新药研制的临床试验费、勘探开发技术的现场试验费、其他费用。

但是，现行企业所得税规定的研发费用加计扣除比例仍然较低。根据目前的50%加计扣除政策，相当于每1单位研发费用可以享受0.125单位的所得税优惠，相对大多数国家的抵免政策而言，这一优惠是偏低的。因此可以适当加大企业优惠力度，可以考虑提高50%左右的优惠，加计扣除80%，这样企业每1单位研发费用可以享受0.2单位的所得税优惠。

另外，现行税法规定的企业按照工资总额的2.5%计提教育经费的比例偏低，应将其提高到3%的水平，鼓励企业加大对职工的教育与培训支出，应允许企业从销售收入中提取3%~5%的科技创新准备金，并在税前予以扣除，同时规定该准备金必须用于科技研发与创新活动，逾期不用或挪作他用的，应补缴税款并加罚滞纳金。

3. 关于加速折旧

加大加速折旧力度，促进企业设备更新改造。一方面，应扩大固定资产加速折旧的适用范围，而不局限于高新技术企业，以鼓励更大范围的设备更新与创新活动；另一方面，我国税法规定的固定资产折旧年限是根据固定资产的使用年限制定的，折旧年限偏长，应参照国外固定资产折旧年限，结合我国实际，制定一个比较合适的折旧年限。具体而言，一般机器设备的折旧期不超过10年，更新换代快的高科技设备产品可以缩短为3年。此外，对于企业的先进设备或研究开发用的设备给予特别折旧，在使用的第一年允许按一定比例计提特别折旧。

4. 针对技术创新不同阶段采取差异化税收政策

目前，我国企业所得税缺乏针对企业技术创新不同成长阶段的差异化税收优惠措施。企业技术创新活动的初创期风险极高，技术研发成功与否直接决定了企业成败，需要研发成本扣除、收入减免税、设备加速折旧等优惠政策的综合支持。成长期对科技型中小企业也至关重要，在向产业化运营和稳定技术创新的过渡时期，优惠措施力度可以相对减小，但仍需综合采用。成熟期的科技型中小企业，已经具备了同大企业竞争的潜力，研发成功率大大提高，市场竞争劣势弱化，此时可以逐步取消特殊的税收优惠政策，只适用最普通的促进技术研发的条款。

（二）个人所得税

个人所得税政策是以人为本的支持技术创新税收政策的重要体现和主要手段，对于创新人才的培养和人力资本投资作用明显，应从以下几方面予以完善。

1. 改革个人所得税的征收模式

我国目前实行的是分类所得课税模式，对于不同的个人收入项目采取不同的税率和扣除办法进行征收，既不符合公平税负的要求，也存在较多的偷逃税漏洞，难以从总体上体现对技术创新的鼓励和支持。因此，应改革个人所得税的征收方式，实行综合与分类征税相结合的办法，统筹考虑对创新人才的支持。

2. 完善费用扣除制度

首先，设立对于教育支出的鼓励性扣除规定，也就是说，要根据各个家庭的教育投入情况设立扣除项目，允许教育开支税前扣除，鼓励家庭加大人力资本投资的力度。其次，对个人向教育培训机构和科研机构的捐赠，准予全额在税前扣除，以鼓励社会捐资，为创新活动提供资金支持。最后，对于从事科研开发的海外留学人员在华取得的工薪收入，可视同境外收入，在计征个人所得税时适用附加扣除费用规定。

3. 扩大减免税范围

一是对高科技人才的技术转让和技术服务收入应比照稿酬所得减征30%，对科研人员以技术入股所获得的股权收益减征或免征个人所得税。二是扩大创新成果奖励的免税范围，对于省级以下政府及企业颁发的重大成就奖、科技进步奖免征个人所得税，对于高等院校、科研机构以股权形式给予创新人才的奖励免征个人所得税。三是对于居民投资风险投资公司而获得的所得免征个人所得税。四是对高新技术人才所获得的技术研发劳务报酬等免除加征限制，技术成果获得的稿酬等增大免税比例等，以发挥高素质人才技术研发的最大效能。五是对于科技型中小企业中技术人员参股获得的股息等也应给予免征个人所得税的优惠，避免双重课税的负效应。

（三）关税

关税方面应在现有的政策基础上加大对企业技术创新的支持力度，同时根据需要逐步调整关税政策的重心，提高企业技术创新的水平。

1. 完善关税支持政策

认真落实《国家中长期科学和技术发展规划纲要（2006—2020年）》，对于国内无法生产但又急需的技术和机器设备等，免征进口关税；对国内企业为开发、制造重大技术装备而进口的关键部件和原材料，免征进口关税或实行先征后返，减轻其税收负担。

2. 逐步转变关税政策的重心

为了提高企业技术创新的水平，对于没有进行消化创新的单纯进口，甚至是重复引进的设备不予优惠，逐步减少对于整机设备进口的关税优惠，把支持重点转移到对国内企业开发具有自主知识产权产品所需的重要原材料和关键零部件上来。与此同时，对于从事高新技术产业、现代农业、环境保护等符合科学发展观要求的外商企业给予关税优惠，鼓励外商投资企业加大对国家重点发展产业领域的投资，引导外商将科技水平高的生产环节转移到我国，为消化吸收再创新创造条件。

（四）其他税种

除上述税种以外，我国其他税种中鲜见科技型中小企业能够适用的税收优惠。目前逐步丰富其他税种税收优惠也是必要的。如针对技术转让合同、贷款合同等具有规范形式和办理程序的文件可以给予印花税的免征。又如，在增值税方面，一方面，要实施更为优惠的高新技术产品出口退免税政策，支持中小企业出口具有高附加值和自主知识产权的产品，积极开拓国际市场；另一方面，应对科技企业自主研发所需引进的先进设备和零配件给予进口关税和增值税优惠。在城镇土地使用税、房产税等对政府部门、事业单位、社会福利机构实施广泛优惠的税种中，也可将符合认定条件的科技型中小企业纳入优惠范围内。

三、加强税收征管和纳税服务

目前，对支持企业技术创新税收政策的管理、监督比较薄弱，应加强对税收政策实施的管理、建立健全税收政策的监督机制并提高税收政策的服务水平。

（一）建立税式支出①管理制度

将实施支持企业技术创新税收政策而减少的税收收入作为税式支出来管理，规范税式支出预算。实行税式支出管理，有利于明确税收政策的目标和重点，控制税收政策的支出额度，也便于税收政策的效益考核。因此，应借鉴国外做法，逐步推行税式支出管理，增强税收政策的绩效管理与考核，并据此确定一项税收政策的存废与完善。同时，增强税收政策的透明度，提高税收政策的量化管理水平，使我国支持企业技术创新的税收政策逐步走向科学、规范、公平、透明。

（二）建立健全税收政策的监督制度

如前所述，对于支持企业技术创新税收政策的监督制度存在着比较严重的弱化甚至缺失现象，因此，应从纳税人和税务部门两个角度出发建立健全税收政策的监督制度。

1. 对纳税人实施监督

税务机关应加强对创新部门的审查和监督，必要时可组织或协同技术鉴定部门对创新成果进行鉴定和论证，以确定其是否符合政策条件，取消不符合政策标准的纳税人的优惠资格，防止纳税人滥用税收政策来逃税。同时，结合税式支出管理制度，严格控制和监督税收政策的规模和方向，加强对税收政策的监测评估，切实保证支持企业技术创新税收政策真正发挥实效。此外，应提高税收政策监督的水平，逐步完善税收的计算机审计制度，对于规模比较大的创新企业实行计算机审计和监督。

① 所谓税式支出，是指不列入预算，没有实际支出程序，而是以税收优惠形式所实现的支出。

2. 对税务部门实施监督

税务部门要坚持依法治税，加强对税务人员的监督。由于技术创新是一个相对抽象的概念，加上现行的税收政策还不够完善，税务人员在税收政策的实施中具有较大的自主决定权，容易导致设租—寻租行为的发生。因此，要加强上级税务机关对下级税务机关的监督，定期对税收政策实施情况进行抽查和复核；同时，定期公布享有相关税收政策的机构名单，接受社会舆论的监督，并对违规操作的税务人员依法严肃处理。

（三）提高税收政策的服务水平

税务部门应努力提高对创新个体享有税收政策的服务质量和水平，使支持企业技术创新的税收政策能够得到及时和充分的应用。

1. 完善税收政策的提供机制

税务机关应把有关支持企业技术创新的税收政策集中起来，汇编成册或在网站上公布，同时设立税收服务热线，对于相关税收政策给出详细、权威的指导和说明，及时反映政策的变动情况。为保证税收政策的顺利实施，税务部门要增强服务的主动性，必要时可以送政策上门，及时与纳税人进行沟通，增强税收政策的透明度与可用性，使纳税人能够及时、用足税收政策。

2. 优化办税流程

在完善信息提供机制的同时，税务机关应逐步推行电子申报和网上办税业务，提高服务的科技含量和水平。与此同时，完善现行的税收政策审批制度：一方面，要简化税收政策审批的程序，减少不必要的中间环节；另一方面，要缩减税收政策审批的时间，对于纳税人的申请及时予以答复，降低纳税人享受税收政策的办税成本，提高支持企业技术创新税收政策的可用性。

四、加强税收与其他政策的协调配合

提高自主创新能力需要各方面的配合，税收政策要想充分发挥作用，必须与财政政策、金融政策、科技政策等做到相互协调配合，形成政策合力。

（一）与财政支出政策和政府采购政策的配合

税收政策、财政支出政策和政府采购政策都属于财政政策的范畴，因此它们的关系也最为密切。但是这几种政策也存在一定的差别，如表 7-1 所示，税收支持政策、财政支出政策和政府采购政策都有自身的侧重点，它们在实施方式、支持对象、公平程度、政策效果和支持重点上也不尽相同。具体而言，税收政策和政府采购政策的特点和作用方式比较接近，同时它们与财政支出政策具有良好的互补的性质，在制定政策时就要统筹安排，在政策力度、支持对象上合理配置，使之互相协调和促进。

表 7-1　几种主要的支持自主创新的经济手段比较

作用特点	政策措施		
	税收支持政策	财政支出政策	政府采购政策
实施方式	企业选择创新项目	政府选择支持项目	竞争确定采购项目
支持对象	企业为主	科研机构、国有企业	企业为主
公平程度	比较公平	可能有损公平	最为公平
政策效果	长期发挥作用	短期作用明显	长期发挥作用
支持重点	事中和事后	事前和事中	事后

（二）与金融政策的协调配合

税收政策属于财政政策的范畴，金融政策属于货币政策的范畴，而财政政策和货币政策是政府调控经济的主要手段，搞好税收政策与金融政策的协调配合对于自主创新活动的开展至关重要。举例来说，鉴于我国目前对于自主创新事前的支持也就是对创新融资的支持还远远不够，需要加大对风险投资的支持力度。而风险投资是一种投资行为，风险投资政策恰恰又是金融政策的重要组成部分，因此风险投资就成为税收政策和金融政策的作用交汇点，从而可以对其形成政策合力。

（三）与科技政策的协调配合

无论是税收政策、财政支出政策、政府采购政策还是金融政策，都只是影响自主创新的外部因素，自主创新能力的提高归根结底要依靠科学技术的发展。因此，税收政策的实施要服从和服务于科学技术的发展，要依照和参考国家的科技政策来制定税收政策，而不能违反科技政策，甚至本末倒置。目前，就是要围绕最新颁布的《国家中长期科学和技术发展规划纲要（2006—2020 年）》和《中共中央 国务院关于实施科技规划纲要增强自主创新能力的决定》，制定出切实可行的税收政策。

第四节 财税科技管理体制的优化

为落实创新驱动发展战略，适应新形势下的企业技术创新活动特点，财税在促进科技发展方面的管理体制也要相应调整，包括集中科技管理权限、制定宏观管理规划、明确政府科技管理范围、促进科技人才发展、完善科技计划管理体制等内容。

一、优化科技活动宏观管理规划和决策机制

依据我国《“十三五”国家科技创新规划》《国家创新驱动发展战略纲要》和《国家中长期科学和技术发展规划纲要（2006—2020 年）》等精神，科学、合理地编制技术创新发展规划，厘清技术创新的重点和难点，并指导企业技术创新活动。在产业技术体系中，要形成现代农业、现代工业和现代服务业技术竞相发展的生动局面。我国现代产业技术体系见表 7-2。

表 7-2　我国现代产业技术体系

产业大类	项目	技术领域
现代农业	高新技术产业	农业生物制造、农业智能生产、智能农机装备、设施农业
	种业	生物育种研发
	绿色农业	节水农业、循环农业、农业污染控制与修复、盐碱地改造、农林防灾减灾
制造业	绿色制造	机器人，智能感知，智能控制，微纳制造，复杂制造系统，再设计、再制造与再资源化等关键技术
	服务制造	设计技术、可靠性技术、制造工艺、关键基础件、工业传感器、智能仪器仪表、基础数据库、工业试验平台
信息业	先进计算、网络与通信、自然人机交互、微电子和光电子	微纳电子与系统集成、光电子器件及集成、高性能计算、云计算、人工智能、宽带通信和新型网络、物联网、智能交互、虚拟现实与增强现实、智慧城市
新材料	结构材料、功能材料、材料研发	重点基础材料、先进电子材料、材料基因工程、纳米材料与器件、先进结构材料、先进功能材料
新能源	煤炭、可再生能源、核能、建筑能源	煤炭安全清洁高效开发利用与新型节能、可再生能源与氢能技术、核安全和先进核能、智能电网、建筑节能
交通	新能源汽车、轨道交通、海洋运输、航空运输	智能化、网联化、轻量化技术及自动驾驶技术、高中速磁浮、快捷货运技术与装备、运输管理前沿技术
生物	生物医药、生物制造、生物资源、生物安全保障	合成生物技术、生物大数据、再生医学、3D 生物打印、基因编辑、脑科学与人工智能、结构生物学
现代服务业	平台经济、众包经济、创客经济、跨界经济、分享经济	网络化、个性化、虚拟化条件下服务技术研发与集成应用、数字文化、数字医疗与健康、数字生活、工业设计、文化创意

基于创新驱动发展战略的指导，我们可以参考美国和日本政府的科技管理体制的经验，建立一个专门负责科技活动宏观管理和统筹规划的科技管理机构，这个机构的主要职能是制定重大科技政策、科技基础设施建设统筹、协调各部门科技活动的开展、科技事务的咨询以及科技方针的建议，科技经

费、人才、资源分配方针的调查和审议，重大科技发展事项的审批和重点课题领域的确定，年度预算编制的提出以及追加预算的具体要求等。其余各个具有科技资金分配权力的部门的科技预算必须统一到该宏观管理部门的科技预算编制中。

二、建立有效的科技资源共享体系

我国科技管理条块分割化严重，不能共享科技资源，造成我国科技资源重复建设、科技成果转化率低、科技创新缓慢等。

面对这一问题，应加快建立项目库、设备仪器库、科技数据库等科技信息共享系统，这样可以有效防止各个部门出现项目重复申请、设备仪器的重置、数据资源不能共享等问题，使有限的科技资金和科技资源发挥更大的作用。2017 年 9 月，科技部等部门下发了《国家重大科研基础设施和大型科研仪器开放共享管理办法》，这有利于营造更好的科技创新环境，提高科技资源利用效率。政府除了承担基础研究和部分应用研究的科技研发工作外，应发挥企业的主体地位作用，除了重点领域和优先发展的科研项目，其余的应交由市场，利用市场的竞争机制，改变现在这种多层次、多部门的科技管理体系，及分散、无序的科研项目选择的现状。

三、完善科技资源配置与科技项目评价体制

我国需要优化科技资源配置与科技项目评价体制，改变多层次多部门的、繁杂的、纵横交错的科技管理体系，整合建立一个相对有效的高层科技宏观管理机构，统筹科技资源配置，避免科技经费被强制分解到多个部门，部门又分解为多个计划，资源严重浪费的问题。

在科技项目评价中，我国政府科技职能定位不清，权力过大，导致科技资源配置过程中人为因素影响严重，需要改革完善科技项目评价体制，优化科技计划评审流程，提高资金使用效益。

首先，完善科研项目的审批过程。应制定严格的审批标准，并由专业领

域的科技专家评审，审批标准和审批过程应公正、公开，接受全社会的监督，专业评审组的评审结果向社会公布，要进一步明确企业的技术创新主体地位，科技项目要更多反映企业重大科技需求。另外，科研项目的审批时间应大幅缩短，重视资金的下拨速度。

其次，加大项目执行过程中的监管力度。科技资金管理部门如果未将资金及时拨付，应通报批评。每年采取各种方式，或随机抽查、或重点抽查那些已经上马项目的执行情况和资金使用情况，加强对项目执行过程的控制，若项目未能执行的，确定责任主体，轻者通报批评，严重者收回已下拨的经费并进行罚款，在规定年限不予申报。

再次，加强对科研项目绩效的评价工作。在加强对科技项目绩效评价体系研究的基础上，建立完善一个符合我国国情的、科学的、实用的、可操作性强的企业技术创新项目绩效评价指标体系，评价体系不仅要对经济总量进行考评，还要从创新创造、民生、环境友好等角度进行评价，对财政科技计划和项目的实施过程以及科技结果进行科学评审。

最后，要认真落实该项评价工作。现行拨款制注重课题的申报和立项，对于资金投入后是否取得真正的成果缺少实质性的评价和审核，导致许多项目的验收和鉴定都流于形式。很多机构和个人只热衷于课题的申请，一旦获得资助，对于课题的实际研究敷衍了事。甚至一些所谓的“科技包工头”① 凭借其声望、地位和政治关系很容易拿到一些重要的科研项目，但自身没有时间或不愿去开展具体研究，而将科研项目以支付一定酬劳的方式交由别人完成，这种现象严重造成了科研资金的低效使用。所以，应加强科研项目绩效的评估，把结题验收当作主管部门的一项重要工作来抓，验收组参照项目评审组组建方式成立，并由主管部门或第三方资助。对于验收未通过甚至不配合验收的科研项目，应制定严格的处罚措施，对于那些按要求完成的科研项目，应给予奖励或给予以后项目申报的优先权。

① “科技包工头”指的是那些拿到课题并不做具体研究，将其交由别人完成，只为获得项目资助的人。

四、理顺政府与行业协会、中介机构的关系

为了促进企业技术创新的长效发展，政府在技术创新服务中应明确规定行业协会和政府双方在企业社会化服务机构中的职能和地位，理顺行业协会和政府双方的关系，坚持企业服务机构的公益定位，扮演好技术创新的引导者、协调者、裁判者角色，提供一个平等的竞争环境，更好地发挥行业协会和技术创新中介服务机构的作用。一方面，行业协会能够基于全行业改革发展的高度来建设更全面、更细致、更贴近行业发展状况的企业服务机构，能建立更有效的从业规范，维护企业的合法权益，进一步促进整个行业的技术创新工作。另一方面，要重视企业技术创新中介服务机构在促进创新成果转化等方面的重要作用，完善现有的企业技术创新中介服务机构发展的制度，从制度上保障对促进企业技术创新、技术推广、技术转让等服务机构发展的鼓励和支持，同时鼓励各类科研机构、大专院校与企业开展技术交流与合作，并逐步建立起以企业为主体、市场为导向、产学研相结合的技术创新体系，提高企业技术研发能力和技术创新水平。

五、提高企业技术创新人才队伍的整体素质

科技创新活动的执行主体为具备创新能力的人，要提高科技创新的水平，便要提高社会对科技创新人才的重视程度，创造一个良好的社会氛围，满足他们进行科技创新活动的要求。要大力引进企业技术创新高素质人才，不断提升服务质量、深化服务功能。一是通过财税政策鼓励企业开展对机构人员的培训工作，不断提高服务机构的能力，力争把中小企业综合服务机构培养成学习型、创新型的机构。二是完善奖励技术创新人员的财税政策。对高科技人才的所得也应该考虑比照稿酬所得给予一定的税前扣除优惠，并应考虑奖金等奖励性所得的税收优惠政策。对于研发出新技术、新产品的相关人员和单位可以进行财政奖励。各地政府可以对其管辖区域内的技术人员进行定期的评比，对优秀的技术人员予以嘉奖。三是优化技术人才结构。大

力弘扬新时期工匠精神，加大面向生产一线的实用工程人才、卓越工程师和专业技能人才培养。加强知识产权和技术转移人才队伍建设，提升科技管理人才的职业化和专业化水平。

第五节　其他配套措施

一、金融与贸易支持政策

（一）政策性银行支持

我国政策性银行包括国家开发银行、中国进出口银行、中国农业发展银行，它们在支持进出口、农业发展和科技进步等方面取得了不错的成效，积累了丰富的经验。特别是在企业技术创新风险资本需求方面，政策性银行可以根据国家政策意图，以更专业的视角来评价企业的信贷风险，凭借专业的跟踪测评机制降低损失风险，更好地融通资金。同时，政策性银行作为国有控股的金融机构，在贷款利率、贷款时间等方面，可以提供比较宽松的政策环境，信贷条件的弹性较大，可以满足不同企业技术创新活动多元化的资金需求。

（二）信用担保体系

企业技术创新活动由于风险大，信贷融资较为困难，需要依赖政策性担保体系。一个健全的担保体系应包括政策性担保、商业担保和互助担保。① 我国的政策性担保制度起步较晚，目前还在摸索过程中。担保机构数量少、资

① 政策性担保，是指由国家财政进行的，不以营利为目的的担保。商业担保，是指由担保机构进行的，以营利为目的的担保。互助担保，就是某个群体中的每个企业都拿出一些钱放在某个协会作为互助基金，然后协会委托专业担保公司运作，帮助该群体内的中小企业解决融资难问题。若某个担保业务出现坏账，该基金可部分承担风险。互助担保与普通担保公司的区别关键在于互助担保更强调互助、联合的会员制。

金实力薄弱，很难满足企业技术创新融资的担保需求。我国应借鉴美英等国经验，大力发展信用担保体系。目前主要应由政府部门牵头，制定信贷担保细则，增加企业技术创新活动获得贷款的机会。具体而言，一是在全国有条件的地区逐步试行设立政策性信用担保机构，由地方财政拨款补充担保基金，交由专业机构进行市场化运营，对符合筛选条件的企业技术创新活动提供信贷担保。这类政策性担保机构原则上应是非营利性质的，即便有盈利也应用于持续地充实基金本金。二是由中央财政注资在全国范围内设立再担保机构，对上述政策性担保机构进行第二次担保，实现风险共担，也有助于稳定担保机构运营。三是针对政策性担保和再担保机构扩大实施税收优惠，在原有营业税优惠的基础上再实施担保收入的企业所得税优惠和可能涉及的个人所得税优惠。

（三）优化贸易支持财税政策

在贸易政策方面，政府除继续实施完善对出口高新技术产品的增值税出口退税政策外，还应加强对外贸易服务工作。第一，经核查确属高新技术产品行列，单证齐全的报关出口货物，海关、边检等部门应尽可能简化通关手续，建立便捷的通关渠道，使高新技术产品尽早打入国际市场。第二，政府应利用各种国际交流的机会对处于国际领先行列的高新技术产品进行宣传。企业也应放眼世界，抓住机遇积极参加各类世界高峰技术论坛、新产品展览会等，充分宣传自己的技术研发成果，为企业走向世界打下基础。第三，政府应借鉴日本政府的适当保护主义，在技术产品和设备的进口方面采取严格的限制措施。对国外淘汰的落后技术以及资源消耗型、环境破坏严重的产业转移采取坚决抵制态度，而对引进先进技术和设备的企业应给予支持。如对进口先进技术和设备给予财政补贴以及设备投资的抵免所得税等。鼓励各地区尽可能实现通过技术进步带动地区经济发展，逐步减小对劳动密集型外资的依赖。

二、营造良好的重视企业技术创新氛围

（一）加强技术创新文化软环境建设

我国企业技术创新活动从构思、研究、开发、生产到营销，涉及多个环节，创新活动成功与否，离不开创新的文化环境支持，在这一过程中，政府应当发挥其领导和引导作用，将社会上进行科技创新的气氛向好的方向引领，让社会中的各个主体能够积极地进行科技创新活动。

首先，政府应高度重视社会氛围对技术创新的特殊作用，努力营造与企业技术创新文化相符合的思想氛围。政府可实施全民科学素质行动计划，普及科学知识，建设提高技术能力的培训体系，为企业遴选优秀技术人才打下基础；营造技术创新的文化氛围，一些如“鼓励创业”“尊重人才”的口号应作为积极的文化元素加以倡导宣传。同时，政府应广泛号召企业进行基础性技术研究，使企业明确基础性研究对于应用性研究可持续发展的重大意义，避免技术领域的短视行为。

其次，政府应加强技术型企业集群的体制和机制创新。支持创新的政策体系应是能够及时适应市场变化的动态机制，这一机制包含了知识产权保护、人力资源协调、企业创业孵化等多个方面。一是知识产权保护制度。我国目前创新文化不成熟，很大程度上是由于知识产权保护制度的不健全，因此，政府部门需要寻求在知识产权保护制度上的突破，通过强化全社会知识产权意识和提高国家知识产权管理水平，推动企业重视和加强知识产权管理。加大知识产权保护力度，严厉打击侵犯知识产权的各种行为，营造尊重和保护知识产权的法治环境，鼓励企业进行科技创造。二是技术创新人员流动体制。美国硅谷的成功得益于其无等级的人才开放交流，硅谷人长期在同事、老板、顾客、竞争对手的各类身份中循环往复，这种人才流动机制打破了原有的等级观念，使信息共享和交流更为广泛，对促进创新有重要影响。我国传统文化对人才流动采取抵制的态度，提倡一岗终身的职业忠诚，这也构成技术交流的障碍。政府应借鉴英美等国经验，强化技术人员的创业进取意

识，鼓励人才流动，建立人才和技术多重循环的新机制。三是政府积极搭建技术信息平台，提供各类最新技术信息。政府应积极传导技术研究前沿和产业发展动向等信息，引导企业从事实用、先进的技术研究，提高企业成活率。

最后，政府应加强产学研的联合建设。高等学校和科研院所是技术创新的前沿阵地，是培养企业技术创新人才的摇篮。创新人才培养机制，加强产学研合作应是政府的工作着力点之一。各高校应鼓励大学生充分发挥企业家的冒险精神和创业勇气。政府应牵头组织高校、科研院所与企业进行定期交流，促进自然科学和人文领域的多维合作。同时，政府应制定政策将科研院所中的技术人员从旧体制中解放出来，积极为各类技术人员制定创业政策。

（二）鼓励建立多方合作的产业联盟

技术研发的最终目的是转化为社会生产力。这个过程不仅需要企业自身的努力，也需要政府提供必要的环境，其中一个重要方面就是由政府牵头组织建立“产业联盟”。产业联盟是指出于确保合作各方的市场优势，寻求新规模或新定位，应对共同的竞争者或将业务推向新领域等目的，企业间结成的互相协作和资源整合的一种合作模式。我国很多企业具备技术实力，但是受规模小、资金短缺等困扰而无所建树，争取不到国家的科研攻关项目，又缺乏必要的引导，这些企业缺乏明确的研究方向，常常无所适从。技术研发与合作产业联盟是最常见的致力于技术创新的产业联盟形式，目标是解决产业共性技术问题，通过降低研发成本、分担研发风险实现研发资源互补，缩短研发周期，加快技术进步。因此，技术研发与合作产业联盟恰好适合指导科技型中小企业发展，在加快产业技术进步的同时，能提高科技型中小企业自身的研发成功率，发挥创新优势。

目前在我国，技术研发与合作产业联盟的成员大多属于科技型企业、高校、科研院所等，能够发挥各成员的集成力量，引领相关产业实现质的飞跃。目前，以北京为例，共有超过 100 家此类产业联盟，其各类成员超过 500 个，联盟的优势也开始逐步显现。2009 年世界甲型 H1N1 流感病毒肆虐，而我国在疫情传播的 30 天内就研制出能够有效检测该病毒的试剂，并迅速推广应用到全国各个 CDC 实验室，对流感的防控、检测、治疗起到了关键作用。公共卫生领域的这一成功主要来自北京一家从事生物制药研发的中小企业，而产业联盟在从研发到投产的各个环节都发挥了重要作用。日本政府通过支持东芝、日立、富士通等公司组成超大规模集成电路产业联盟，帮助日本企业在 20 世纪 80 年代实现了技术赶超。美国政府通过支持 IBM、微软等公司组建半导体产业联盟，帮助美国半导体企业重新夺回世界第一的竞争地位。政府鼓励政策和产业联盟关系十分紧密，尤其作为发展中国家的政府更需要重视产业联盟在技术追赶过程中的作用。因此，因地制宜地在我国企业中发展技术产业联盟，对于培育民族科技品牌、走科技自强之路有积极的意义。

（三）完善我国科技中介服务

企业技术创新活动中，尤其是在成果转化过程中，技术中介服务不可或缺。虽然我国技术中介服务基础薄弱，但目前也正在向市场化、规范化、商业化方向发展。我们应充分借鉴美、日等国的先进经验，从我国的实际情况出发，健全由政府主导的技术中介服务体系，更好地服务企业技术创新活动。

首先，应逐步促进技术中介服务主体的多元化。我国现阶段应该实施以政府为主导的非营利性科技中介机构为主体的发展策略，在此基础上逐步发展营利性科技中介机构和其他衍生形式。强有力的政府主导能够减少幼稚阶段的高新技术产业交易成本，还有助于政府宏观调控，实现产业间、区域间的技术平衡。其次，逐步发展技术中介服务的区域协会形式。发展区域技术服务协会可以全面掌握区域发展特点，统一进行区域科技资源调配，定能提高区域内技术创新效率。技术服务协会应该吸收众多具有复合知识背景和丰富从业经验的管理人才，通过对他们的培训和优势整合来构建指导体系。区域技术服务协会一方面可以为科技企业提供关于技术创新的信息咨询、积极联系技术推广，落实中介本职工作；另一方面还可以发挥市场监督和预测功能，维护中介服务市场秩序。最后，建立网络化和与时俱进的中介服务体系。所谓网络化，就是实现技术中介服务在区域内、区域间乃至国家间的密切合作，不断加强服务的专业化水平，迎接来自全球的挑战，实现国家间的互利共赢。这种逐层递进的网络化运营能够为技术研发领域的资金流动、信息共享、人力资源交流等提供平台，提升整个中介行业的服务质量。技术中介服务体系应该以科技市场的发展为导向，争取在更广阔的范围内开展信息交流，充分识别和挖掘行业内的潜在技术价值，与时俱进。

三、促进风险投资行业的发展

企业创新活动需要资金上的支持。风险投资是资本市场的有机行为，是指将资金投入到包含巨大风险及收益的领域中，以期获得高额收益的投资行为，目前，风险投资因其本身的性质而成为企业技术创新的重要资金来源，对于技术创新初期的企业来说更为重要。

我国风险投资发展的影响包含政府、资本市场、法律等多种因素，应以促进风险投资向企业技术创新倾斜的方式推动我国高新技术的发展。

（一）促进风险投资的立法

西方国家对于风险投资所涉及的主体、退出渠道、成果商品化及成果转化方面有明确的法律规定，能够使风险投资活动有法可依，保证其正常有序地进行。但我国目前还没有风险投资专门的法律，只在企业所得税法中涉及创业投资的概念。因此，我国如果想要实现风险投资的有序发展，必须要制定相关的法律，并将其与所涉及的具体税收制度相结合，使税收支持风险投资法制化和规范化。

（二）风险投资的税收优惠制度建设

在风险投资业发展的初期，投资收益税税率的降低会对投资基金的供给产生明显的刺激作用，但当风险投资趋向成熟后，税收政策的刺激作用也将逐渐减弱（Friedman，1989）。我国现阶段处于风险投资的初期阶段，应加快建立风险投资的税收激励机制，促进风险投资的发展。

促进风险投资的税收政策应贯穿其投资的整个过程，包括资本的投入、运作及退出，对投资机构、投资公司以及投资的个人所涉及的流转税、企业所得税等给予税收优惠，形成完整的支持技术创新的政策体系。

应对风险投资企业给予与高新技术企业相同的税收扶持，按照15%的税率征收企业所得税，对风险投资机构从风险投资中获得的收益再用于风险投资的该部分收益实行免税或减税。我国目前企业所得税的减免优惠政策单一，只有“创业投资企业投资于未上市中小高新技术企业2年（24个月）以上的，投资额的70%可抵扣该公司应纳税所得额”的规定，所针对的投资对象为经过高新技术企业认定的未上市中小企业，很多风险投资企业难以受益，应当适当放宽条件。

对于从事风险投资的个人投资者，应保证其投资收益与其从资本市场上获得的投资收益相适应。

对于风险投资企业的亏损，允许其用亏损冲抵其他方面的所得，在现行规定的基础上延长弥补亏损的年限，实行前后共同结转的补偿方式。

（三）促进风险投资的财政金融政策的结合

我国的风险投资业尚处于起步阶段，充分发挥其对技术创新的支持作用更需要国家的政策支持与引导，包括财政金融政策的结合。

政府的直接补贴可以扩展风险投资企业的资金来源。但是这种补贴容易对风险投资的发展形成约束。政府贷款虽然可以扩展风险投资企业的资金来源，但是一定程度上加大了政府的风险。因此，可以考虑其他方式的支持。从风险投资的发展来看，股权引导式投资可以成为其可能的模式，具体则是将各级政府的财政补贴建立风险投资基金，以政府的机制引导资金的流向，并依靠市场机制对其进行经营，有利于充分发挥政府资金的作用，推动风险投资的发展。

同时，应以财政、金融的联动机制来推动技术创新的发展。以财政支出形成对金融支持的推动，使金融机构对风险投资的支持成为其行业发展的后续动力，使之能够获得长足稳定的发展。

四、强化技术资金绩效评估

（一）加快企业技术创新基金绩效评价体系的建设

1. 界定绩效评价的范围

技术创新基金的投入产出具有非对称性，需要进行科学的绩效评价。要完善企业技术创新基金绩效评价体系，需要构建一个更广泛的绩效评价维度，不单单考察企业技术创新基金实施后的验收阶段绩效，还应该分时期、分时段进行跟踪评价，因为按评价阶段来划分，企业技术创新基金活动可以分为“事前评价、事中评价、事后评价”三个部分。尽管这是一项拓展性、复杂性的工作，需要投入大量的人力、物力和财力，但却能帮助企业技术创新基金项目申请者与相应主管部门获得有效的知识积累与经验总结，因为这些经验与积累是他们无法从项目执行过程中有效获得的，有利于培养科技项目管理人才。

2. 丰富企业技术创新基金绩效评价机制

对于企业技术创新基金绩效评价指标的选取，不仅要考虑经济效益指标和财务指标，更应该将社会效益指标和生态效益指标纳入进来，全面考虑企业技术创新基金对企业、社会及社会成员的影响。另外，我们应该以长远的眼光看待企业技术创新基金的投资回报率，以动态、发展的观点衡量企业技术创新基金的投入产出比。因为技术创新具有外部性和初期投入较大的特点，尤其是新兴领域，存在的风险大，但同时如果此项技术对社会发展与社会成员福利的提升有较大的促进作用，那么就不应该静态地考虑投入产出比，而应侧重于评价其溢出效应和衍生效应。并且，在定量评价过程中，在对不同指标赋予权重时要考虑其内部差异性，例如在专利指标中，发明专利、实用新型专利和外观设计专利的科技含量是依次递减的，其产出绩效也不同。

3. 加强绩效评价理论方法与实践的探索

企业技术创新基金绩效评价是依据一套比较完整的技术标准和规范对企业技术创新基金及其相关活动进行的科学、独立、客观、公正的评价。目前，企业技术创新基金绩效评价主要采用定性与定量相结合的方式，在定性分析的基础上，以定量分析为主要研究手段，即在专家评议的基础上，运用计量经济学等方法进一步分析。目前，我国绩效评价体系还未成形，也没有一套有效的评价方法，在科技绩效评价的基础理论方面，传统的同行评议和文献计量方法通常是我国对基础性绩效研究的主要方式。然而，由于所评估对象的复杂性，绩效评价作为一种科学的评价方法不可能适用于所有的科技活动，每一种评价方法只能适用于特定的环境、特定的对象和特定的评估目标，并各有利弊。因此，对于企业技术创新基金绩效评价的理论和方法，要不断地研究、发展和创新，要根据实际情况，针对研究对象的差异性和多样性、技术指标的复杂性，探索企业技术创新基金绩效评价的一般规律，使其既缜密可靠又具备良好的适用性。

（二）建立相对完备、权威的企业技术创新基金绩效评价数据库

完备、翔实、准确的权威数据是保证企业技术创新基金绩效评价结果全面、客观、公正、准确的基础。但我国尚没有建立企业技术创新基金相关数据的信息采集与整理体系，没有一个切实可行的信息交流与反馈渠道，因此数据的收集工作是企业技术创新基金绩效评价的一大难题。因此，从国外财政科技投入绩效评价体系完善的国家的经验来看，构建权威的企业技术创新基金相关数据库和资源共享平台至关重要。首先，要划分企业技术创新基金支持项目的行业与类型，做好初始数据源收集、分类管理工作。其次，制定不同类别、行业企业技术创新基金绩效评价的分类标准，并在此基础上扩大数据的采集范围，然后确立绩效评价相关数据采集的方法，以企业技术创新基金实施过程为线索。最后，运用数据处理软件，将数据信息进行分类汇总，为企业技术创新基金绩效评价指标的选取与评价提供依据。

（三）建立绩效评价信息反馈机制和绩效评价报告公开制度

具有影响力的绩效评估结果对项目承担单位和管理部门具有重大的激励作用和监督作用。我国应建立绩效报告公开制度，通过评价结果与评价对象间相互信息的反馈，发现企业技术创新基金实施和管理过程中存在的问

题，以提高企业技术创新基金的使用效率和被资助企业及项目的实施能力与管理水平。对于企业技术创新基金绩效评价的结论，应当予以公开（涉及保密内容的除外），一方面保证了财政的透明，另一方面也鼓励更多的主体来关注企业技术创新基金的管理与运行，公开形式灵活多样，可以公布在报刊、网络等媒体上，这可以加强公众对科技管理工作的了解和监督，最大限度地发挥财政科技投入绩效评估的作用。

（四）完善企业技术创新基金绩效评价的相关法律体系

目前，我国企业技术创新基金没有形成统一的、行之有效的绩效评价体系，与政府没有明确规定必须将绩效评价纳入其日常管理有关。因此，我们在加快企业技术创新基金绩效评价体系建设的过程中，也应该通过相应的法律法规，使绩效评价活动有法可依、有章可循，使评估者与被评估者都能重视绩效评价活动，以法律的权威使绩效评价成为一项制度。通过立法的完善，提高企业技术创新基金绩效评价的层次和地位，将其与对企业技术创新基金的绩效监督工作有机结合起来，使之能够较快地实现制度化、科学化、系统化和规范化。

结束语

企业是国家创新的主体，加大对企业技术创新活动的引导与支持一直以来都是各国在发展过程中所形成的共识，西方国家在长期发展中所形成的政策选择与运用上也积累了很多的经验，可供我国参考借鉴。改革开放尤其是党的十八大以来，我国高度重视科技创新工作，制定了《中共中央 国务院关于实施科技规划纲要增强自主创新能力的决定》等一系列创新发展战略，提出到2020年迈入“创新型国家”目标，并实施创新驱动发展战略，在此背景下，也采取多样化、综合性、较深入的企业技术创新财税支持政策，但是由于我国长期以来对计划经济体制路径的依赖，激励企业技术创新的财政支持体系仍有诸多不完善之处。本书以技术创新的内涵、技术创新导向型的财税支持政策内涵和财政支持企业技术创新的必要性与现实依据为理论支撑，分析了财税政策影响企业技术创新的作用机理，并采用“理论研究—实证研究—比较研究—对策研究”的方法和思路，得出了如下基本结论：

第一，企业技术创新对经济增长产生巨大作用。理论基础有古典经济增长理论、技术创新理论、新古典经济增长理论、内生经济增长理论和制度创新学派等。除了上述五种主要的理论之外，还有很多关于创新活动和经济增长之间关系的理论，如阿罗的干中学理论、库兹涅茨的经济增长论、丹尼森的经济增长因素论、卢卡斯的人力资本溢出理论等，所有这些理论都说明了一点：科技进步与创新是推动经济增长和发展的主导因素。

第二，企业技术创新是一个企业为了追求企业利益最大化，通过对科技相关知识的不断更新、科技创新知识所有权的获得、高新科学技术的不断突破，从而使企业的市场竞争力得到提升的一种行为。企业技术创新导向型的财政支持内涵为：政府在运用财政政策工具支持企业技术创新时，以激励企业研发活动、提升技术创新绩效、增强企业技术创新能力为目标，并且将激励企业技术创新的理念贯穿于财政政策制定、财政政策实施和财政政策实施效果绩效评价整个过程之中的一种战略和行为，可以影响或者改变全社会科技创新方向、进程和规模的一系列财政收支行为。

第三，从我国支持企业技术创新的财税政策现状来看，表现为财政科技支出绝对值呈现出逐渐上升的趋势，中国财政科技支出增长率整体呈现先上升后下降的趋势，基础研究、应用研究和实验发展占 R&D 支出的比重有待优化，基础研究比重偏低。中国政府采购规模持续增大，采购范围由纯粹的货物类、工程类不断延伸到服务类采购，采购资金来源渠道也从开始的财政预算内资金扩展至预算内、外以及自筹性财政资金，政府采购支持企业技术创新的体系逐渐形成。从税收政策来看，现有的支持企业技术创新的税收优惠政策，大部分是在基本税收法律制度中有关科技创新的条款基础上修订和补充而形成的，还没有形成单独的法律法规，即促进科技创新的税收优惠政策体系还有待完善。与此同时，中国的科技创新水平整体偏低，东中西部三大区域间差异比较大。

第四，对武汉东湖高新区企业技术创新基金进行了绩效分析，采用 DEA 评价模型考察了企业技术创新基金的经济性与有效性。40 个项目中，有 14 个项目的技术绩效是相对有效的，即这些项目的经营绩效都达到了最优化，其他项目都没有同时达到技术有效和规模有效。同时也可以发现，虽然其他项目并没有达到最优化，但随着外部环境的变化，这些项目的生产规模仍在不断增加，或者生产效率不断改善，可以预见未来项目综合效率将不断提升。

第五，从宏观分析来看，本书通过索洛残差法，构建柯布—道格拉斯生产函数测算了我国分省份的全要素生产率，并实证分析了财政科技投入对 TFP 的影响，认为地方财政科技投入对 TFP 虽然产生了一定的促进作用，但影响系数值较小，表明政府财政科技投入对技术创新没能发挥出预期的促进效果，原因在于财政支持对象存在信息不对称、财政投入整体效率不高、预算管理体制不健全以及可能存在政府寻租现象。从微观分析来看，对 22 个行业沪深两市 A 股的 227 家上市公司的企业技术创新指数评价结果建立面板数据模型，检验2009—2013年这些样本公司技术创新水平与所得税优惠额之间的弹性关系，认为企业资产规模与企业技术创新指数在1%的显著性水平上正相关，系数为0.7518，反映随着样本公司资产规模每扩大1%，其企业技术创新指数增加0.7518%。企业的盈利能力和负债水平分别与其技术创新指数呈正相关和负相关的关系，系数分别为1.0452和-0.4863，表明企业获利能力和偿债能力越强，对R&D活动的投入也越多，并进一步促进企业技术创新水平。

第六，主要创新型国家的实践经验表明，财政支持对科技创新产生了显著的激励作用。从促进科技创新的财政支持体系来看，创新型国家制定的完备法律是财政科技支出体系的制度保障，基础研究、应用研究和实验发展投入在研发开发投入中的比重比较稳定，并且基础研究投入在政府科技投入结构中占有重要地位；创新型国家制定完备的法律体系和专属执行机构是政府采购政策实施的两大支柱，并且多层次政府采购监督体系提升采购执行效率；创新型国家税收政策的法制化建设使激励科技创新的税收优惠政策得以规范化实施，并且将直接税收优惠方式和间接税收优惠方式相结合，以间接税收优惠方式为主的政策体系，大大提高了税收优惠政策支持科技创新的效率。相对而言，中国的财政支持体系还不能很好地满足中国激励科技创新的需要。通过创新型国家财政支持的成功经验，我们可以有针对性地制定促进企业技术创新的财政支持体系。

第七，促进企业技术创新的财政支持体系需要从中国的实际国情出发，在借鉴创新型国家成功经验的基础上，重点完善三方面的制度设计。首先，要明确财税支持政策设计的基本原则与定位。科技财税政策设计基本原则包括应与国家科技发展战略相配合、应有助于解决企业技术创新现实困难、应做到法制化和稳定化、应符合国际普遍要求、应注重技术创新的全过程、应注意整体功能的发挥。在职能定位上，财税政策体系要做科技创新战略实施的引导推动者、科技创新体系的设计协调者、科技创新环境的缔造者。其次，对财税政策工具进行优化。包括扩大财政科技支出规模、优化结构、优化财政投融资体制、完善政府采购制度、提升技术创新基金效益等财政政策工具，以及提高税收政策的法律位阶、鼓励企业技术人才导向、优化和协调税收政策的作用方式、加强税收征管和纳税服务等税收政策工具，并对具体税种优化提出建议。最后，在财税科技管理体制方面，需要建立有效的科技集中管理体系、优化科技活动宏观管理规划、明确政府科技管理职能范围、完善科技计划管理体制等。

第八，在其他配套措施上，本书提出需进一步完善金融与贸易支持政策、社会服务支持政策，促进风险投资行业的发展，强化技术资金绩效评估等措施。

参考文献

[1] 白恩来．构建地方创新体系的财政政策研究［J］．财经理论研究，2017（1）．

[2] 蔡中华，王亚琼，侯翱宇．企业创新战略与资本结构的关系——基于中国化工行业上市公司的实证研究［J］．技术经济，2013（9）．

[3] 曾萍，邬绮虹．政府支持与企业创新：研究述评与未来展望［J］．研究与发展管理，2014（2）．

[4] 柴玮，申万，毛亚林．基于DEA的我国资源型企业技术创新绩效评价研究［J］．科研管理，2015（10）．

[5] 柴玉珂，顾晓敏．科技型小微企业金融支持、资本结构与创新绩效研究［J］．科技进步与对策，2014（2）．

[6] 车德欣，吴传清，任晓怡，等．财政科技支出如何影响企业技术创新？——异质性特征、宏微观机制与政府激励结构破解［J］．中国软科学，2020（3）．

[7] 陈华，苏明，赵福昌，等．山东省运用财税政策支持战略性新兴产业发展的对策建议［J］．经济研究参考，2014（45）．

[8] 陈林峰．我国现行激励企业技术创新税收政策评析［J］．税务研究，2017（3）．

[9] 陈远燕，何明俊，张鑫媛．财政补贴、税收优惠与企业创新产出结构——来自中国高新技术上市公司的证据［J］．税务研究，2018（12）．

[10] 陈远燕，刘斯佳，宋振瑜．促进科技成果转化财税激励政策的国际借鉴与启示［J］．税务研究，2019（12）．

[11] 陈越，于润．中小微企业创新的政府扶持研究——基于江苏4980家中小微企业数据的实证分析［J］．经济体制改革，2019（7）．

[12] 党文娟，罗庆凤．政府主导下的中小型企业创新激励机制研究——以重庆为例［J］．科研管理，2020（7）．

[13] 邓磊，王美玲，修宁宁．科技创新背景下逆周期调节的税收政策选择［J］．税务研究，2019（11）．

[14] 邓子基，杨志宏．财税政策激励企业技术创新的理论与实证分析［J］．财贸经济，2011（5）．

[15] 樊杰，刘汉初．“十三五”时期科技创新驱动对我国区域发展格局变化的影响与适应［J］．经济地理，2016（1）．

[16] 冯婧．我国科技支出现状分析及政策研究［J］．财政研究，2011（7）．

[17] 付伯颖．中小企业创新激励税收优惠政策的国际比较与借鉴［J］．国际税收，2017（2）．

[18] 高东芳．我国战略性新兴产业税收政策的问题与完善研究［J］．经济体制改革，2012（4）．

[19] 高艳荣，舒颖．财政激励政策影响高技术产业创新效率研究［J］．哈尔滨商业大学学报（社会科学版），2020（1）．

[20] 顾国爱，魏法杰，单伟．企业研发经费对专利能力影响的分类研究——基于2010年创新型企业的实证分析［J］．科学学研究，2012（8）．

[21] 顾群，谷靖，吴宗耀．财政补贴、代理问题与企业技术创新——基于R&D投资异质性视角［J］．软科学，2016（7）．

[22] 顾群．财政补贴对企业创新效率影响研究——基于创新投资异质性视角［J］．财会通讯，2016（36）．

[23] 管永昊，杨奕，张创．促进企业创新的税收优惠政策研究［J］．青海社会科学，2016（6）．

[24] 郭景先，苑泽明．生命周期、财政政策与创新能力——基于科技型中小企业的经验证据［J］．当代财经，2018（3）．

[25] 郭炬，叶阿忠，陈泓．是财政补贴还是税收优惠？——政府政策对技术创新的影响［J］．科技管理研究，2015（17）．

[26] 郭佩霞，胡彬．激励企业创新的财税政策评析与建议［J］．地方财政研究，2016（5）．

[27] 郭琴．财政政策与区域企业创新能力关系的实证分析［J］．科技创新与生产力，2017（2）．

[28] 韩凤芹，樊轶侠．财政资金支持企业创新的新思路与新机制［J］．经济纵横，2015（11）．

[29] 韩莉．促进企业技术创新的财政政策研究［J］．科技管理研究，2010（24）．

［30］何立春．企业技术创新与财税政策激励机制研究［J］．经济研究参考，2014（47）．
［31］黄芳娜．促进科技创新的财政政策研究［J］．中国集体经济，2011（31）．
［32］黄建龙，唐文倩．激发企业创新内生动力的财税政策着力点［J］．中国财政，2017（9）．
［33］黄志雄．科技创新补贴供给侧改革与企业研发策略研究［J］．经济理论与经济管理，2018（12）．
［34］贾康，刘薇．论支持科技创新的税收政策［J］．税务研究，2015（1）．
［35］贾康，罗建钢，赵全厚，等．促进我国自主知识产权成果产业化的财政政策研究［J］．经济研究参考，2007（22）．
［36］江伟，刘亮．河北省财政资金支持企业创新的机制与措施研究［J］．经济研究参考，2016（19）．
［37］科学技术部发展计划司，中国科学技术指标研究会．科技活动分类案例集［M］．北京：科学技术文献出版社，2012.
［38］孔昭君，张宇萌．政府补贴对军民融合企业创新的影响——基于动态面板模型［J］．科技进步与对策，2020（7）．
［39］兰飞，李扬子．支持小微企业技术创新的财税政策效果分析与对策［J］．税务研究，2014（3）．
［40］李春根，陈文美．深化税制改革在建设创新型国家中的重要作用［J］．税务研究，2018（3）．
［41］李浩研，崔景华．税收优惠和直接补贴的协调模式对创新的驱动效应［J］．税务研究，2014（3）．
［42］李嘉明，乔天宝．高新技术产业税收优惠政策的实证分析［J］．技术经济，2010（2）．
［43］李杰，李思，刘李清．高新技术企业税收优惠效应的实证分析：以生物制药为例［J］．系统工程，2013（5）．
［44］李丽．企业创新人才需求及其影响因素的区域差异研究——基于改进的企业创新需求模型［J］．东岳论丛，2019（8）．
［45］李增福．税率调整、税收优惠与新企业所得税法的有效性［J］．经济学家，2010（3）．
［46］李子彪，孙可远，吕鲲鹏．三类政府财政激励政策对高新技术企业创新绩效的激励

机制——基于企业所有权性质的调节效应［J］．技术经济，2018（12）．
［47］廖家勤，毛忠滢．激励企业技术创新的税收政策研究［J］．科技管理研究，2017（16）．
［48］刘放，杨筝，杨曦．制度环境、税收激励与企业创新投入［J］．管理评论，2016（2）．
［49］刘飞，常莎．促进科技型中小企业金融服务发展的财政政策体系［J］．经济研究参考，2015（7）．
［50］刘凤朝，马荣康．公共科技政策对创新产出的影响——基于印度的模型构建与实证分析［J］．科学学与科学技术管理，2012（5）．
［51］刘慧龙，吴联生．制度环境、所有权性质与企业实际税率［J］．管理世界，2014（4）．
［52］刘思远，牛冲槐，姚西龙．企业创新过程中的政府财政政策效率研究——基于创新两阶段的视角［J］．科技管理研究，2017（14）．
［53］刘伟，黎园．公共科技投入对企业技术创新的影响——来自大中型工业企业的实证研究［J］．工业技术经济，2015（7）．
［54］刘小元，林嵩．地方政府行为对创业企业技术创新的影响——基于技术创新资源配置与创新产出的双重视角［J］．研究与发展管理，2013（5）．
［55］罗福凯，王京．企业所得税、资本结构与研发支出［J］．科研管理，2016（4）．
［56］吕久琴，郁丹丹．政府科研创新补助与企业研发投入：挤出、替代还是激励［J］．中国科技论坛，2011（8）．
［57］吕文栋，赵杨．财政干预、产品创新与高新技术企业科技保险参保意愿［J］．中国科技论坛，2016（5）．
［58］马海涛，蔡杨，郝晓婧．财政科技支出是否促进了中国工业企业创新？［J］．经济与管理评论，2019（9）．
［59］马伟红．税收激励与政府资助对企业 R&D 投入影响的实证研究——基于上市高新技术企业的面板数据［J］．科技进步与对策，2011（17）．
［60］马玉琪，扈瑞鹏，赵彦云．税收优惠、财政补贴与中关村企业创新投入——基于倾向得分匹配法的实证研究［J］．科技管理研究，2016（19）．
［61］毛建辉．政府行为、环境规制与区域技术创新——基于区域异质性和路径机制的分析［J］．山西财经大学学报，2019（4）．
［62］穆天，杨建军．公共支出政策对企业 R&D 支出的效应研究［J］．研究与发展管理，2015（5）．

[63] 聂颖，杨志安．企业研发投资财税激励检验的实证分析［J］．财经问题研究，2011（8）．
[64] 潘亚岚，蒋华．财税激励政策影响企业 R&D 投入的实证分析［J］．财会月刊，2012（33）．
[65] 彭青秀．促进企业技术创新的财政政策研究——基于河南的情况［J］．财政科学，2016（3）．
[66] 乔洪武，朱亚男．税收分成激励能促进上市公司创新吗？［J］．经济与管理评论，2019（1）．
[67] 尚晓贺，陶江．财政科技支出、银行信贷与产业结构转型［J］．天津财经大学学报，2015（12）．
[68] 邵姝静．财政补贴政策对企业创新绩效的激励效果评价——来自微观层面的经验证据［J］．西安财经学院学报，2015（6）．
[69] 沈能，宫为天．我国省区高校科技创新效率评价实证分析——基于三阶段 DEA 模型［J］．科研管理，2013（12）．
[70] 沈小平，陈叶，张克听．中小企业自主创新行为选择与政策激励传导机制分析——基于复制动态演化博弈视角［J］．经济理论与经济管理，2019（7）．
[71] 司晓悦，马一铭．区域科技创新的财政支持政策工具研究——基于清晰集定性比较分析方法［J］．上海行政学院学报，2020（5）．
[72] 孙德仁．税收政策在企业创新中的作用与优化模式［J］．税务研究，2015（12）．
[73] 孙德仁．完善促进企业创新税收政策的建议［J］．经济研究参考，2016（12）．
[74] 孙隆英．完善我国鼓励研发投入所得税政策的建议［J］．税务研究，2015（3）．
[75] 孙锐．战略人力资源管理、组织创新氛围与研发人员创新［J］．科研管理，2014（8）．
[76] 唐欣，王震，张立华．财政资金对企业科技研发投入的政策效应研究——基于河北省 1995—2014 年的时间序列数据分析［J］．企业经济，2017（2）．
[77] 陶虎，田金方，郝书辰．科技财政、创新活动与国有企业技术创新效率——基于治理制度视角的比较分析［J］．经济管理，2013（11）．
[78] 田晓丽．研发费用税收优惠对企业技术创新的影响研究［J］．现代管理科学，2016（11）．
[79] 王彪，陈国栋，马丽芳，等．创新财政支持科技创新政策研究——以南宁市为例［J］．经济研究参考，2016（11）．
[80] 王华，龚珏．完善支持科技创新的财税政策推动产业结构调整［J］．税务研究，2013（3）．

[81] 王梦友，武靖州．财政如何支持企业技术创新——基于国际贸易规则的视角[J]．理论学刊，2015（1）．
[82] 王培培．R&D 税收激励的国际比较与政策建议［J］．财会月刊，2016（31）．
[83] 王鹏远，朱颖妮．我国产业创新政策效用评价体系研究［J］．科学管理研究，2020（4）．
[84] 乌兰，刘颖．西部地区财政科技支出优化研究［J］．中国财政，2015（11）．
[85] 夏仕平，柯美录．国内外扶持科技型中小企业创新发展的财政体系比较研究[J]．经济研究参考，2014（70）．
[86] 肖丁丁，朱桂龙，王静．政府科技投入对企业 R&D 支出影响的再审视——基于分位数回归的实证研究［J］．研究与发展管理，2013（3）．
[87] 徐建斌，朱芸．税收营商环境对企业技术创新的影响［J］．税务研究，2020（2）．
[88] 薛婧，张梅青，王静宇．中国式财政分权与区域创新能力——基于 R&D 边际创新产出及要素市场扭曲的解释框架［J］．经济问题探索，2018（11）．
[89] 薛薇，魏世杰，李峰．完善我国创新税收政策的路径［J］．税务研究，2015（1）．
[90] 严卫中．科技创新型中小企业财税政策探索［J］．中国税务，2013（8）．
[91] 晏艳阳，谢晓锋．区域创新政策对微观主体创新行为的影响——基于创新型城市建设的研究［J］．财经理论与实践，2019（11）．
[92] 燕娜，杜秋颖，宋飞．北京市区域科技创新的财政支出研究［J］．经济研究导刊，2016（1）．
[93] 杨宏进，刘立群．基于三阶段 DEA 的高校科技创新绩效研究［J］．科技管理研究，2011（9）．
[94] 杨京钟．税收政策视角下的高新技术产业激励研究［J］．重庆交通大学学报（社会科学版），2010（3）．
[95] 杨丽华．市场竞争度、财政资金对企业创新的资助研究——基于中国上市公司的实证分析［J］．内蒙古科技与经济，2017（12）．
[96] 杨晓妹，刘文龙．财政 R&D 补贴、税收优惠激励制造业企业实质性创新了吗？——基于倾向得分匹配及样本分位数回归的研究［J］．产经评论，2019（5）．
[97] 杨晓章，张少辉，刘凤娟．财政自主权与企业创新——来自城市层面的证据[J]．产业经济评论，2017（3）．
[98] 杨杨，曹玲燕，杜剑．企业所得税优惠政策对技术创新研发支出的影响——基于我国创业板上市公司数据的实证分析［J］．税务研究，2013（3）．

［99］杨玉霞，谢晓光．韩国自主创新中财政预算管理政策运用及借鉴［J］．地方财政研究，2010（5）．

［100］杨志鹏．基于创新驱动发展战略的财政科技支出优化探讨［J］．科学管理研究，2013（5）．

［101］姚林香，冷讷敏．财税政策对战略性新兴产业创新效率的激励效应分析［J］．华东经济管理，2018（12）．

［102］姚维保，王朝才．广东科技服务财政支出绩效实证研究［J］．财政研究，2014（1）．

［103］俞立平，邱栋，彭长生．产业创新速度、要素投入与创新成果［J］．山西财经大学学报，2020（7）．

［104］袁建国，范文林，程晨．税收优惠与企业技术创新——基于中国上市公司的实证研究［J］．税务研究，2016（10）．

［105］约瑟夫·熊彼特．经济发展理论［M］．北京：华夏出版社，2015.

［106］臧志彭．政府补助、研发投入与文化产业上市公司绩效——基于161家文化上市公司面板数据中介效应实证［J］．华东经济管理，2015（6）．

［107］张彩江，陈璐．政府对企业创新的补助是越多越好吗？［J］．科学学与科学技术管理，2016（11）．

［108］张济，建章祥．税收政策对高新技术企业研发投入的激励效应研究——基于对95家高技术企业的问卷调查［J］．江海学刊，2011（4）．

［109］张继彤，朱佳玲．税收政策对我国制造业创新激励的影响研究［J］．南京审计大学学报，2018（11）．

［110］张梁梁，杨俊，罗鉴益．财政分权视角下地方政府科技支出的标尺竞争——基于265个地市级的实证研究［J］．当代财经，2016（4）．

［111］张林．金融发展、科技创新与实体经济增长——基于空间计量的实证研究［J］．金融经济学研究，2016（1）．

［112］张明玖．财政激励、金融支持与工业企业创新成果转化研究［J］．西南大学学报（社会科学版），2017（1）．

［113］张信东，贺亚楠，马小美．R&D税收优惠政策对企业创新产出的激励效果分析——基于国家级企业技术中心的研究［J］．当代财经，2014（11）．

［114］张再生，张奕野，杨庆．创新驱动发展战略实施效果评估及政策优化研究——以天津市为例［J］．经济与管理研究，2019（2）．

[115] 张治河，冯陈澄，李斌，等．科技投入对国家创新能力的提升机制研究［J］．科研管理，2014（4）．

[116] 章辉．企业技术创新财政资助政策效果分析——以上海市 A 区为例［J］．财政监督，2016（12）．

[117] 赵笛．促进企业创新发展的税收优惠政策研究［J］．税务研究，2017（7）．

[118] 郑春美，李佩．政府补助与税收优惠对企业创新绩效的影响——基于创业板高新技术企业的实证研究［J］．科技进步与对策，2015（16）．

[119] 周海涛，林映华．政府支持企业技术创新市场主导型政策构建研究——基于“市场需求—能力攻击—环境制度”结构框架［J］．科学学与科学技术管理，2016（5）．

[120] 周克清，景姣．税收优惠政策对 R&D 的激励效果检验：以创业板上市公司为例［J］．税务研究，2012（3）：25.

[121] 朱大玮，雷良海．我国财政科技支出结构优化探讨——基于科技金融视角［J］．科学管理研究，2012（2）．

[122] 朱永明，赵程程，赵健，等．税收优惠对企业创新效率的门槛效应——创新价值链视角下制造业的实证研究［J］．科技管理研究，2019（6）．

[123] 邹甘娜，符嘉琪．财政支出的规模、结构与企业科技创新［J］．江汉论坛，2018（6）．

[124] Cappelen A，Raknerud A. The effects of R&D tax credits on patenting and innovations［J］. Research Policy，2012（41）．

[125] Almus M，Czanitzki D. The effectsof public R&D subsidies on firms' innovation activities：The case of Eastern Germany［J］. Journal of Business and Economic Statistics，2003（2）．

[126] Arrow K. The economic implication of learning by doing［J］. Review of Economic Studies，1962（3）．

[127] Baghana R，Mohnen P. Effectiveness of R&D tax incentives in small and large enterprises in quebec［J］. Small Business Economics，2008（33）．

[128] Bloom N，Griffith R，Van R J. R&D tax credits work：Evidence from a panel countries 1979-1997［J］. Journal of Public Economics，2002（85）．

[129] Dominique G，Bruno P. The impact of public R&D expenditure on business R&D［J］. Economics of Innovation and New Technology，2003（12）．

[130] Schumpeter H A. The theory of economic development［M］. Piscatawa：Transaction Pub-

lishers, 1980.

[131] Mansfield E. Social and private rates of return from industrial innovation [J]. Quarterly Journal of Economics, 1997, 91 (2).

[132] Roland. Globalization and Governance: Implication of tiebout model for a world of mobile Factors [R]. UCLA, 2000.

[133] Romer P M. Increasing Returns and long run growth [J]. Journal of Political Economy, 1986 (10).

[134] Solow R M. A contribution to the theory of economic growth [J]. Quarterly Journal of Economics, 1956, 70 (1).

[135] Karkinsky T, Riedel N. Corporate taxation and the choice of patent location within multinational firms [J]. Journal of International Economics, 2012 (6).

[136] Koga T. Firm size and R&D tax incentives [J]. Technovation, 2003 (23).

术语索引

S

T

X

Y

Z